アイデア・バイブル

―――――――――――――――――

創造性を解き放つ38の発想法

マイケル・マハルコ

ナビゲーター
加藤昌治

監訳
齊藤勇

訳
小澤奈美恵 / 塩谷幸子

THINKERTOYS
second edition

―――――――――――――――――

ダイヤモンド社

THINKERTOYS, Second Edition
by
Michael Michalko

Copyright © 2006, 1991 by Michael Michalko
All rights reserved.

Japanese translation rights arranged with Ten Speed Press
through Owls Agency Inc.

取扱説明書──Part 1

<small>ナビゲーター</small>
加藤　昌治

■ 本の取説？

「取扱説明書」のある本、はなかなか珍しいのではないかと思います。それも当然で、普通は著者の云いたいこと、つまり結論と、その結論にいたるまでのプロセスを一冊の全ページをかけて順番に、丁寧に記述論述していった合計が「本」でしょうから。

　編集者から頂戴したのは、『アイデアのおもちゃ箱』の新版を出す、ついては解説を書いて欲しい旨のご相談でした。これは嬉しいお話で、伺ってすぐ、本棚から取り出して、ああだった、こうだった……といろいろ思い出していくなかで「そうだ、この本は"読んだだけじゃイケナイ本"だったんだ」「この本は読むのではなくて、使う本だった」との認識がよみがえりました。

　当時は自分自身がアイデアパーソンとして成立しているのか、まったくアヤシイ時分でしたから、辞書みたいに引いたなあ、と思い出します。本文の余白にメモもチラホラ。あまり書き込みをしないタイプなので、罹患していたアイデア欠乏症も重症だったわけです。
　発想法に飢えていたけれども、まだ発想を方法、手段で考えることを全面的に信じられなかったのかもしれません。いま、その頃の自分に会えるなら「そんなことないよ、騙されたと思って素直にやってみな？」と声をかけるでしょうけど。

　そしていま、タイトルも新たに『アイデア・バイブル』として、この本を再びご紹介することができることになりました。旧版では割愛されていた箇所、そして原書第2版になって追加された発想法もフォロー。同時に

本文も改稿され、さらに使いやすくなりました。「前のを持っているからいいかな？」なんて思ってしまったあなた、損しますよ。

　さて、『アイデア・バイブル』（以下『バイブル』）には40に迫る発想法（章の中にも細かい方法が出ていますから……全体ではいくつでしょう？）が列記されているわけですが、読者として向き合ってしまうと、「読んで、わかって、やらない」の悪循環に陥ってしまうリスクがある本です。タイプとしては料理本と一緒。見事な料理の完成写真があって、「美味しそうだな、いつか作りたいな」と思うだけで、そのまま。本書も同じで、登場する成功事例を読んで「なるほど、なるほど！」と感心して……終わり。その読後感に意味がまったくないとは思いませんが、それ以上にモッタイナイ。

　「一部だけでも自家薬籠中の物にしたほうがよっぽど役に立つ」がこの本の役割じゃないだろうか？　決め技は２つしかなくても、着実にアイデアを生み出し続けられる人のほうが"発想法コレクター"よりよっぽどスゴイです。

　だとしたら『バイブル』に必要なのは、もったいぶった解説ではなくて、この本をみなさんの仕事やプライベート、つまり生活を楽しく、創造的にしてもらうための「取扱説明書」なのでは、という仮説を持ちました。

■ 発想法は面倒くさい?!

　『バイブル』に採用されている各種の発想法は、実際のところ、ちょっと面倒くさいというか、手がかかるものが多く含まれているのは事実です。

　20個30個と多くのリストアップが必要だとか、縦横の表組みをしてみるとか。捉えようによっては面倒な準備です。でも……ちょっと待ってください。みなさんが休日に楽しんでいるスポーツや、すでにこなしている仕事でも同じことに過ぎません。スポーツならばボールや、バット、スパイクなどの「道具」がたいがいは必要になります。仕事であってもペンや

パソコン、あるいは巻き尺などの身の回りの物からオフィス什器。取引先のキーマンリスト。業種によっては大型の重機など。仕事に必要な準備や道具はいくらでもあります。

アイデアの世界も事情はまったく同じです。ちょっとした準備の有無が、勝敗を分けるかもしれません。複雑怪奇な課題に対して無手勝流で臨めるのは本当の達人だけ。わたしたちはプロフェッショナルの端くれではありましょうけれども、まだ残念ながら達人の域には達していません（だから本書を手に取っていらっしゃるわけで……）。

でもその反面、強力な道具を使うことができます。だとしたら道具の効果を最大限に発揮するための準備はできるだけ怠りなく（作業しやすいように、主だったアイテムを巻末に再録してもらいました）。

例えば、
- 「ＳＣＡＭＰＥＲ」の各項目、手帳やケータイ、スマホに写しましょう。
- 「賢人会議」、偉人の名句集は数時間もあれば作れます（インターネットのありがたさ！）。
- 「前提逆転」の基本手順もコピーして持ち歩きましょう。
- 「アイスブレイク」段取りメモがあればイザ鎌倉の緊急ミーティングで役立ちます。

最初にちょっとだけ時間を使えば、後でグンと楽になります。ホントです。

■『アイデア・バイブル』を使うにあたっての視座

発想法を着実に「自分ごと」化して、身体化して、そして縦横無尽にアイデアを出しまくるためにどうしたらいいのか。わたしから提案する『バイブル』を読み、使うための視座があります。

それは、
1)「自分の発想力を運用する」という考え方を持つ
2)『バイブル』は「発想力育成ポートフォリオ」のリソースブックである

　この視座からすると、『バイブル』とあなたとの関係はとても長く続くことになりますし、その間、何度もページをめくる（探す、という云い方が正しいかもしれません）ことになるでしょう。とある小説を10年後に再読したら、初見とは違う登場人物に感情移入した、みたいなことがたくさん起こるはずです。あるいは本ではなくて辞書、辞典に近い存在になる。でも『バイブル』は古くはなりません。そのための取り扱い方針が「運用＆ポートフォリオ」です。

　マイケル・マハルコ氏も、どうやら本書を"使って欲しい"と思われていたようです。第4章に、その「使い方」が書いてあります。ただし、これは各発想法をある程度会得した中級者、上級者向けの使用法だな、と思います。読んでいきなり、はちょっと厳しいのでは、の感想。そこで「運用＆ポートフォリオ」のアプローチ。『バイブル』のパーツを段々に取り込んでいくやり方です。

　人によっては全ページを読み切った、使い切った！　の境地にたどり着かないのは不満が残るかもしれませんけど、個人的にはそれで全然OKじゃないの？　と思います。実はどんな本であれ、「分かったつもりで分かってない」のが大半でしょうから。だったら「完全に分かったところ、使いこなせるところが30％ある」方が価値あるよ、なんて位置づけてみるのは邪道でしょうか……。

　実際の「運用」、「ポートフォリオ」についてはPart 2にて。本格ミステリーではありませんけれども、ネタバレもよろしくないでしょう。
　それでは「全部をマスターしなくても大丈夫」の姿勢で『アイデア・バイブル』お楽しみください！
　　　　　　　　　　　　　　　　　　　　　　　　　（巻末Part 2へ続く）

はしがき

「故に兵を知るの将は、民の司命にして、国家安危の主なり」 孫子

　目をつむって、荒涼と吹きさらしが舞う湖のほとりに木々がしっかりと生い茂っている風景を思い浮かべてほしい。一本一本の木がそれぞれに強風にしなっているようなシーンだ。この「生態系」システムのもとに、あらゆる力はバランスのとれた状態にある。植物は、根は、自らを維持させようと行動している。まるで一つの固まりのように。

　急勾配で浸食作用の進んでいる土地ならどうだろう。土壌を支えるに充分な木は生えていない。土砂降りになると、急流となった雨水が土を運び去り、浸食によって地表はえぐられてしまう。このような土地では木々や植物は存在としてもろい。根が充分に張っていないために地盤は堅固ではないし、風が吹き雨が降るたびに、浸食は進んでいく。こうした環境の下では、長い時間が経つ間に生態系の内に生じる力が生態系そのものを破壊するように働く。系の内部で生じる力を抑えることができず、生態系が自らを破壊してしまう構造だ。

　バランスの取れた創造的な生態系のシステムとは、要素単体だけではなく相互の力関係によって成立しているものだとわかるだろう。樹木の形状と根の付き方とは密接につながっていて切り離すことはできない。生い茂る木がいっせいにしなる動きからは調和と美が生まれるが、そうでなければ破壊的で醜悪になる。

　同じことが私たちにもいえると思わないだろうか？　自然の場合なら風や雨、浸食作用が「生態系のシステム」を作るが、私たち人間でいうならば、さまざまな行動が入り混じった結果として「人格」が生まれる。

　ポジティブな自己イメージは木の生い茂るバランスの取れた生態系と同じで、自己管理ができている。つまりは創造的だ。反対にネ

ガティブな自己イメージは浸食作用におかされる生態系と似て、自己破壊的なものになってしまうだろう。

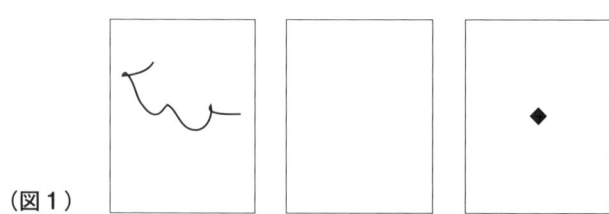

（図1）

　行動パターンが人格に及ぼす影響について、もう少し考えてみよう。3枚の白い紙を数センチずつ離して横一列に並べてみる（図1）。真ん中の紙はそのままにして、向かって右の紙の中心にダイヤモンド形の小さな菱形を描く。左側の紙には不規則な曲線を描いておくとしよう。

　この3枚を見つめてみる。さて「本当のあなた」を最もよく表しているのはどの紙だろう？　希望や恐れ、そして弱さを持つ、あなたのすべてを最もよく描いているのは右か中央か、それとも左の1枚か？

　ほとんどの人は曲線が描かれた1枚か、真ん中の白紙を選ぶ。右側、ダイヤモンド形の点が描かれた紙を選ぶ人はほとんどいない。最も堅実、安定していて、感受性や潜在性を備えているにもかかわらずだ。その一方で、白い紙は空虚で無意味な感じがするし、曲線は混乱や支離滅裂といった印象を見る人に与える。

　それぞれの特徴が正しいのかどうか、疑問に思う人もいるかもしれない。得心してもらうためにちょっとした思考実験をしてみよう。

　仮に（と想像するのが思考実験だ）、世界中の誰より愛する人と一緒にいるとしよう。そして手元には3枚の紙。最愛の人への気持ちをいちばんよく表す1枚を手渡すように言われたとする。さてあなたはどの1枚を渡す？

　たいがいは右側、ダイヤモンドが記された1枚を差し出す。貴重

で、相手に与えるだけの価値がある感じがする上、3枚の中でいちばん意味がありそうな印象を受けるからだ。

　この違いはどうして生まれるのか。人間は、空虚感や矛盾を人生の中に味わっている。だから空白や無意味な線の中に自分自身を見出し、ダイヤモンドを選びたいと思っていたとしても、無意識が邪魔をして、自分は価値のない人間だと感じてしまう。だから一人きりだと曲線か白紙を選ぶのが理にかなっていると納得してしまうのだ。

　私たちはあるがままの姿でいるべきだと、なんとなく信じている。自分の遺伝子や環境、性分に忠実であるべきだと教育されてきた。言い換えれば、私たちは対象物、つまり「Ⅰ＝（私が）」ではなく、「me＝（私に）」であれと教えられてきた。しかし自分自身を「対象物＝me」として考えているならば、あなたは壁に囲まれている。「me」は能動的なポジションを示す主語ではなく、受動的な目的語だからだ。「me」は外部からの力によって活動する存在で、常に制限を受けるものだ。

　自分を「対象物」と見なすと、両親や教師、同僚や仲間などに評された結果をそのまま受け入れてしまうように、評価された通りになってしまう。

　主体者として生きる人々は見事なほど生き生きとしているし、創造的だ。人はみな、もっと活力に満ち、創造的になりたいと思っているはずだ。それは「幸せになりたい」と願うことと同じくらい、最も原始的で根源的な感情でもある。
　この「もっと何かをしなければならない」気持ちを言葉にするのは易しくはないが、自分を「Ⅰ＝主体者」と認識する人は率直で心が広く、誠実に前へ進み、柔軟に状況へ対応する人だ。そして自分の望む方向に事を進めるための方法を探し求めるタイプだ。
　反対に自分を「me＝対象物」と見なす人は引っ込み思案だ。プ

レッシャーに弱く、心をぐらつかされる。命令や圧力によって行動し、1つのことしか考えられない。そしてうまく進まなかった場合の言い訳を絶えず探し求めている。自分の態度が原因になって行動は制限され、不自由な思いをしていることで、自由で幸福な人々のようには人生に向き合えずにいる。

創造的な生態系と同じように、人間の行動と環境とは密接に結びつき、離れ離れに考えることはできない。創造的な人は喜びにあふれ、ポジティブだ。レオナルド・ダ・ヴィンチやトーマス・エジソン、アルベルト・アインシュタイン、パブロ・ピカソといった人たちの行動を見ると、「ないもの」ではなく、「あるもの」や「あり得るもの」に目を向ける人たちであることに気づかされる。現実的だろうがそうでなかろうが、彼らはあらゆる可能性を試そうとする。創造的な人は他人の解釈や評価には頼らない。最も重要なのは、彼らが自分を創造的だと信じ込んでいるゆえに創造的でいられる、という点だ。

絵が売れないのは自分に才能がない証拠だ、と嘆いているフィンセント・ファン・ゴッホを想像できるだろうか？ 5000回失敗したからといって、トーマス・エジソンは電球の発明をあきらめただろうか？ 学習不足を理由に挑戦することを恥ずかしがるレオナルド・ダ・ヴィンチは？ しがない事務員である自分が宇宙に関する物理の理論を発表するなんて馬鹿げてるかもしれないなどと、アルベルト・アインシュタインが恐れた？ フレスコ画を一度も描いた経験がないからと、システィーナ礼拝堂の天井に絵を描くのを断るミケランジェロ？

ネガティブな人は創造的になれない。「態度が行動に影響を与える」、これはまさに真実。しかし「行動によって態度が決まる」こともまた真実だ。新しい態度を身につけたふりをすることで、私たちはポジティブにもネガティブにもなれる。

私たちは話し相手の表情や態度を無意識に真似している。そして幸せそうに話す人の真似をしていると、自分も幸福な気持ちになることがある。ある態度を身につけたふりをして行動していると、つられて生まれる感情に刺激され、最初はふりだったものがいつしか本当になっていく。友人の結婚式に出かけるときは、もし気分が落ち込んでいても幸せそうに振る舞うことがお作法だけれども、いつの間にか本当に楽しくなっているように。

　人は人生を選べない。親を選ぶこともできない。いつの時代、どの国に生まれるかも選べないし、育つ環境もすぐには選択できない。自分の死を選ぶこともできない。
　だが「どう生きるか」は選べる。目的を持って生きるか、ただ流されて生きるか。楽しく生きるか、喜びのない人生を送るか。希望を持つか、絶望を抱えるか。それは選べる。

　また楽しみか悲しみか、ポジティブかネガティブか、誇りを持つか恥を抱えて生きるか。発見を得るか挫折感を味わうか。名誉ある人生か不名誉な人生か。意義ある存在になることも意義のない存在になることも「自分で」決められる。創造的であることも、平凡であることも選べる。
　世の中がどう評価しようと、あるいは関心を寄せなくても、自らが決意し、選べばいいだけのことだ。

　創造性とは私たちがやる／やらないを決める選択によって決定づけられる。自分の運命は自分で作ることができる。

マイケル・マハルコ

アイデア・バイブル　目次

取扱説明書 Part 1　加藤昌治　i

はしがき　マイケル・マハルコ　v

序部　イニシエーション　1

第1章 **最初の一歩**　2
　チック・タック　4
　どうやって「最初の一歩」を踏み出すか？　6
　サマリー　11

第2章 **ワークアウト**　12
　サマリー　23

第3章 **課題は何か？**　24
　課題を明確化する　29
　サマリー　38

第4章 **『アイデア・バイブル』の使い方**　39
　発想法を身に付けるには？　41
　ガイドライン　43

第1部　左脳型発想法　45

第5章 **根本を疑う——「前提逆転」発想法**　46
　前提を逆転させて発想する　48
　サマリー　51

第6章 **属性に切る——「属性列挙」発想法**　53
　サマリー　59

第7章 **分割する——「さくらんぼ分割」発想法**　60

グループワークで発想する　64
サマリー　65

第8章　代替する──「SCAMPER」発想法　66
ハンバーガー×「SCAMPER」＝？　70
「SCAMPER」を使ってみよう！　74
サマリー　107

第9章　強み／弱みを知る ──「プロ／コン」発想法　109
サマリー　114

第10章　パラメーターを設定する──「アイデア・ボックス」発想法　115
新しいランドリーバスケット　117
洗車場の新しいビジネス展開　119
書籍のマーケティング　120
サマリー　121

第11章　ポジショニング・マップ──「アイデア・グリッド」発想法　123
アイデア・グリッドから発想する　125
アイデア・グリッドでアイデアを落とし込む　127
サマリー　129

第12章　視野を広げる──「マンダラチャート」発想法　130
マンダラチャート　131
サマリー　134

第13章　チェックリスト──「フェニックス」発想法　136
「フェニックス」チェックリスト　138
サマリー　142

第14章　自らを見直す──「ビジネスドメイン・マトリクス」発想法　144
ビジネスドメインとは何か？　144
サマリー　149

第15章　未来シナリオを描く──「シナリオ・プランニング」発想法　150
サマリー　155

第16章　大胆な飛躍──「ブルートシンク」発想法　156
なぜ「ブルートシンク」発想法が効く？　163
サマリー　166
soap, soup, and sand（石鹸、スープ、砂）　166

第17章　先人の知恵——「賢人会議」発想法　*172*
　　サマリー　*179*

第18章　属性を絞る——「オポチュニティ・サークル」発想法　*181*
　　サマリー　*185*

第19章　視覚的思考——「パターン・ランゲージ」発想法　*186*
　　サマリー　*191*

第20章　耳を傾ける——「クレバー・トレヴァー」発想法　*193*
　　サマリー　*197*

第2部　右脳型発想法　*199*

第21章　α波——「リラックス・テクニック」　*200*
　　7つのリラックス・テクニック　*201*
　　サマリー　*207*

第22章　青い薔薇——「直感力」　*208*
　　直感力で問題を解決する　*213*
　　サマリー　*214*

第23章　ユーリカ！——「インキュベーション」　*215*
　　サマリー　*219*

第24章　類推する——「アナロジー」発想法　*220*
　　馴質異化　*222*
　　サマリー　*232*

第25章　もしも話——「フィクションストーリー」発想法　*235*
　　サマリー　*244*

第26章　論理を超える——「パラドックス」発想法　*245*
　　アインシュタインのパラドックス　*249*
　　社会起業　*252*
　　サマリー　*254*

第27章　アイデアの宝庫——「夢日記」発想法　*255*

サマリー　260

第28章　潜在意識からのメッセージ──「ダ・ヴィンチ・スケッチ」発想法　261
　　自然界の「手描き」に学ぶ　266
　　サマリー　268

第29章　入眠時幻視──「ダリ・テクニック」発想法　269
　　サマリー　273

第30章　幻視の旅──「シナリオ・ジャーニー」発想法　275
　　ただ、潜在意識に尋ねるだけ　283
　　サマリー　284

第31章　潜在意識の人格化──「メンターズ・トーク」発想法　285
　　サマリー　291

第32章　象形文字──「死者の書」発想法　293
　　サマリー　299

第3部　コイノニア型発想法　301

第33章　アイスブレイク　304
　　アイスブレイク・アクティビティ　304
　　サマリー　316

第34章　ブレーンストーミング　318
　　ブレーンストーミング・ケーススタディ　324
　　ブレーンストーミングを成功に導くTips　326
　　"優等生"への対応　328
　　「壁」を使ったブレーンストーミング　329
　　ソロ・ブレーンストーミング　330
　　目で考える　332
　　イメージ・ボード　332
　　サマリー　333

第35章　ブレーンストーミング・バリエーションズ　335
　　ブレーンライティング（バリエーション＃1）　335

ノートブック・ブレーンストーミング（バリエーション＃２）　*340*
　　　ストラヴィンスキー効果（バリエーション＃３）　*340*
　　　ＳＩＬ（バリエーション＃４）　*342*
　　　オープン・ミーティング（バリエーション＃５）　*343*
　　　ストーリーボード（バリエーション＃６）　*345*
　　　ブレーンストーミングのヘルプメニュー　*349*
　　　サマリー　*357*

第36章　**生来の創造性**　*359*
　　　本質とは何か？　*361*
　　　クレイジーなアイデアの本質とは？　*365*
　　　空想家、現実主義者、批評家　*370*
　　　魔法の杖　*372*
　　　優美な屍骸　*373*
　　　「箱庭」発想法　*375*
　　　「コラージュ」発想法　*376*
　　　「思考散歩」発想法　*378*
　　　子どもに尋ねよう　*380*
　　　カニに尋ねよう　*380*
　　　サマリー　*381*

第４部　最後のハードル　*383*

第37章　**フィードバック**　*384*
　　　サマリー　*393*

第38章　**すべては人間が作り出す**　*394*
　　　サマリー　*400*

取扱説明書 Part 2　*403*

『バイブル』に登場した便利なツール集　*417*

監訳者あとがき　*429*

序部 イニシエーション

第1章

Original Spin

最初の一歩

「勝つ可からざるは己れにあるも、勝つ可きは敵に在り」　孫子

　自らを創造的だと定義しているときと、そうではないと自己認識しているときでは、出てくるアイデアは大きく違ってしまう。
　しかし心理学者が立証してくれているように、人間は態度や考え方を肯定的にするよう脳内の反応回路を自分で刺激し、上手に働かせることができる。本章では恐れや疑念、躊躇を克服し、自分の価値を確信できる創造的な態度を養うトレーニングを行ってみよう。

　肯定的で創造的な態度になろうとする場合に、恐れや不確かさ、疑いほど害のあるものはない。たいていの人はこの根拠のない感情に人生を支配されてしまっている。感情をコントロールし、破滅的でネガティブな感情を肯定的、ポジティブに転換させていくことを学べば、驚くほど創造的になれる。
　そのためにはどうすればいいだろう？
　簡単なことだ。自分の中にある否定的な感情を確認し、肯定的な感情にエネルギーを集中させるだけでいい。

　ドライブの途中にダッシュボードの油圧計からオーバーヒートの警告が出ているとする。もちろん危険信号だ。無視するのはよくないが、恐れの感情で何もできなくなってしまってもいけない。起こっているトラブルを認識し、ガソリンスタンドで修理をしてもらってドライブを続けよう。しかし、めでたくトラブルが解決したはずなのに再出発後も油圧計ばかり眺めているのであれば、その後のドライブはのろのろ運転になってしまう。
　人生に対する恐れや疑いについても同じことがいえる。トラブル

の元になる恐れや疑いをはっきり認識し、そのトラブルの原因を肯定的な考えに変える必要がある。

　セルフイメージを扱う草分けである心理学者、プレスコット・レッキーが開発した方法がある。現在感じている自分に対する否定的な感情は、実はもっと深い心の奥底にある本当の思考とは矛盾していることを納得させるやり方だ。
　レッキーによれば、人間には一貫性に対する要求が本来的に備わっている。もしAという考えが、より強力な考えであるBと矛盾するならば、人間の心はBの考えを排除しようとするのだ、と彼は考えた。レッキーは、誰もが強く感じる「恐れ」や「思い込み」を克服するための、強力な梃子となるような考え方が2つある、と提唱している。
　1．自分のことは自分でできる。自分の役割を自主的に遂行できるという考え方。
　2．自分の才能や能力は他人に劣るものではない。自分を卑下したり、侮辱を受けることはないという考え方。

　クライアント訪問を恐れているセールスパーソンがいた。レッキーが「事務所に這っていって、彼らの前で土下座してみたらどうですか？」と言ったところ、「そんなこと、できませんよ！」と反応が返ってきた。レッキー曰く「だったら、どうして精神的に這いつくばったり、ペコペコしたりするんですか？　取引先があなたを認めるかどうかを過剰に気にしているのは、基本的には土下座と同じことをしているんです。先方に認めてもらおうとして、土下座してすがりついているのと同じですよ」

　重要なことはなんだろうか？　否定的な考えを把握・認識して、それを肯定的な考えと置き換えさえすればよい。人格全体や人生を大きく変えたり、よりよい人間に新しく生まれ変わらなければならない！　なんて大げさなことではなく。

▶▶▶ チック・タック

早速トレーニングメニューを紹介しよう。「チック・タック」はレッキーの研究に基づいて、恐れや疑念、ためらいを克服するために考案された。「チック・タック」は、恐れの感情をひとつひとつ書き留め、正面から向き合い、成功に導く肯定的な要素に転換させていくトレーニングだ。

> 【やってみよう！】Blue print
>
> 1. 集中して、目標達成を阻んでいる否定的な「考え・感情」を「チック」（ネガティブ）側に書き留める。
> 2. 否定的な「考え・感情」に思いをめぐらせる。否定的な感情がどれほど非合理に物事を歪め、整合性のバランスを欠くことになっているだろうか？
> 3. 個人的思い込み、あるいはネガティブな考えを一つひとつ、事実に基づいたポジティブな考えにして、「チック」から「タック」（ポジティブ）に書き換える。

「チック・タック」のサンプルを2つほど例示する。最初は社長に対して新しいアイデアを提案するケースの例。2番目は新製品を開発するときの例になる。

このトレーニングを重ねていくと、ポジティブな考え方が心の中で優勢になり、ネガティブな気持ちは遠のいていく。「チック・タック」をしばらく続けていると、徐々にネガティブをポジティブに交換していくことができる。時折は「疑い」や「恐れ」を感じることもあるが、「恐れ」自体をポジティブな感情を探すためのきっかけとして使えばいい。

「チック・タック」サンプル #1

「チック」（ネガティブ）	「タック」（ポジティブ）
● アイデアを出すのはムダ。社長は私よりずっと経験も能力もある、こんなアイデアはもう思いついているだろうし……	● このアイデアはオールorナッシング。必ずしも大ヒットでなくてもOKだろう？ 小さく産んで大きく育てる、もある。もし自分が社長だったら、すべての可能性を知りたい。まずは書いてみて、ダメそうなのはやめればいいじゃないか。
● あまりに突飛で、提案したら笑いものになりそう……	● アイデアはNGでも、現状を改善しようとする人はリスペクトされるし、誉められる。苦労なくして得るものはない！ リスクを取るほど、リターンの可能性もある。
● これまでの人生でアイデアなんて出たことないし……何もしないほうがいい。	● ダメだと決めこんでしまうのは悪いクセ！ そのセルフイメージが問題だ。そもそも、それほどの役立たずだったら、会社は俺を雇ってないだろう？
● 前のアイデアは惨めな失敗だった。それにひきかえトムのアイデアよかったし……次も恐い。	● 自分のミス、トムのことも大げさに考えすぎ。エジソン曰く「失敗は成功のもと」。人生における唯一の過ちはトライしないこと！ トライせずにスルーしないで、やってみよう！！

「チック・タック」 サンプル#2

「チック」(ネガティブ)	「タック」(ポジティブ)
●絶対できないだろうな……	●少しずつ、できることから。キツいスケジュールの中で全部やれなくてもいい。
●おそらくヘマして、悲惨な失敗に終わる……	●完璧主義でなくてOK。やれば何かは身に付くし、終わったときの気持ちを想像してみて……。今までもいい成果を出せてるし、この仕事に集中できたらいい感じで気持ちも前向きだろう？
●俺、いい加減だし……セルフ・コントロールも時間管理もできないし。	●他ではうまくやれているから、コントロールできるだろう、ベスト尽くせば。この仕事のメリットは見えてるから、時間管理も問題というよりは楽しみ、にして！
●この仕事、意味あるの？ こんな商品出してる会社なんてないよな……	●意味があるかどうか、そんなのわからない、まずやってみる。興味を示してくれる取引先もあるだろう。断られるのも勉強。信念を持ってやれば他の人もやるだろうし。問題はピッタリの販売先を見つけること！

▶▶▶ どうやって「最初の一歩」を踏み出すか？

　こんな例もある。編集やマーケティングに携わる社員たちに創造性がないことを気にかけていた大手出版社のCEOがいた。彼は創造的な社員とそうでない社員の違いは何なのかと思い、心理学者に調査を依頼した。

社員たちを1年間にわたって調査した結果、創造性のあるグループとないグループの間にはたった1つの差異しかないことが発見された。それは「創造的な人は自分が創造的だと思っている」し、「創造的でない人は自分が創造的でないと思っている」ことだけだった。自分が創造的でないと思っている人は、現実を歪めて知覚してしまっている。その時点ですでに創造的になるきっかけを失っているともいえる。

　CEOから依頼を受けた心理学者は、創造的でないと思っている社員の考え方を変えるために、2つの簡単なプログラムを作って実行した。1年もすると、はじめ創造的でなかったと自己認識していた社員が、最初から創造的だった人たちより何倍ものクリエイティビティを発揮しだした。いったん態度・考え方が変わると、さまざまな課題に注意が払われるようになり、信じられないくらいの創造性が現れ始めたそうだ。

　次の年には、「創造性のなかったはずの社員」たちから数多くの斬新な企画やベストセラーが出版された。彼らはきっかけを得て自分自身を変え、周囲の世界を変えてしまった。

　これほどまでに人間を変えてしまったプログラムを紹介しよう。「セルフ・アファメーション」、そして「クリエイティブ・アファメーション」だ。

●「セルフ・アファメーション」プログラム
　セルフ・アファメーション、自己肯定の感情を増強するためには成功したときや自分の良い点、特長を思い出して、失敗したことや欠点を忘れることが大事になる。
　過去に何回失敗したとしても「そんなことは関係ない」と思うこと。覚えておくべき大事な過去は成功したケーススタディで、それを強く記憶しておく。成績の良いセールスパーソンは1つの契約を成立させるまで何回でもやり直し、失敗することを恐れない。

成功は成功を生む。小さな成功は大きな成功への足掛かりだ。

まず初めにやるべきは、自己肯定へのリスト作りになる。リストにはポジティブな性格、特長など、自分自身の長所をすべて記録する。仕事、家庭、学校など生活すべての領域で過去に獲得した「成功」を記録しておこう。後から思い出したり、新たにやり遂げたりしたことがあったらこのリストに書き加えていく。自分自身の能力やユニークな特質を知ることが、前に進む勇気を与えてくれる。

そして過去のうまくいったケーススタディやポジティブな性格、パーソナリティを繰り返し思い出すようにして、逆に失敗したことをさほど意識しないようになるようにトレーニングを重ねていくと、思う以上の成功が得られるようになる。

バッターボックスに立ち、ヒットを打とうとしている野球選手と同じことで、最初は打ち損ないが多くても、そのうちヒットの数が増えてくる。単に反復することだけがポイントなら、打ち損なうことに熟練してくるはずだ。しかし打ち損じを超えてヒットの数が増えてくる理由は、選手の心が打ち損じではなく、ヒットを打てた機会を記憶し、強固に忘れない体験にするからだ。

●「クリエイティブ・アファメーション」プログラム

出版社の社員たちを変えてしまったもう1つのプログラムが、「クリエイティブ・アファメーション」だ。自分が創造的だという考え方を養い、強化するために、創造性に関するポジティブな側面を書き留めて、そのリストを利用する方法だ。一見単純に見えるが非常に効果的なテクニックだ。ぜひやってみて欲しい。

人間は、自分や自分を取り巻く環境について「真実だと想像している」姿に従って感情がわき起こり、行動する。真実だと想像しているものが、実際の真実になる。人は、心の中で描く自画像通りの

人間になるのだ。つまり、自分自身を敗北者として見ていれば、それだけで勝つことは不可能になってしまうし、自分が勝利を得る姿を鮮明に思い描いていれば、それだけで計り知れないほど成功に近づく。

　自分が創造的、クリエイティブであることを視覚化することから始めよう。まず数分間、自分に創造性があり、クリエイティブな存在であることを肯定するフレーズをいくつかメモする。「私は創造的／クリエイティブだ」でもよいし、「私はアイデアを得るためにタイミングよく正しい行動をしている」など具体的なことでも構わない。

　次に、書いたメモから1つを選び、そのフレーズを20パターンのバリエーションに書き換える。表現だけではなく、一人称、二人称、三人称も使って書く。
　例えば「私、マイケルは創造的な人間である（一人称）」「マイケルは創造的なヤツだ（三人称）」「マイケル、君はクリエイティブだなぁ（二人称）」……「私は本当に創造的だ（表現違い×一人称）」「マイケルはこの集団の中で最も創造的な人だ（表現違い×三人称）」「マイケル、君は創造性に恵まれているよ（表現違い×二人称）」……そんな調子だ。

　20のバリエーションをつくる段階ではしっかりと時間をとり、バリエーションを1つ書くごとに実際にそのフレーズや単語についてじっくりと思いを巡らす。アファメーション、創造性を肯定する単語や表現を、いろいろ変化させながら書き続けてみる。

　フレーズを書き出している間には、ネガティブな考えが浮かんでしまうこともあると思う。「マイケルはここ2年というもの、新しいアイデアを考えついたことがない」「誰もマイケルを創造的だと思っていない」「マイケルは頭が鈍いから良いアイデアは思いつけ

ない」「クリエイティブ、と呼ぶには年を取りすぎている」「良いアイデアを思いつけるほどの教育はない」……そんなことでも思いついたら、ノートの隣ページや別の紙にちゃんとメモを取っておく。その後、再びポジティブなアファメーションを書く作業に戻ろう。

いったんアファメーションを書き終わったら、メモをしておいたネガティブな表現を読み返してみる。これこそがクリエイティブな人間であろうとすることを妨げる障害物。それぞれの障害を認識した上で、一つひとつをひっくり返してポジティブなフレーズに変換していく。ネガティブをポジティブに、あるいは無効なものにしてしまおう。
「マイケルはここ２年というもの、新しいアイデアを考えついたことがない」なら「マイケルは毎日新しいアイデアを考えつく」
「誰もマイケルを創造的だと思っていない」は「みんなはマイケルをよく知らないからクリエイティブかどうか判断できない」
「良いアイデアを思いつけるほどの教育はない」を「発明家や大きなアイデアを生み出した人には教育を受けていない人が多い」

毎日５分間、自分は創造的だというアファメーションを書き続けよう。いずれネガティブなフレーズなど、思いつかなくなる。もう必要ないと感じるまで、ポジティブなアファメーションを書き続けることがポイントだ。

図２を見てみよう。何と読めるだろうか？

（図２）　THE CAT

誰もが「THE CAT」と書いてあると思うだろう。でもよく見てみると、「THEの真ん中にあるH」と「CATのA」とは全く同一の形

状だ。

　つまり、私たちが単語を認知するプロセスは、先入観に影響を受けていることがわかる。形状は同じであっても「TAE」ではなく「THE」、「CHT」ではなく「CAT」と認識する先入観はあまりに強く、脳に影響を与えて予期した通りに単語を読み取ってしまう。

　紹介した2つのアファメーション方法と照らし合わせてみればどうなるだろう？　「自分が創造的／クリエイティブである」という先入観を持っていれば、それが脳に影響を与えて本当に創造的になれる。いったん自分が創造的であると思い込めば、自分のアイデアの価値を信じ始め、それを実行することができるようになることを示している。そうは思わないだろうか？

▶▶▶ サマリー

　一番大切なことは自分自身の創造性を肯定することだ。一人ひとりの創造性、クリエイティビティは多くの面で似ているけれども、全く同じではない。森の木はよく似ているけれども、どれひとつとして全く同じ木はないのと同じことだ。似ているところ、そして違うところ。人間はそれぞれが無限に創造性のバリエーションをもっている。一人ひとりに他人と異なる特長があり、ユニークな成果を成し遂げられる。芸術家は「特別な人」ではない。誰もがユニークさを持った芸術家なのだ。

第2章

Mind pumping

ワークアウト

「善く戦う者は、不敗の地に立ちて、敵の敗を失わざるなり」　孫子

　チベットでは、僧たちが経文の記されたマニ車を回しながら経を唱え、祈りを聖なる天まで巻き上げていく。時には１人の僧が１ダースぐらいのマニ車を回し続けるのだそうだ。
　ひょっとして、そのチベット僧がマニ車を回しているときに、夕食や、自分の身の上のことなどを考えているのかもしれない。同じく、他のことを考えながらミサを執り行っているキリスト教の司祭がいるかもしれない。

　何も不謹慎なことを言いたいわけではない。チベット僧や司祭が「宗教者」の役割を担い、その役割を演じることによって、そして自他ともにその役割を認めることにより、頭の中もその役割になりきっていくことに注目したいだけだ。チベット僧にしても、司祭にしても、深い信仰心を持つだけではなく、マニ車を回し、ミサの言葉を述べる行為が重要なのだ。

　つまり、アイデアパーソンらしく行動すれば、アイデアパーソンになれるということでもある。大事なのは、創造的であろうとする意志とその意志にふさわしい行動をとることだ。

　芸術家になりたいと思い、実際そう振る舞えば、いっぱしの芸術家にはなれる。第二のゴッホとはいかないにしても、そんな意志もなく行動もしない人に比べればずっと"らしく"なる。意志や行動でどこまで本物になれるか？　それはわからない。芸術家の世界に保証はなく、運と試練とがあるだけだからだ。ただ、星に向かって

手を伸ばせば、星は取れずに終わるかもしれないが、泥をつかむことになりはしない。

この章ではアイデアパーソンになるための11にわたるワークアウト（行動トレーニング）を紹介する。

●ワークアウト♯1　毎日考える
　毎日やるべき宿題を出そう。いま取り組んでいる仕事に関して、1週間、毎日5つのアイデアを出すことがノルマだ。最初の5つが出てくるまでは難しいだろうが、後はどんどんアイデアが出てくる。思いつくアイデアが多いほど、成功に近づいていく。

　必達数を設定することで、単にアイデアを待つのではなく、強制的にアイデアを作らなければならなくなるのがコツだ。思いついたアイデアが馬鹿馬鹿しくても、こじつけであっても、とにかく予定数のアイデアを出す。

　トーマス・エジソンは1093の特許を取った。彼は自分自身だけでなく部下たちをも鍛えることで成功を信じていたし、ノルマなくしては、そこまでやり遂げることができなかっただろうと言っている。彼個人のノルマは小さい発明を10日に1つ、大きい発明を6ヶ月に1つだったそうだ。

●ワークアウト♯2　狙いをつける
　戦闘機乗りは、狙った相手に照準を合わせたときに「I've gone tone.」と言う。日常生活の中でも「I've gone tone.」。身の回りにあることに狙いをつけることだ。

　次ページの英文パラグラフにはいくつの「f」が含まれているだろうか？

> The necessity of training farmhands for first class farms in the fatherly handling of farm livestock is foremost in the minds of farm owners. Since the forefathers of the farm owners trained the farmhands for first class farms in the fatherly handling of farm livestock, the farm owners feel they should carry on with the family tradition of training farmhands of first class farms in the fatherly handling of farm livestock because the belive it is the best of good fundamental farm management.

きちんと「f」に照準を合わせていたなら、36の「f」が見つかる。それよりも少なければ、おそらくは「of」に含まれる「f」を見逃したのだろう。多くの場合、私たちは「見る」力をすべて使っていない。膨大なボリュームの情報、物事、シーンに囲まれて生活しているけれども、それを「眺めて」いるだけで、注意を向けて「見て」いないのが実際ではないだろうか？

あらためて周囲に注意を向けることで、ありきたりの日常を眺めながら奇跡を見つけ出す能力を開発できる。

アイデアはどこにでも見つかる。丘の上か葉の蔭か、あるいは溝の中に隠れているかもしれない。アイデアそのものが見つからないとしても、狙いをつけて発見したものは、それが何であってもアイデアにつながるヒントになる。

●ワークアウト＃3　細部を記憶する

次に紹介するのは、周囲にある世界に対して純粋に注意を払うことができるように考案されたもので、マサチューセッツ工科大学で写真撮影法を教えていたマイナー・ホワイトが開発した方法だ。

まず、お気に入りの写真か絵を1点選ぶ。複雑な絵柄や、情報量の多いほうがいい。選んだら、気持ちを楽にしてリラックスする。タイマーを10分後にセットして、時間が来るまで写っている物や人、風景などに集中して選んだ写真をじっと見つめる。余計なことは考えず、目の前にある形だけに集中しよう。

タイマーが鳴ったら写真から目を離し、今までの10分間、集中して見続けた形を思い出す。言葉ではなく、視覚的に想起するのがポイントだ。覚えていることが何であっても、ありのままに受け入れる。見つめていたことを思い出す体験を十分味わったら、普通の仕事に戻ろう。そして時折、この体験を思い起こしてみよう。

　純粋に注意を払うことが、小さな真実を得る体験につながることがわかり始めるだろう。あくまでも視覚的に思い出す、この体験を何度も行ってみて欲しい。思い出した小さな真実が神の声だと思う人もいるほどだ。

◉ワークアウト＃４　慣習を打ち破る

　慣習に囚われている人はいつも同じ方法で事を進めるし、何もかも同じ場所に収まっていなければ気がすまない。決まった手順が乱れたら困惑してしまう。この人たちの生活はすべてが丁寧に折りたたまれ、ラベルが貼ってあり、小さな引き出しに収まっているようなものだ。彼らの問題解決能力には限界がある。

　毎日の生活の中へ、わざと変化を組み入れよう。定型的に行ってしまっている行動習慣をリスト化する。習慣のほとんどは生活を心地よくするためのものだが、その反面、いちいち考えなくても済むようになっていることでもある。リストに挙げられた行動を１つずつ取り上げて、１日、１週間、１ヶ月と意識的にそれらを変えていくことをやってみてほしい。

- 通勤ルートを変える。
- 寝る時間を変える。
- 働く時間を変える。
- 毎日違うラジオ番組を聞く。
- 違う新聞を読む。
- 新しい友人を作る。
- 違う調理方法を試す。
- 夏ではなく、冬に休暇を取る。
- 読書習慣を変える。ノンフィクションを小説に。

- 休憩時の習慣も変える。いつものコーヒーはジュースに。
- 馴染みのレストランを変える。
- レクリエーションを変える。ゴルフの代わりにボート漕ぎを。
- シャワーではなく、バスタブの湯に浸かる。
- 違うキャスターが出ているテレビ番組を見る。

◉ワークアウト＃5　本を読む

アイデアパーソンは新しい情報やアイデアという栄養を採るために本を読む。「栄養を与えないと、脳は自らを喰べてしまう」とアメリカの小説家、ゴア・ヴィダルは言っている。

頭に栄養を与える読書をするにあたって気をつけて欲しい点を挙げておこう。

1）**読む本は注意深く選ぶ**。本を読み始める前に「この本は私のクリエイティビティにどれくらい役に立つ？」と問いかけよう。読む本は幅広い分野から選び、かつ厳選して、読書の時間を過ごす。

2）**メモを取りながら読む**。アルバート・ペインはマーク・トウェインの伝記にこう書いている。「彼はテーブルやベッド、ビリヤード室の棚に、一番よく読む本を置いておいた。ほとんどの本に注釈やふと思いついたメモ、タイトルに関する感想などが記してあった。置いてあったのは何度も読んだ本であったが、毎回新鮮な気持ちで読むので、何も書くべきことがないということはめったになかったようだ」

3）**要約を書く**。読み始める前に、その本の要約を書いてみる。または半分を読んだところで、後半の要約を書いてみる。目次や本を読む前に、本の内容を想像してみる。この方法はジョージ・バーナード・ショーお気に入りのトレーニングだ。難しいけれども、想像力を養うためにはすばらしい方法だ。

4）**伝記を読む**。先人たちの人生はアイデアの宝庫である。

5）**ハウツー本を読む**。ジャンルはなんでも構わない。書いてあるハウツーアイデアに手を加えて新しいアイデアを作ることがトレーニングになる。手芸、車いじり、日曜大工、庭造りなどの本は、ユニークなアイデアや製品を創り出すためのヒントを与えてくれる。

6）**雑誌を読む**。ウォルト・ディズニーはアイデアの多くを『リーダーズ・ダイジェスト』から手に入れたという。彼は次のように言ったと伝えられている。「想像力はある時点で古ぼけたり、臆病になったり、縮んだり、凍りついたりしてしまう。『リーダーズ・ダイジェスト』は想像力のトレーニングジムとして役に立つ」

7）**ノンフィクションを読む**。本の中で示された課題が解消する前にいったん本を閉じて、解決法を考えてみる。ジョン・F・ケネディお気に入りのトレーニングであったという話だ。

8）**本を読みながら考える**。古くからの問題への新しい答え、ビジネス上の変化、海外での流行、科学技術の発見を探す。読んでいる本に書いてあることと自分が直面している問題との間に類似点や関連性がないかも探しながら読む。

●**ワークアウト＃6　内容分析をする**

　ジョン・ネスビッツ（『メガトレンド』著者）は、「内容分析」と呼ばれる未来予測を行って成功を収めてきた。彼は南北戦争を扱った歴史書で用いられた方式を応用してこのアプローチを作り上げた。「内容分析」の元をたどると、第二次世界大戦で連合軍が使っていた方式にたどり着く。

第2章

　連合軍はドイツの小さな町から密かに持ち出した新聞を研究することに戦略的な価値を見出していた。新聞には燃料、食料、その他の事項に関して有益な情報が掲載されていた。同じようにスイスの諜報活動員たちは社会面の新聞記事を読み、ドイツ軍幹部の居所を確かめることによって、ドイツ軍の動きを推測することができたのだった。

「内容分析」の具体的方法を紹介しておこう。
- 捨てる前にダイレクトメールに目を通す。広告やマーケティング、新製品、新しい価格の中にトレンドを見抜くことができる。
- １～２ヶ月ほど、ダイレクトメールをためておく。トレンドは繰り返し現れることがわかってくるので、人気のパターンや流行が明らかになってくる。
- 旅行中は現地の新聞を読み、タウン紙の無料提供品をチェックする。その地方の経済状況について推察できる。成長しているのか、それとも後退しているのか？　そこにどんなビジネスチャンスが見つけ出せるだろうか。それは自分が住む町にも転用が可能だろうか？　旅先の土地が持つ価値観や考え方、生活様式はどうだろうか、と考えてみる。
- 大衆文化をしっかりウォッチする。テレビやCATVを見たり、レンタルDVDを借りたり、一般的な雑誌や本を読み、映画を観に行き、ポップスを聞く。人はどんなものに興味を持っているのか。どんな価値観や生活様式が描かれているのか。どんな人が大衆のヒーローなのか。またそれはどうしてなのか？
- 自分の仕事がどう変わってきているかを考える。去年の今頃と比べて、机の中にある書類はどう変わったか。企業が注目しているポイントは変わってきているか。ペーパーワークは増えているか、減っているか。会議は多いか、少ないか。働くことに対する考え方や価値観、関係性が変化している方向を探る手がかりとして職場の同僚と話をしてみるのもいい。
- できる限り数多く、ビジネスカンファレンスやセミナーに出席

してみる。
- さまざまな視点を知るために、毎週違うラジオ番組を聞いてみる。番組は何を呼びかけているのか。どんな人が聞き、どの企業が広告を出しているのか。またそれはなぜなのか？ 考えてみよう。
- テレビ番組欄に目を通す習慣を持ち、興味のある番組を録画しよう。特に見たい番組がないときには、録画した番組を見る。

　自分で行った内容分析は、誰かに頼んでしまうよりもはるかに価値がある。ここに列挙したような情報提供を行うだけでクライアントから年間2万5000ドルも請求するサービスもある。社会全体の関心、動向や生活のパターンを知ったなら、次はそれに関するアイデアやビジネスの可能性などについて考えてみる。自分が行った内容分析をビジネスと関連づけてみることだ。

◉ワークアウト＃7　ブレイン・バンクをつくる

　アイデアは収集し、蓄える。アイデアや、アイデアのヒントになりそうな情報を入れておける場所（コーヒーの缶、靴の箱、机の引き出し、ファイルなど）を作る。ブレイン・バンクだ。連想が湧いてきて、頭が刺激されるようなおもしろい広告、記事、デザイン、論点、漫画、写真、メモ、言葉などの収集を始めよう。

　新しいアイデアを見つけ出したいときは、ブレイン・バンクを振って無作為に2つ以上のヒントを取り出す。そしてその2つを結びつけ、新しいアイデアが引き出せるかどうか試してみる。良いアイデアが出なければ、もう1回振り直し。別の2つで試してみよう。これを繰り返していくうちに、良いアイデアが生まれるはずだ。

◉ワークアウト＃8　トラベル・ジャンキーになる

　何も新鮮に感じなくなったり、飽き飽きしたら旅に出るタイミングだ。お店や見本市、展示会、図書館、博物館、蚤の市、おもちゃ

屋、学校などに出かけてみよう。何かを旅先で見つけ出し、抱えている課題と結びつけてみる。

　心を開いて、何か引っかかってくるアイテムがやってくるのを待つのがお勧めだ。絶対に何かが現れる。アイデアを生むために必要な心の状態は植物のようだ。ある土地ではよく成長しても、土が変わると萎んでしまったりもする。アイデアを出すには場所も重要だ。

　ジョージ・スミスは1900年代はじめに棒つきキャンデーを開発した。競争は熾烈で、彼は他社のキャンデーと差別化するためのアイデアを出そうと躍起になっていた。ある日、休息を取ろうと出かけた競馬場でかなりの金額をある馬に賭け、勝った。馬の名前は「ロリー・ポップ」。スミスは「ロリー・ポップ」と名づけることで、自社のキャンデーを歴史に残すことになった。

●ワークアウト＃9　すばやくメモを取る

「自分の考えをすばやく追いかけなさい。考えというものは、木にとまっている見たことのない鳥のように、気づかないうちにやってきて、日常の仕事に戻っている間にどこかへ行ってしまう」

　詩人で思想家でもあったラルフ・ワルド・エマーソンの言葉だ。

　自分のアイデアは自分で記録しなければならない。昔思いついたことが書いてあるノートを売ってくれる店はない。考えついたら、それを書き留めること。

　人間は一度に7±2、つまり5つから9つの情報しか記憶に蓄えておくことができないと心理学者は証明している。電話番号を調べて、かけようとしたときに別のことに気を取られると、あっという間に番号を忘れてしまうという経験をしたことはないだろうか？　記憶の中に長期保存されない場合、新しく入ってきた情報が以前の情報を押し出してしまうのが脳の仕組みだ。

　一般的に、短期記憶は最初の数秒間、かなりよく保存されている。しかし12秒後には思い出すのが困難になり、20秒後には繰り返したり書き留めたりしない限り情報が完全に消えてしまう。消える前に

書き留めることによって、この情報が他より重要だと脳が知り、長期保存の記憶として蓄えておくべきだと信号を出す。

　NCR社の社長だったジョン・パターソンはナポレオンのファンだった。パターソンは毎朝5時に役員たちと馬に乗っていたが、彼は役員たちに毎日の予定や構想、アイデアなどを記録するために「リトル・レッド・ブック」なるメモ帖を携帯するよう命じた。メモ帖を携帯するのを怠った社員は次々と容赦なく解雇したという。彼は出張中、メモ帖に走り書きしている最中に亡くなったが、アメリカで1910年から1930年の間に起業された大企業の6分の1はNCR出身者が創設した。IBMの創設者、トム・ワトソンもパターソンに喝を入れられた者の1人だ。

◉ワークアウト＃10　メモを活用する

　アイデアパーソンとして行動するとは、たくさんのアイデアを思いつくことと、柔軟でおもしろいアイデアを考えることだが、いい方法はメモを活用することだ。リストにしたり箇条書きにしたりしてアイデアを書いていると、脳のエネルギーをアイデアを出すことに集中させることができる。思考の流れ、考えるスピードを速くするのに効果的な方法でもある。

　例えば3分間で「潤滑油の使いみち」をできるだけたくさん考えてみよう。最初はメモを取らずに頭の中だけで考えてみる。
　おそらくいくつかのアイデアが思い浮かんだろうけれども、思考を集中させるのが難しいことがわかるだろう。結局のところ、当たり前な使い方しか思いつかなかった人も多いはずだ。
　次にアイデアをメモに書き留めながらやってみると、手を使わない場合よりも集中できるし、数多くのアイデアを思いつくことを実感できる。さらにタイムリミットを設ければより生産的に、数多くのアイデアが出る（繰り返しになるが、数だけでは十分ではなく、柔軟性も欲しい）。

アイデアを書き留めたメモの中に「滑らかさを促進させる」「錆びついたものを滑らかにする」「自転車のチェーンに油をさす」あたりが入っていれば、数の面では十分だが、まだ当たり前の使いみちばかりでもある。もし、メモにこんなアイデアが入っていたのならば、柔軟性の面でも合格だ。

- 動物が近づかないように鳥の巣箱がある柱にスプレーする。
- ネズミ捕りの餌にする。
- 楽器の弦が劣化するのを防ぐ。
- 魚の餌にする。
- 使用済みタイプライターのリボンを前より黒くして復元する。
- 自動車の安全用品。車の小物入れに常備して、事故に巻き込まれた車のドアを開けやすくする。

柔軟なアイデアとは、ごく当たり前で慣習的な役割以外の使いみちを発見する能力を意味する。より即興的、直感的で、状況や見通しに応じて課題に柔軟に対応し、結果よりも過程に焦点を当てられるか、ということでもある。

● **ワークアウト#11　アイデア・ログをつける**
　アイデア・ログはCIAが得意とする情報記録テクニックの1つだ。それぞれの問題ごとに1冊ずつ記録をつける。アイデアや事実、考えや疑問などを全て記録するのに使う。CIAの諜報員は、与えられた職務に関するすべてのアイデア、比較対照事例、相互の関係性、細かい情報を即座に探し当てることができるわけだ。

　アイデア・ログを継続的につけてみよう。それぞれ項目別、課題別に冊数を用意し、ビジネス、プライベートなどの課題別に分けて記録をつけてみる。例えば、次のように区分してみてはどうだろう？　マーケティング／製品／販売／会社関係／プライベート／サービス／特別プロジェクト／新規ビジネス開発……など。

自分にとって一番適したやり方を決めるまで、いろんな方法を試してみるといい。また記録した自分のアイデアを定期的に見直してみることも、想像力を刺激するよい方法になる。見返すたびに、過去のアイデアと現在の状況や経験との関連もわかる。

▶▶▶ サマリー

アイデアパーソンになるための効果的なワークアウトは

- ワークアウト＃1　毎日考える
- ワークアウト＃2　狙いをつける
- ワークアウト＃3　細部を記憶する
- ワークアウト＃4　慣習を打ち破る
- ワークアウト＃5　本を読む
- ワークアウト＃6　内容分析をする
- ワークアウト＃7　ブレイン・バンクをつくる
- ワークアウト＃8　トラベル・ジャンキーになる
- ワークアウト＃9　すばやくメモを取る
- ワークアウト＃10　メモを活用する
- ワークアウト＃11　アイデア・ログをつける

　頭の中からアイデアをひねり出す行動は、草原の中に道をつくることに似ている。もともと草原に道はないが、いつも同じところを歩いていれば道ができてくる。最初は何のアイデアも出てこない。しかし、ここで挙げたトレーニングで頭とカラダを鍛えていけば、道がいつの間に生まれるようにアイデアが湧いてくる。

第3章

Challenges

課題は何か？

「而て戦う可きと而て戦う可からざるとを知るは勝つ」　孫子

　頭の切れる5人の起業家が膝を交えてアイデアを考えようとしているとしよう。しかし誰かが「言い出し役」にならなければ、何事も始まらない。

　最初のアイデアはどこからやってくるのだろうか？　解決するべき課題とは何か？　フォーカスするべきポイントを決めるのは誰か？　そしてゴールはどこにある？

　はっきりしたゴールがない状態で新しいアイデアを出そうとしても、時間の無駄遣いだ。

　アイデアを考え始める前に、自分のゴールを決めておくことが大切だ。この章では、取り組むべきビジネスの課題を確定させる方法を説明する。ゴールが決まれば、後はさまざまな発想法を使って解決していけばいい。

　課題とはチャンスでもある。仕事をうまくやってのけるビジネスパーソンは課題が何かに目を配り、チャンスに変換している。そしてビジネスにつなげる流れをつくっていく。

　課題を見つけるためにアンテナを張る方法は、誰にでも修得できる。1つの対象に集中するトレーニングをやってみよう。ある色を選び、その色をしたアイテム、その色を一部でいいから含んでいるものを一日中探してみる。

　赤を選んだとすれば、数え切れないほどの赤いアイテムを見つけることになるだろう。自動車、本、衣服、家、消防車、煙突、靴、帽子、アート……が目に入ってくる。見慣れたアイテムでも新鮮に思えるし、赤色自体がもっと豊かな色に見えてくるに違いない。赤

色に対する視座が劇的に変化したことに気づかされるはずだ。「赤」に焦点を合わせ、他の色を自分の意識から退けてしまうことによって、赤色についてより深く理解することができる仕掛けだ。

（図3）

　図3のイラストは心理学者ジョゼフ・ジャストローが1900年に描いた。顔が右を向いているならウサギに、左向きならアヒルに見える。どちらに焦点を当てるかによってウサギに見えたり、アヒルに見えたりするが、アヒルかウサギを交互に認識してしまって、両方を同時に見ることは難しい。

　同じように仕事上の課題も書き出し、確定させておかないと散漫になり、どこにフォーカスするべきかがわからなくなる。リストアップすることは、どの課題が取り組むに値するかを決定するための良薬であり、課題全体という大きな塊をパーツの集合として見直すことにもなる。

　スタートは、課題をリストアップすることから。個人的に興味を引かれた課題、それからチャレンジする価値があると思われることを書いておく。こんなことが参考になるだろうか。
- 手に入れたいもの、あるいは成し遂げたいと思うことは何か。
- 手掛けたいと思うビジネス上のアイデアは何か。
- 仕事でどんな変化を期待しているか。
- 仕事関係で改善したい点はどこか。
- 改良の余地があるところはどこか。
- もっと時間をかけてやりたいことは何か。
- 仕事からもっと得たいと思うものは何か。
- まだ達成していない目標は何か。

- 仕事で夢中になっているものは何か。
- 仕事で腹の立つことは何か。
- 仕事上どんなことで誤解を受けるか。
- 不満に思っていることは何か。
- 他人の態度で以前より悪化している点はどこか。
- 人にやってもらいたいことは何か。
- どんな変化を取り入れたいと思うか。
- 時間がかかりすぎることは何か。
- 無駄だと思えることは何か。
- 複雑すぎることは何か。
- ボトルネックになっているのはどこか。
- 苦手な分野はどこか。
- うんざりしていることは何か。
- 仕事でおもしろくないところはどこか。
- 組織改革したい点はどこか。
- 仕事でもっと利益を上げられる分野はどこか。

ビジネスに焦点を当てるなら、こんなリストになるだろう。
- 新製品の企画に対して私はどんな独創的な提案ができるか。
- コストを切り詰めて生産性を上げるにはどうしたらよいか。
- 自社製品と他社製品との違いをより明確に打ち出すにはどうしたらよいか。
- どんな新製品が必要とされているか。現製品の市場はどの程度拡大可能か。
- どうしたら20％の売上増が可能か。
- 新しい販売促進策を考え出せるか。現行の販促にかかる費用を減らすことは可能か。
- 企業にとって必要不可欠な人財になるにはどうしたらよいか。
- 顧客の不満にもっとうまく対応するにはどうしたらよいか。
- 自社製品を売る際に、与えられた役割をよりよく果たすにはどうしたらよいか。

- 自社の商品やアフターサービスについて、もっと知ってもらうにはどうしたらよいか。
- 社員全員に自社製品の特長を積極的に見つけるよう呼びかけることは可能か。
- 不要な事務手続きを減らすには、まず何に着手したらよいか。
- 働く人たちにとって、もっと意味がある賞とはどんな賞か。
- どうしたらもっと顧客の立場に立つことができるか。
- 自社のイメージを変えることは可能か。
- どの分野ならライバル会社よりも良い業績が上げられるか。
- 自社製品の中で目玉になり得るものはどれか。

　解決すべき課題を書き出す、ただそれだけの行動が始まりとなって、意味のある企画を作り出し、難題を解こうと頭は働き始める。

◉バグ（欠陥）

　アイデアは怒りから生まれることもある。ある人が、友人たちの記念日や誕生日といった大事な日を覚えられない自分にイライラしていた。結果、彼からのプレゼントはいつも1日遅れになってしまっていた。このバグ（欠陥）を彼は解決するべき課題へと転換し、新製品を生み出した。それは真空パックの薔薇。保存可能で、いざというときにすぐ使えるギフトになる。

　バグ（欠陥）も課題のひとつだから、リストにしてみるといい。バグ・リストを作ったら、一番おもしろそうなバグを課題として選ぶ。人によって選び出されるバグ＝課題が違ってもいい。自分を刺激し、ワクワクさせるのは何か。それがわかるのは自分だけだし、それこそが独創性が生まれる原点でもある。

◉利益（ベネフィット）

　課題を解決するためのアイデアを考え出すことと、自分自身の個人的な動機とを結びつけることも大事なことだ。なんらかの利益、

ベネフィットが生まれる。ベストなアイデアは成功へのハングリー精神とチャレンジ精神から生まれるものだ。

　トーマス・エジソンは、発明の仕事によって個人的な収益を得ることを早くから重要視していた人物だ。彼の発明第1号は、議会で使うための票数自動記録装置だった。ある下院議員に見せると「票の集計をいかに効率よく行うかなど、取るに足らないことだ」と言われたそうだ。それ以来、「発明を行う唯一の理由は金儲けのため」がエジソンの口癖になった。他の人に自分の発明を理解してもらうための時間、情熱、そして興味すらも彼は持たなかった。

　どの課題に取り組むかを決める際には、成功したら得られるベネフィットのリストも作っておこう。目に見えるベネフィットもさまざま。金銭、喜び、評価、資産……。目に見えないものもある。新しいスキル、知見、心構えなどだ。ベネフィットは時間や労力のコストを上回っているだろうか？　一番やる気になり、責任を持ってやりたいと思うのは、どの課題になるのかを考えてみてほしい。

　個人的な"儲け"なんて関係ない、と考えるのは、結局自分の無能さを露呈することになる。

　どの課題がおもしろく、ベネフィットが得られそうかを判断したら、その課題を自分で引き受けることが肝心だ。課題を引き受けるとは、解決策を考え出す責任を持つことでもある。責任を持ち、アイデアを考え出すことに一生懸命になるほど、画期的なゴールに到達する可能性は高くなる。

　挑戦するべき課題が見つかったら、それを宣言しよう。課題を明らかにすることで最適な発想法を使うこともできるし、結果として創造的な解決策が生み出される。

▶▶▶ 課題を明確化する

「勝兵は先ず勝ちて而る後に戦いを求む」 孫子

　課題を明確に記述する言葉、フレーズを選ぶプロセスには、たっぷり時間を取ったほうがいい。問いをはっきりさせることに時間を費やしたほうが、ゴールに近づいていることになる。反対に、いい加減に課題を設定してしまうと、つまらないアイデアになってしまうケースが多いのが現実だ。
　アメリカ特許庁の記録を見ればわかる。ピント外れで滑稽なアイデアがいくつも見つかる。煙が出てくるゴルフボール、インコ用おむつ、顔に液体を吹きかける目覚まし時計、腹中のサナダムシを釣り出す糸、えくぼを作る機械……。

　課題を具体化し、課題の核心を絞り込んだら、ステートメントとしてまとめよう。いったんステートメントを書いた後は、しばらく放っておく。時間が経ってから修正したり、書き加えたり、縮めたりして再び整理し直す。吟味する作業を繰り返すうちに、課題そのものにさらに集中できるようになる。つまり、いろいろな方向から課題自体を問い直すことで課題の本質を突き詰めていく。課題自体を問うことで複数の観点から検討することができる。異なった視点からの問いかけが目を大きく見開かせてくれることもあるだろう。

　図4の中に、立方体をいくつ数えられるだろうか。
　黒い菱形を立方体の上面と見るか、底面と見るかによって、立方体が6つにも7つにもなることがわかるだろう。変化するのは図の絵柄ではなく、見ている私たちの知覚のほうだ。上面か下面か――問いかけを変えることが人間の知覚を変えてしまう。

（図4）

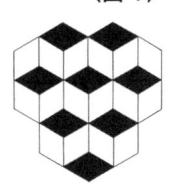

> **【やってみよう！】Blue print**
>
> 課題の核心を明確にするには
> 1. 「私なら、どんな方法で……するだろうか？
>   In what ways might I……？」で始まる疑問文で課題を記述してみる。
> 2. 記述した文章の中にあるキーワードを別の言葉に置き換えて、課題を他の表現で言い換えてみる。
> 3. より広い視点で見ることができるように課題を拡大してみる。
> 4. 視野を狭めて見るために課題を縮小してみる。
>   (a) 課題をいくつかのパーツ課題に分割する。
>   (b) それぞれのパーツ課題を解く。
>   (c) 「それ以外にどんなやり方で」そして「それ以外にどういう理由で」と問い続ける。

　最初は一定のフォーマットを利用することを勧める。アイデアが必要とされている課題をフォーマットに沿った疑問文にしてみよう。「私なら、どんな方法で……するだろうか？」のパターンを使ってみれば、課題をたったひとつの視点からしか検討しないような隘路に入ることはなくなる。

「私なら、どんな方法で……するだろうか？」フォーマットを活用して、課題をさまざまに言い換えてみよう。疑問文をいくつも書くことで課題そのものが新しく見えてくるだろうし、新しいアイデアに可能性を拡げることになるだろう。

　疑問文を言い換えることで課題の核心に迫れることを証明してみよう。図5の部屋にいる人間を、自分自身だと仮定してみる。課せられたのは、天井から吊り下がった2本の紐の端を結ぶこと。片方の紐を持って手をいっぱいに伸ばしても、もう一方の紐には届かな

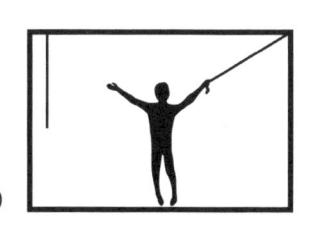

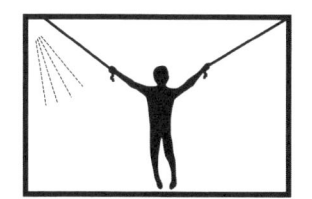

（図5）

い。部屋には何も置いてないし、あるものといえばポケットに入っているものだけだ。この課題をどうやって解けばよいだろうか？

　スタート時点では、「どうやったら、2本目の紐に手が届くだろうか？」という疑問文を作ることになる。しかしその問いかけのままでは、2本目の紐に手を伸ばそうとしてうまく行かず、途方に暮れてしまうだろう。そもそも不可能なことなのだから。
　そうではなく「私なら、どんな方法で、紐と自分をくっつけるだろうか？」と疑問文自体を言い換えてみれば、答えが見つかる。片方の紐を握りながら、ポケットの中のアイテム、例えば鍵、指輪、時計、あるいはベルト……を2本目の端に結びつけ、振り子のように動かして端が近づいたところをつかめばいい。

● **キーワードを置換する**
　課題を文章化する際、キーワードや疑問文の表現を言い換えるには、同義語や代用となるフレーズを使うのが簡単な方法だ。最初のステップは課題に含まれるキーワードを確認しておくことだろう。

　フランスにあるオバクシオン社のプロダクトマネジャーが難問にぶつかっていた。「どんな方法ならば、ユニークな食品を開発できるだろうか？」。彼は「ユニーク」を「あっと言わせる」に、「開発する」を「作り変える」に言い換えた。つまり課題を示す文章を「どんな方法ならば、既存の製品を"あっと言わせる"食品に"作り変える"ことできるだろうか？」と言い換えてみた。

次に彼は自分自身が「あっと言う」ものを、またどんな食品なら生活者を「あっと言わせる」ことができるだろうかと考えてみた。そして自分が「あっと言う」のは、牛の形をした飛行機のように、見慣れたものが奇妙な形になっているのを見たときだ、と考えた。そうだ、見慣れた食品がいつもと違う奇妙な形になっていたらお客さまもきっと「あっと言う」に違いない！　パンの形をしたバナナ、ピラミッドの形をしたトマト、四角いトマト。こうして考えていくうちに「四角い卵」のアイデアを思いついた。

彼はさいころ形ゆで卵を開発した。真ん中に黄身が入っていて、保存期間が21日もあり、破裂してしまう従来の卵と違って電子レンジで温め直しのきく卵だ。

当初の疑問文に含まれている言葉をちょっと言い換えてみるだけで、新しいアイデアが生まれる起点になることがある。味のないパン生地にレーズンを入れるような効果だ。

● 課題を拡大する

あらゆる可能性を検討するためには、「Why－なぜ？」と問い直すことで課題の範囲を拡大してみるといい。そもそもの大きな目的が何であるかを確認できるし、自分の考えを疑ってみることもできる。課題を再定義し、具体的に表現することにもつながる。

ケーススタディとして、とある販売代理店のセールスパーソンが抱えていた課題「どんな方法ならばコンピュータがもっと売れるだろうか？」を「Why」を使って拡大してみよう。

ステップ1：なぜ私はA社製のコンピュータをもっと売りたいのか？
「当店のコンピュータ全体の売上が落ち込んでいるからである」
ステップ2：なぜ私はコンピュータという商材を売ろうとするのか？

　　　　　「当社全体の売上高を伸ばすためである」
　ステップ３：なぜ私は売上高を伸ばしたいのか？
　　　　　「わが社の業績をよくするためである」
　ステップ４：なぜ私は会社の業績をよくしたいのか？
　　　　　「私の個人資産を増やすためである」
　ステップ５：なぜ私は個人資産を増やしたいのか？
　　　　　「よい生活をするためである」

　課題を次のように言い換えることもできる。「私なら、どんな方法で……するだろうか？」のフォーマットを使ってみよう。
「私なら、どんな方法で　コンピュータをもっと売るだろうか？」
「私なら、どんな方法で　会社の売上高を増やすことができるだろうか？」
「私なら、どんな方法で　会社全体の業績を伸ばすことができるだろうか？」
「私なら、どんな方法で　自分自身の資産を増やすことができるだろうか？」
「私なら、どんな方法で　よりよい生活が送れるだろうか？」

　肝要なのはアイデアを考えるための視点＝問いを探すこと。「私の資産を増やす」と問うほうが「コンピュータを売る」よりもはるかに多くのアイデアを思いつくはずだ。「私の資産を増やす」まで拡大すれば、取引先との交渉でより高い手数料を要求することもアイデアになるし、コンピュータ以外の製品を売ることもアイデアになることがわかるだろうか？　転職、本業にプラスしたアルバイト、投資なども可能性として見えてくる。

　課題をできるだけ拡大して問い直すことで、視点を山頂のような高い位置に置くことができる。山頂から見下ろせば、あらゆる登山ルートを見渡すことができる。全てを見ることができなかったら、一番よい登山道もわからないままだ。

海運ビジネスでも、課題の設定によって解決の方向性がまるで変わってしまった例がある。

　1950年代、大方の専門家の意見では遠洋海運業はもうおしまいだと言われていた。コストは上がり、荷の積み下ろしにかかる時間もますます長くなっていた。船着き場では泥棒が増えていた。品物が船に積荷されるのを待って山積みになっていたからだ。

　海運業者は自分たちの課題をこう定義していた。「どんな方法なら、船を効率よく使うことができるだろうか？」

　スピードが速く、また燃費のよい船を造り、乗組員を削減したにもかかわらず、コストはかさむ一方だった。それでも彼らは輸送中にかかる出費だけに目を奪われ、それを減らすことだけにやっきになっていた。

　問題の解き方は正しかったけれども、残念なことに課題自体が正しくなかった。船舶という彼らにとって最大の設備にかかる一番大きな出費は、船が動いていないときのコストだ。そこでコンサルタントが「どんな方法なら、経費を削減できるだろうか？」と海運業の課題を拡大して考えてみた。

　課題を拡大したおかげで、荷造りと船積みを含めた海運業のあらゆる面を見直すことができた。この業界を救った画期的な工夫とは、船が港に入る前に陸地で船荷にしておき、荷造りと船積みとを分けたことだった。あらかじめ荷物をパッケージした船荷を作っておいて、それを積み降ろしするほうが圧倒的に時間を短縮できる。船が「動いているとき」よりも「動いていないとき」のコストに目を向けた結果、貨物船が動いていない時間を減らすことができた。具体的な解決策は、荷物を積んだトラックが乗降可能なロールオン・ロールオフ方式の船とコンテナ船だった。

　課題を捉え直すことで、こうした結果が生まれた。成果たるや驚異という他はない。この30年間に貨物輸送量は5倍にも跳ね上がっ

たが、逆に出費は60％も削減されている。停泊時間は4分の3に減り、同時に道路渋滞や窃盗を減らすことにも寄与している。

● **課題を絞り込む**

　自分の求める課題を広い視点でつかむことができたら、今度はゴールを絞り込んで具体的な問いへと狭めてみるといい。問題の範囲が小さくなれば、もっと解きやすくなる。

　モントリオールのどこか、しかわからなければ、目指す住所に簡単にはたどり着けないが、オールド・モントリオールの西にあるとなれば"当たり"が付いてくるだろう。さらにホテル・ボナヴェンチャーから徒歩数分にあると教えられれば、さらに見つけやすくなる。アイデアが必要なのはどの範囲なのかを限定すると、答えに近づける。

　課題を解きやすくするためには「Who／誰が」「What／何を」「Where／どこで」「When／いつ」「Why／なぜ」「How／どうやって」という5W1Hの問いで絞り込む。
「Who／誰が」を問えば、課題に関係する個人やグループを特定できる。影響力や人脈、有力な情報源を持ち、そして課題が解決された時点で利を得る人だ。
「What／何を」を問えば、課題に関わる要素、必要な条件、ハードル、見返り、解決方法のメリットやデメリットなどを把握することができる。
「Where／どこで」を問うことで場所や位置関係で課題を問い直し、あるいは課題の核心を検討できる。
「When／いつ」ならば、スケジュール、日付といった視点から課題を狭められるし、課題の経過がわかる。
「Why／なぜ」の問いは、基本的な目標を理解することを補助してくれる。
「How／どうやって」とプロセスを問うことで、これまでの経緯や、起きる可能性のあった事態、もしくは現在の動向、そして今後の展

開を知ることに役立つだろう。

　あるデザイン会社は、課題を「どんな方法なら、ユニークで便利なくず入れのデザインができるだろうか？」と表現し、さらにポイントを絞り込むために５Ｗ１Ｈを使ってみた。
「誰が　くず入れをデザインする際の助けになるか」
「どんな　素材を使ったらよいか」
「どこで　別の素材が手に入るか」
「いつ　それを作ったらよいか」
「どうやったら　もっと便利なものになるか」
「何が　ユニークな形なのか」
「どうして　新しいくず入れが既存の物より優れているのか」

「私なら、どんな方法で……するだろうか？」のフォーマットで疑問文を作り直し、絞り込まれた課題として、こんな問いかけが生まれた。
「他の人なら、どんな方法でよいくず入れのデザインを手伝ってくれるだろうか？」
「どんな方法で別の素材でくず入れが作れるだろうか？」
「どんな方法で別の素材を手に入れることができるだろうか？」
「どんな方法でスケジュールを組めるだろうか？」
「どんな方法でくず入れをもっと便利なものにできるだろうか？」
「どんな方法でユニークなくず入れをデザインできるだろうか？」
「どんな方法で既存のものよりすばらしいくず入れができるだろうか？」

　より具体的になった課題設定によって、このデザイン会社は「折り畳み可能なくず入れ」を生み出すことができた。このくず入れの素材は再利用可能なプラスチックで、たたんで保管できる。平らなシートはあっという間に筒型のくず入れに変身する。見た目も地球資源節約の点からも他社製品を上回っている優れものだ。

●課題をさらに絞り込む

　5W1Hを使って課題を細分化できたら、さらにもう一歩前に進もう。
「How else？／他にどうやって？」と「What else？／他に何が？」と問いを重ねてみると、課題はもっと絞り込まれるはずだ。

　O. M. スコット・アンド・カンパニー社は、種、肥料、農薬などを販売する芝生用品のトップ企業だ。かつてこの会社は種を売る小売業で、シアーズ・ローバック社やダウ・ケミカル社のような巨大企業としのぎを削っていた。会社が作る製品は良質だったが、ライバル企業と大差はなかった。
　スコット社の大きな課題は「どんな方法で市場占有率を上げられるだろう？」だった。彼らはこの課題を分解し、1つを選ぶ。新しい課題は「どんな方法で自社製品を他社と差別化できるだろう？」になった。

　芝生用品はどれも似たりよったり。みな「科学的」を謳い文句にし、土壌の状態と気温によって肥料をどれくらい使えばよいかを細かに説明し、芝植えとは正確に管理された科学的プロセスであると、どの製品もアピールしていた。またブランド名は決め手になっていなかった。
　スコット社の販売員たちは自社が競合他社から差別化されるにはどうしたらいいのかを知るため、顧客に芝生の手入れに関してヒアリングした。返ってきた答えは「科学的に管理しながら芝生を植え育てることへのフラストレーション」。スコット社にとっての課題は「どんな方法でお客さまが芝を育てるフラストレーションを減らせるだろう？」に変わった。

　この課題設定にプラスして、「How else？／他にどうやって？」と「What else？／他に何が？」と問うことで、さまざまなアイデアが次から次へと浮かんだ。

第3章　Challenges　課題は何か？　37

「もっと懇切丁寧な説明書をつけたらよい」から「顧客のための造園教室を設けたらよい」まで。そしてついに、数百万ドルを稼ぎ出すアイデアが浮かんだ！　スコット・スプレッダーと名づけられた簡単な器具だ。この小型軽量の手押し車には穴が開いていて、スコット社の製品が適量、むらなく出る仕掛けになっている。スコット・スプレッダーが登場するまで、競合他社も芝の育成を管理する器具を発売したことはなかった。スコット社はスプレッダーを中心にして製品ラインナップを練り直した。そして種を売る小さな小売業者が、芝生用品の取引高で一躍トップに躍り出たのである。

▶▶▶ サマリー

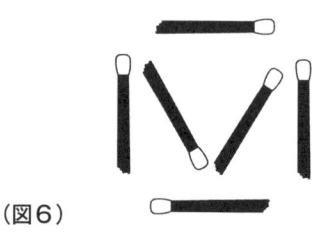

（図6）

簡単なクイズでこの章を終わりにしよう。
図6から3本のマッチを取り除いて4にする、が問題だ。

これは正解がない――どうみても解決策はなさそうだ。どうしたら6引く3が4になるのだろうか？　答えがわからない＝答えがない、ではない。「How else？／他にどうやって4をつくれるだろう？」と「What else？／他に何が4になるだろう？」と自分に尋ねることが解決への鍵になる。

上と下と右のマッチを取りはらってごらん。一目瞭然だろう？

第4章

Thinkertoys

『アイデア・バイブル』の使い方

オリジナルなアイデアを得るためにはどうしたらいいだろうか？他人と同じ情報を見て、それを今までとは違う、新しい組み合わせとして作り変えられればいい。積極的に考えるとはそういうやり方、行動だ。

$$XI+I=X$$

（図7）

10本のマッチからなるローマ数字の数式があるが、正しくない。マッチに触れたり、新しいマッチを加えたり減らしたりせずに、図7の等式を正しく成り立たせることができるだろうか？

問題を解くには、ありきたりなものの見方とは決別しなければならない。問題をたった1つの視点から眺めているとしたら、頭の中に境界線を引いて、その線の中だけで考えているようなものだ。新しい視点で眺めてみればこの問題も簡単になる。等式を成り立たせるには本をひっくり返してみればいい。それだけだ。

頭の中にある境界線を乗り越えられるアイデアパーソンになり、情報を新しい組み合わせに作り変える必要がある。一般的な情報を新しい組み合わせとして再構成し、利用することが、新しいアイデアの誕生をもたらす。

『アイデア・バイブル』は、読者がアイデアパーソンになるための具体的な発想法を教えている。採り上げているのは「左脳型」発想法と「右脳型」発想法の2種。最高の創造性を発揮するには両方が

必要だからだ。「左脳型」発想法がすでにある情報を使って考える方法であるのに対し、「右脳型」発想法は洞察力と想像力、そして直感を使って新しいアイデアを生み出していく方法になる。

人間は、2つの目、2つの耳、2本の手を持っているが、脳にも2つの種類がある。大脳は左脳と右脳、2つの半球からなっている。左脳は言葉や記号を司り、右脳は映像、イメージを使って思考する。論理的な思考は左脳、直感的な思考は右脳でなされている。

左脳	右脳
●一度に1つのことを扱う	●一度に多くの情報を統合する
●情報を順番に処理する	●全体的な認識、思考
	●夢をみる
●順序にそって動作する	●鮮明でない意識
●記述する	●解決策が一気に思いつく
●分析する	●相似性を理解する
●アイデアを関連づける	●直感
●抽象化する	●洞察
●カテゴリー化する	●心の底から湧き起こる感情
●論理的	●統合する
●理性的	●視覚化する
●判断力	●視覚的記憶力
●数学的	●パターンを認識する
●言語的記憶力	●目下の課題と結びつける
●記号を扱う	

左脳は作家や数学者、科学者たちがよく使い、右脳は画家や職人、音楽家がよく使う。人の名前を覚えるのは左脳、顔を覚えるのは右脳の機能だ。ゴルフの入門書を読むのは左脳の仕事、スイングの感触を得るのは、右脳の仕事になる。

長い旅客列車がさしかかったところを想像してみよう。目の前を通り過ぎる列車をじっと見つめている人がいる。彼には通り過ぎる

列車が部分的に視界に入ってくる。最初に機関車、それから客車の1両目、2両目……1両ずつだ。一方、この同じ列車を上空の飛行機から眺めている別の人からは先頭から最後まで列車全体を一度に見渡せる。

左右で脳の働きが違うのはこんな感じだ。左脳は地上から列車を見ている人で情報を一つひとつ、次から次へと処理する。右脳は空から見ている人で、情報を一度に、全体的に、直感的に処理するやり方になる。

▶▶▶ 発想法を身に付けるには？

本書を最初から順番に読み通して、それぞれの発想法に一度だけ触れて終わってしまうような読み方をするのはお勧めできない。おもちゃのように、それぞれの発想法を人それぞれに遊んでもらって、思いついたアイデアをさらに活性化させてもらうのが一番いい。使い方は工夫次第だ。お気に入りの発想法を1つか2つ使いこなせばいいとも思えるが、いろいろな発想法のバラエティを楽しんでもらえると、アイデア発想力はさらに高まることになる。

算数で足し算を習う授業では、正解が出ればすぐに次の問題へ移ってしまうけれども、そうした算数的なやり方をアイデア発想の領域に持ち込んでくる人が多くいる。彼らは1つアイデアが見つかると、すぐに考えることを止めてしまって、そのアイデアに満足してしまう。しかしアイデアは正解が1つだけの算数とは違う。正解は数多くある。アイデアにおける"正解"は相対的だ。例えば、コストが安い、よりよい状況に近づく、改善されている、より使いやすい、より審美眼に耐えうる、導入が簡単、などいろいろな理由がある。最初の答えがベストだという前提が成り立つ根拠は何もないことがわかるだろうか？

数多くの発想法を使ってみるべきだと思う理由の2つ目は、クリ

エイティブな生き方を身に付けることができるからだ。名優は多くの役を演じ、精一杯演じきる。多芸であり、喜劇にせよ悲劇にせよ、どんな役でも演じられることにプライドを持っているものだ。演じられる役柄が増えれば増えるほど円熟味は増し、経験の蓄積が演技に深みを与えてくれる。

　名優と同じように、アイデアパーソンも自らにプライドを持たねばならない。あらゆる発想法を駆使してアイデアを出すことは、読者の創造性に深みを与えてくれる。

　この本に採り上げている発想法の中には、自動車のバックギアみたいなものもある。機能はあっても滅多に使わない、という意味だ。道路上で車を後ろ向きに走らせている人にお目にかかったことはないだろう。しかしバックギアはないと困るものでもある。故障で立ち往生したり、前に進まなくなったときのために使い方を心得ておく必要があるだろう。

　いずれにせよ、大事なのは発想法を「使う」ことだ。本書を読んだだけで使わないなんて、グランドキャニオンに薔薇の花を落として、こだまが返ってくるのを耳を澄まして待っているのと同じだ。全く意味がない。

　次に発想法の「使い方」をいくつか挙げておこう。
- まず、1つの発想法を使う。完全に精通するまでそれを何度も何度も使おう。数時間もしくは数日間をかけて行う。
- 「左脳型」発想法と「右脳型」発想法からそれぞれ1つずつ発想法を選んで、左右の脳、両方を刺激する。左脳は論理と言語を扱い、右脳は非言語作業に秀でた働きをする。クリエイティブな人の思考プロセスを調べてみると、左右両方の脳を使っていることがわかる。
- 発想法をランダムに選んでみよう。発想法の名前をバラバラに紙片に書きこみ、それを箱の中に入れる。解決するべき課題に直面したら、箱から紙片を無作為に引き、書かれていた発想法

を使ってみるやり方だ。

『アイデア・バイブル』を使えば、膨大な量のアイデアを生み出せる。量／ボリュームはクリエイティビティのドアを開ける鍵だ。アレックス・オズボーンは創造性研究の草分け的存在だが、彼は「量だ！　量だ！　より多くの量をこなせ！　それが日課だ！」と言っていた。さらに、「撃つ回数が多ければ多いほど、的に当たる率が高くなる」とも。スタンダールは「蒸気船が石炭を必要とするように、私には１日に３〜４立方フィートのアイデアが必要だ」と語っている。

本書に収められた発想法は非常に数多くのアイデアを生み出してくれるから、まるで美味しいお菓子屋にいるような気分になる。そこにある菓子をどれもみな食べてしまいたい衝動に駆られるかもしれない。食べすぎれば気持ち悪くなるから、すべてのアイデアを実際に試してみるわけにはいかない。アイデアを分類し、実行するかどうかを判断するためのガイドラインが必要になってくる。

▶▶▶ ガイドライン

１．出てきたアイデアを一覧にする。

２．リストにざっと目を通す。
　　自分が潜在意識の中でアイデアに優先順位をつけていることに気づくはずだ。

３．アイデアを判断する基準を設ける。
　　満たすのが不可能だと思えても、高い基準を設けるべきだ。アイデアの判断基準は課題にもよるので、どう目標を定めるかによって変わる。例えば、販売促進プランの判断基準と、靴のデザインのそれとは当然違ってくる。

判断基準を設定する際に重視するべきポイントは
- どんな項目を用いればよいか？
- どうやってアイデアの長所と短所を決めたらよいか？
- 判断基準は本質を評価する軸か、魅力度の軸か、自由度の軸か？
- どうやったらアイデアを比較したり、分析したりできるか？
- アイデアに磨きをかけ、発展させるのに最適な基準はどれか？

4．判断力と直感力を使って、ベストなアイデアを選ぶ。

設けた判断基準を使って、膨大な量のアイデアから選りすぐり、数個に絞り込んでおくとよい。ただ分析のみで押し切ろうとしては駄目だ。直感力が基準に合わないアイデアであっても残しておくべきだと教えてくれることもある。

アイデアの優劣はシンプルな仕分けにする。

1. ずば抜けてよい
2. 有望――――――磨きをかける必要あり
3. 可能性あり――改善を要す
4. 五分五分―――どちらの可能性もあり
5. 望み薄――――実現には程遠い

「望み薄」や「五分五分」と評価されたアイデアを採り上げようとは思わないだろう。それでもリストや評価シートに残っているならば、却下するか修正して利用する可能性も出てくる。残しておかなかったら、選択の余地は全くなくなってしまう。

5．ベストなアイデアを実行し、フィードバックを受ける。

フィードバックについては第37章を参照して欲しい。

第1部　左脳型発想法

第5章

False faces

根本を疑う
「前提逆転」発想法

「兵とは詭道なり」　孫子

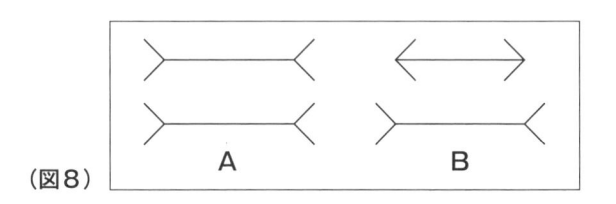

（図8）

上のイラストAでは、2つの直線は同じ長さに見える。一方、イラストBは矢印の方向によって私たちの知覚は惑わされ、一方が短く見えはしないだろうか？　測ってみよう。実際には同じ長さだ。直線自体は同じでも、私たちの認識が変わったことがわかる。

矢印の向きが開いていると、空間を拡げているように感じるのに比べて、閉じた矢印は広がりを閉じ込めるように感じさせる。こんな単純な角度の違いによって、私たちの知覚、認識は大きく変わってしまう。同じことが、課題を解決しようとアイデアを考えようとするときにも起こっている。

ヘンリー・フォードが自動車製造ビジネスに参入したころの常識は、「作業に合わせて、工具を動かす」だった。彼はその考えを「工具に合わせて作業を動かす」とひっくり返し、ライン生産方式を導入した。

多くの場合、前提とはあまりにも基礎的、根本的なもので、疑ってかかる気にもなれないようなことがある。

図9の9つの黒い点を3本以下の直線、それも一筆書きで結ぼう。ペンを紙から離さないで9つの点を全部通るように。

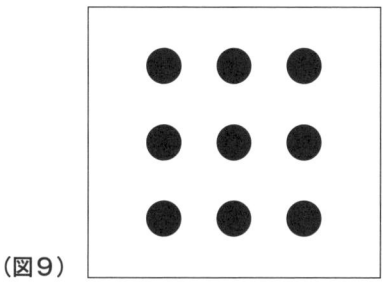

(図9)

難問だ。たいていの人が2つの前提にとらわれているからだ。

前提1　黒丸が囲まれた枠の外に線を延ばしてはいけない。
前提2　線はそれぞれの黒丸の中心を貫かなければならない。

どちらの前提も、問いの中では全く触れられてない。2つの前提を疑ってかかれば、問題は簡単に解ける（答えは52ページ）。

トーマス・エジソンが新しく従業員を雇うとき、求職者を招いてスープを出したそうだ。スープを味わう前に塩をかけた時点で、その人は不合格となった。エジソンは、日常生活の中で思い込みを多く持っているタイプの人間を雇わなかった。発明王が望んでいたのは、自分で前提を確かめてから挑戦する人物だった。

何事にも絶対的なものなどない、と知ることが重要だ。先の問題に戻れば、9つの点を1本の直線で結ぶことだってできる。できないと思うだろうか？　できる。それも何通りもの方法で。例えば9つの点を取り出して横一線に並べ替えて1本の線で結べばいい（図10）。あるいは、大きなブラシで9つの点を塗りつぶすように太い直線を描いてみてもいい。

(図10)

> **【やってみよう！】Blue print**
>
> 前提を疑い、ひっくり返すためには
> 1. 自分の課題を言葉で表現しよう。
> 2. 前提となる事実、条件を箇条書きにする。
> 3. 書き出した前提を思い込みではないかと疑ってみる。
> 4. 前提を逆転する。前提条件を反対にして紙に書く。
> 5. 役に立つと思う、別の視点を紙に書く。
> 6. それぞれの逆説をどのようにやり遂げたらいいか自問する。できる限りたくさんの視点やアイデアを箇条書きにしてみよう。

▶▶▶ 前提を逆転させて発想する

　前提条件を逆転させれば、アイデアが広がる。他人と同じようにものを見ていても、違う何かが見えてくる。自明だとされていることを疑い、逆転させてみたとき、最も独創的なアイデアが手に入る。

　アルフレッド・スローンはゼネラルモーターズの業績を破産の瀬戸際から好転させた。彼の天才的な点は固定観念を覆し、ブレイクスルーなアイデアを生み出したことにあった。オート・ローンを始めたのも一例だ。自動車は買ってから乗るものという前提を逆転し、運転しながら買える商品にした。

　自分自身のビジネスに関する前提、固定観念を覆そう。もし「セールスパーソンは、担当する営業地区を管理する」からスタートしているとしたら、それを逆転させ「担当地区がセールスパーソンを管理する」としてみる。この逆説に従えば、担当地区にもっと手間がかかるようになったときに新しいセールスパーソンを雇うアイデアが生まれる。広い範囲を担当するセールスパーソンは、そのエリアの広さに規制され、新しい契約やセールスの可能性のために十分

に動くことができないのかもしれない、と考えられる。

　また「セールスパーソンは担当地区を管理しない」考え方もできる。この仮説のもとでは、セールスパーソンをもっと効率的に動かすにはどうしたらいいのか、を考えることになるだろう。テレマーケティングのサポートや、フォローアップの仕組みを本社で行い、セールスパーソンのためにエリアを管理できる。

● 「前提逆転」発想をするには？
　課題の裏側にある前提を逆転できたら、どうやってその逆説を実行できるかを自分自身に問いかけてみる。答えは1つとは限らない。既存の情報をいろんな角度から見ることが重要だ。

　新しくレストランをオープンしようとするとき、アイデアを必要とすることはいくつもある。考え始めるときには課題を逆転させてみてはどうだろう。

1. 案件に関わるすべての前提をリストアップする。
   前提A．レストランにはメニューがある。書いておくか、口頭で伝えるか。裏メニューもある。
   前提B．レストランは、食事代を請求する。
   前提C．レストランは、食事を提供する。

2. リストアップした前提をすべて逆転させる。
   まるで反対、とはなんだろうか？
   逆転A．レストランは、いかなるメニューも持たない。
   逆転B．レストランは、食事代が無料。
   逆転C．レストランは、食事を出さない。

3. それぞれの逆説を実現できるかどうか自問する。メニューのないレストラン、を実現するにはどうしたらいいのだろう？

アイデアA．メニューのないレストラン。シェフが当日仕入れた肉、魚、野菜ほかの食材を説明する。お客さまにお好きな食材を選んでもらい、それらを使った専用料理を供する。

アイデアB．食事を無料でふるまうレストラン。時間制のアウトドア・カフェ。スタンプカードや前払い方式で滞在する時間の長さに対して支払う。食事はフリーのバイキングか、実費レベルにする。

アイデアC．食事を出さないレストラン。異国情緒ゆたかなレストランを作り、場所貸しをする。お客さまが食事を持ち込み、食事場所提供のサービスに対してお金を出す。

4．出したアイデアの中から1つを選び、現実的な企画へとブラッシュアップする。最終的には、こんなアイデアにまとめることができるだろう。

アイデア メニューのないレストラン、「ザ・クリエイティブ・シェフ」。シェフはお客さまが選んだ食材で料理を作り、お客さまにちなんで料理の名前を付ける。お帰りの際に、料理のレシピをお持ち帰りになるレストランだ。

「前提逆転」発想法はワンパターンになる考え方をひっくり返し、自由なアイデアへのヒントを刺激的な方法で呼び込んでくれる。例を挙げよう。

普通、歯科医が治療器具を所有している。前提を逆転すれば「歯科医は治療器具を持たない」。どうやって彼らは仕事をするのか？

アイデア 患者が自分自身の治療器具を買う。歯科医が無菌室を使って器具を売り、病原菌の拡散を防ぐことができる。

親としては子どものおもちゃ代は負担しなければならない。「玩

具は無料」と前提を逆転させてみよう。

アイデア 図書館のモデルを使えば、パズルやボードゲーム、ゲーム機、知育玩具などを会員制で子どもに貸し出すアイデアが生まれる。子どもたちは返却するまで数週間遊ぶことができるし、この方法なら、子どもにとってワクワクするようなおもちゃをずっと用意することができるし、遊ばなくなってしまったおもちゃでクローゼットが満杯になることもない。

銀行は土地を買う人にお金を貸すという前提条件を「地主が銀行に土地を貸す」と逆さまにしてみよう。

アイデア 使われていない土地を所有する地主は、土地を銀行に貸して開発してもらう契約を結ぶことができる。銀行は資金繰りを計算し、建物を建て、不動産を運用する。地主は不動産使用料として毎年銀行から配当をもらう。契約期間が終われば、土地は地主に返却される。銀行にも地主にも利益を生む。

▶▶▶ サマリー

檻に入れられた5匹のサルがいた。檻の中にはバナナが吊り下げられ、その下には階段があった。早々に1匹のサルが階段を上ってバナナを取ろうとしたが、階段に触れるや否や、サル5匹全部に冷たい水が浴びせかけられた。しばらくしてから別の1匹がバナナに挑戦したが、またも5匹全部が冷水を浴びる結果になった。もう1匹が階段を上ろうとすると、他のサルたちがそれを止めるようになった。

その後、冷水を出ないようにしてからサルを1匹入れ換える。新参のサルはバナナを見たら、階段を上ろうとする。驚いたことに、他の4匹は新参者を邪魔する。もう1回の挑戦と挫折とを経て、新参のサルは、階段を上ろうとすると仲間から攻撃されることを学ぶ。

続いてさらに1匹を入れ換える。こちらも階段を上ろうとして邪

第5章

魔される。1つ前に檻に入ったばかりのサルも邪魔する側に、しかも熱心に加わる。

　3匹目のサルも交換する。今度も階段に足をかけると攻撃を受ける。攻撃をする4匹のうちの2匹は、なぜ階段を上ることを邪魔するのか、なぜ新しく入ってきたサルを攻撃しているのか、実はその理由をわかっていない。

　こうして4匹5匹と全てのサルを交換してしまう。つまりバナナを取ろうと階段に手をかけて冷たい水を浴びた経験があるサルはすべて外に出されてしまった状態だ。なのに、階段を上ろうとするサルはいなくなる。どうしてだろう？　サルたちの知る限り、それが檻の中での前提条件となっていたからだ。

　　サルになってはいけない。すべての前提条件を逆転させよう。

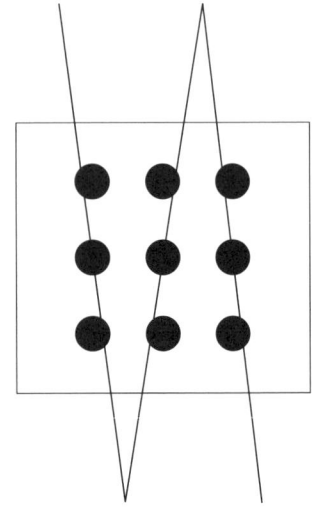

（47ページの答え）

第6章

Slice and Dice

属性に切る
「属性列挙」発想法

「親にしてこれを離す」　孫子

　部屋がたくさんある家のリノベーションを考えてみる。各部屋を全体の一部と考えれば、多くの部屋からなる建造物ではなく1軒の家屋として考えられるだろう。

　とはいえ、どの部屋も他とは違う部屋だ。寝室、浴室、車庫、居間、書斎、台所など別個の存在と考えることができる。一つひとつが家屋を構成するパーツとしての性質を持っている。

　その視点を持てば、リノベーションのために1棟を壊して全く新しく建て直す必要はなくなる。1つの家屋ではなく部屋の集合であると捉え直すと、1部屋ずつ改装していくほうがずっと生産的ではないだろうか？

　どんな課題も、たくさん部屋のある家屋のようなものだ。新しいアイデアを出そうとするときは、課題が抱えるさまざまな属性を確認して箇条書きにし、1つずつ取り組んでみるといい。

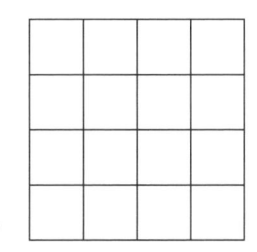

（図11）

　図11のような、大きな正方形が課題全体、小さな正方形が属性を表すと考えてみる。できる限りたくさんの正方形に分割してみよう。合計でいくつになるだろうか？

16個は見えるだろう。外枠にあたる大きな正方形を入れて17個見える人もいる。もっと見える人もいる。正方形は全部で30個あるが、すべて「見えた」だろうか？　直面する課題を細かく切っていけば、それだけ多くの属性を改良し、変えることができる。できる限り包括的に見るように努めよう。質より量が重要だ。

　人によって属性の定義は異なる。課題の属性を箇条書きにするときは、その分け方が正しいかどうかは気にかけずにリストをつくってみよう。自信をもってやってみることが解決策のユニークさにつながり、ハッとするようなアイデアを生み出すことができる。
　属性を分類する際の一般的なやり方は、性質、プロセス、機能、社会性、価格、生態環境などによって分ける方法だ。
- 性質的属性：　　　内容、構造、色、形、手触り、音、味、香り、空間、密度など。
- プロセスの属性：マーケティング、製造、販売、機能、時間など。
- 社会性の属性：　　責任、政治、タブーなど。
- 価格の属性：　　　製造者、卸売業者、小売業者、消費者にかかるコストなど。
- 生態環境の属性：環境に良い、あるいは悪い影響など。

　例えば「鉛筆」の属性は次のように分類できる。
　何かを書くために用いる
　黄色＊
　鉛
　消しゴム（先端に付いている場合）
　尖っている
　六角形
　表面に印刷されている表示
　円筒形　　　　　　　　　　　　　……など。

＊黄色：アメリカの鉛筆は黄色に塗装されたものが一般的。

「企業買収に必要なコスト」ならば、
- 支出額
- 支払期間
- 支払い方法
- 安全性
- 財源
- 経営責任
- 企業戦略
- 発表方法
- 契約締結のタイミング
- 従業員同士の関係　　　……などだ。

◉ドライバーの属性とは？

どこにでもあるような「ドライバー（ネジ回し）」の属性を考えてみよう。

- ●円筒の形状
- ●鉄の軸
- ●木製の柄
- ●マイナス／プラス型の先端
- ●手動。回すという動きによって力を得る
- ●ネジを留めたり、外すのに使う

新しいドライバーを開発するために個別の属性に焦点を当て、改良する。それぞれの属性や構成要素に対して「他のやり方があるだろうか？」「どうしてこうなっているのだろう？」と疑問をぶつけていく。

スウェーデンのABバーコツール社はドライバーの柄を研究した。柄は両手で使うようにできていないにもかかわらず、ほとんどの工芸家は両手でドライバーを回していることを発見し、バーコ・エルゴ・ドライバーという両手で回せるドライバーを開発した。この方式は同社の商品ラインすべてに導入された。以来、エルゴ方式の商

品は各賞を取り続け、博物館の展示物になったものまである。バーコツール社はドライバーのデザインを変えることで、工具市場に確固たるポジションを築いた。

　普通、1つの道具には1つの機能だけを割り当ててしまいがちだけれども、道具の使い方はハード自体にもともと備わっているものではない。使い方というソフトは経験と観察から生まれてくる。ドライバーの主な機能はネジを留め、外すことだが、新しい活用法やアイデアを発見するには柔軟に考えることが必要になる。
「鉄の軸」という属性だけを単独に調べることによって、ステレオタイプな見方から逃れ、新しい展開を見つけられる。ドライバーの他に考えられる「鉄の軸」の使用法として、こんな展開が考えられるだろう。

　　武器
　　探針
　　指示棒
　　栓
　　パイプの滓取り掃除
　　孫の手
　　靴べら
　　ペンキ缶オープナー
　　物差し
　　コピー機の紙詰まりを取り除く道具として
　　泥落とし
　　のぞき穴をこじ開ける道具として
　　電話のプッシュボタンを押す用途
　　栓抜き
　　接合用のダボ

　他にもっと考えつけただろうか？　価格的には可能性はあるのだろうか？　美観的な点からはどうだろう？

> **【やってみよう！】Blue print**
>
> 1. 課題を書き出す。
> 2. その課題を分析し、できる限り多くの属性を箇条書きにする。
> 3. 属性ごとに、変化、改善する方法を考える。
>   「他にどんなふうに改良できるだろうか？」「どうしてこの属性は現状のようでなくてはいけないのか？」と問いかける。
> 4. 思考を円滑、かつ柔軟にするように努めよう。

とある冷凍魚の加工業者は、自社商品の味が平凡であることが気になっていた。加工直前まで魚をタンクに入れておくなど、魚の味を新鮮に保つあらゆる工夫をしてみたが何の効果も上がらず、魚の味が落ちていた。そこで解決策を見つけ出すため、魚の属性を次のように箇条書きにしてみた。

- 水中にすむ。
- エラとヒレがある。
- 捕食者から逃れるために常に動いている。
- 冷血動物。
- 水から出ると色が変わる。

それぞれの属性を別個に検討し、ついにアイデアが生まれた。

アイデア 移送タンクの中に小さな鮫を放つ。魚は食べられないようにと動きまわり、ピチピチと新鮮な味を保てるようになった。課題そのものはそのままでも、属性を細分化することによって意識を広げ、捕食者の存在に気が付いたことが解決への鍵につながった例だ。

関連した属性を箇条書きにした後にクラスター分けしてみることで、アイデアを誘発させることもできる。あるファストフードチェーン

の店舗オーナーは、従業員が定着しないことに悩まされていた。働く人はほとんどが10代の学生だった。オーナーは「属性列挙」発想法を使って、学生の属性を次のように細分化してみた。

- 学校に通う
- すぐに満足したがる
- 成績へのプライド
- 競争心がある
- 労働についての倫理感はもう一つ
- 未来について思い悩む
- 認められたがり
- 若い
- 両親の庇護下にある
- お金は好き
- 両親の同意が必要
- 教師の同意が必要
- 大学のことを考えている
- 何かを買うために働く

彼は細分化した中から、次の8つに着目してみた。

- 成績へのプライド
- 競争心がある
- 労働についての倫理感はもう一つ
- 認められたがり
- お金は好き
- 両親の同意が必要
- 教師の同意が必要
- 大学のことを考えている

すると……クラスターの中からサクソフォーンが鳴り響くように、あるアイデアが生まれた！

アイデア 　成績に連動したボーナスプラン。学期を通じてずっと働く学生で成績の平均が2.5から3.0の者には、その学期中に働いた全時間に対して15％のボーナスを支給する。成績が3.0以上の成績をとった学生は時給を25セントまでアップする。

このプランに必要な費用は該当期間に見込まれた給与支出の約5％以内で微々たるものだった。そして得られるベネフィットは他にもある。
- 学生は学期を通して働く意欲が湧く。
- ボーナスによって、よく働く質の高い学生を集められる。
- 生徒指導カウンセラーや先生がアルバイトを探す学生にオーナーの店を紹介し、働き手を勧誘してくれる。
- 店舗の大きなPRになる。新聞やテレビの取材がくる。

▶▶▶ サマリー

　晩餐会に招待されたら供された食事をいただくのが礼儀だ。他の料理を望んだら、無礼な愚か者と思われてしまうだろう。目の前に現れる課題も同じで、出されたままに受け入れなければならない。しかし鋭い心のナイフでバラバラの属性に切り刻むのだ。
　ささいな属性であっても、時に課題解決への新しい手掛かりを提供してくれることがある。たとえどんなに小さく、重要そうでなくても、すべてに意味があると思ったほうがいい。ほんの少し手を加えるだけで商品やサービスのイノベーションにつながる。
　第一級のアイデアパーソンは「属性列挙」発想法で課題を単純な属性に細分化し、再びそれらを組み合わせて、新しく、より複雑な構造に組み立て直す。まるで新しい星座を作り出すように。

第7章

Cherry split

分割する
「さくらんぼ分割」発想法

「奇正を環りて相い生ずるは、環の端母きが如し。孰か能く之れを窮めんや」
孫子

解決策は課題それ自体の中にあるケースもよくある。「さくらんぼ分割」発想法を使えば、課題を分解し、新しいアイデアへ再構築できるようになる。この発想法の名前は本章に出てくるサンプルにちなんで名づけられた。

完成してしまった模型のお城を与えることは、子どもの想像力を殺してしまうも同然だ。与えられたおもちゃをそのまま使う他はないからだ。しかし、組立式のブロック玩具を与えれば、新しくてユニークな建築物をいくらでもつくり上げることができる。

「さくらんぼ分割」発想法は、数多くのアイデアが生まれるように、課題をブロックに分割し、いろんな方法で組み立てることができるようにする発想法だといえるだろう。

（図12）

上の図12の中に正方形が見えるだろうか？

実際のところ、正方形そのものは描かれてはいない。しかし枠内の図柄を半分に分けたことで、存在しないところに正方形を認識できるようになる。同じように課題を分離分割することで、何も存在しなかったところにアイデアが生まれる。

【やってみよう！】Blue print

1. 課題の本質を簡潔に２語で表現する。○○を□□する、のように。
   「どんな方法で　さくらんぼの収穫を増やせるだろうか？」が課題なら、その本質は「さくらんぼを収穫する」となる。
2. 簡潔にした２語をさらに分割する。
   「さくらんぼ」と「収穫」を別々に、次ページ図13のように書く。
3. 言葉をさらに分け、２つの属性に分割する。
   「さくらんぼ」なら「傷つきやすい」と「バラバラ」と書けるし、「収穫」は「取る」と「運ぶ」に分割できる。分割の仕方が正しいかどうかを思いわずらう必要はない。人によって、属性を分割するやり方は違う。自分の思うままに２つの属性に分けよう。着目したところにヒントがある。
4. 十分だと思うまで、２つに分割することを続ける。
   さくらんぼのケースでは「傷つきやすい」を「悪くなる／汚れる」に分割。また「バラバラ」を「選別／相似」に、「取る」を「触れてつかむ／摘む」に、「運ぶ」は「地面に置く／箱」と分けた。
5. アイデアを見つけるべく、それぞれの属性を観察しよう。
   「さくらんぼ分割」発想法の驚くべきことは、大海原の養分が１滴の海水に含まれているように、大したことはないと思っていた属性からすばらしいアイデアが見つかることにある。
6. 分割した属性の再構成を試みる。
   新しい組み合わせによって、新しい方向性やアイデアが生まれる。課題をいくつかの属性に分け、再構成することは、熱気と冷気とに仕切られた部屋の壁を取り

> 払ったようなものだ。新しいパワーが相互に流れ込み、新しいアイデアを形づくる。

●ケーススタディ：さくらんぼの収穫

「私なら、どんな方法でさくらんぼの収穫を増やせるだろうか？」
この図が示すように、課題を次のような属性に分割してみた。

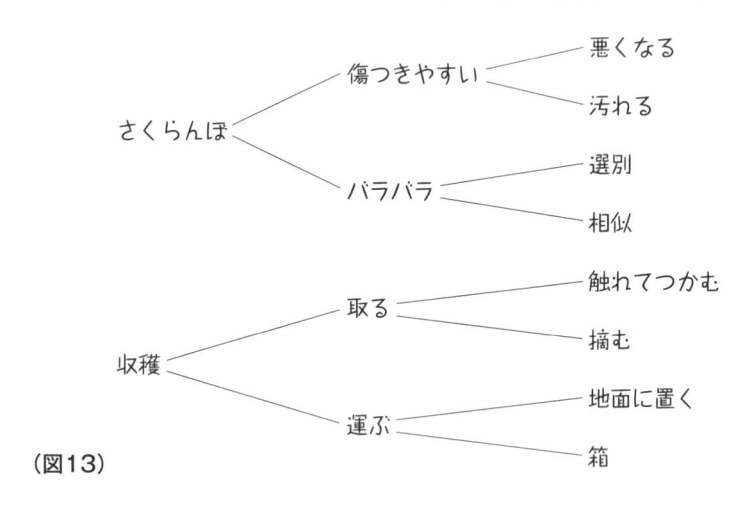

```
                    ┌ 傷つきやすい ┬ 悪くなる
さくらんぼ ─────────┤              └ 汚れる
                    └ バラバラ ────┬ 選別
                                   └ 相似

          ┌ 取る ────┬ 触れてつかむ
収穫 ─────┤          └ 摘む
          └ 運ぶ ────┬ 地面に置く
                     └ 箱
```

（図13）

傷つきやすい	選別
バラバラ	相似
取る	触れてつかむ
運ぶ	摘む
悪くなる	地面に置く
汚れる	箱

「傷つきやすい」属性1つだけに焦点を当てれば「手荒な扱いにも傷まない、より強い皮のさくらんぼの新種を作る」こともできる。「取る」「選別」「摘む」、この3つをうまく実現できる新しい方法を探してもいい。傷みを最小限に留めるために「木を揺すって大きな網で実をとる」アイデアも考えられる。

あるいは、「触れてつかむ」「選別」「摘む」「地面に置く」を組み合わせることもできる。自由に組み合わせてみると、「摘み手をさくらんぼの実がなる高さまで持ち上げる水圧リフト」を思いつく人がいるかもしれない。リフトを使って摘むことで、実に触れる回数を最小限に抑え、傷も減らせるだろう。

細分化された属性が情報の再編成を促進させ、新しいアイデアを探す意欲を湧きたたせる。「さくらんぼ分割」発想法でアイデアを考えるときには、属性をいくつ使うか、どうやって結びつけるかは、重要ではない。単にすでにある想像力をなめらかに動かすための"ボールベアリング"をいくつか足すだけのことだからだ。

●ケーススタディ：顧客サービスを考える

次のケーススタディでは、とある会社が顧客サービスに問題を抱えているとしてみよう。「さくらんぼ分割」発想法を使って、「顧客にサービスする」課題の本質を、図14のように分割することができる。

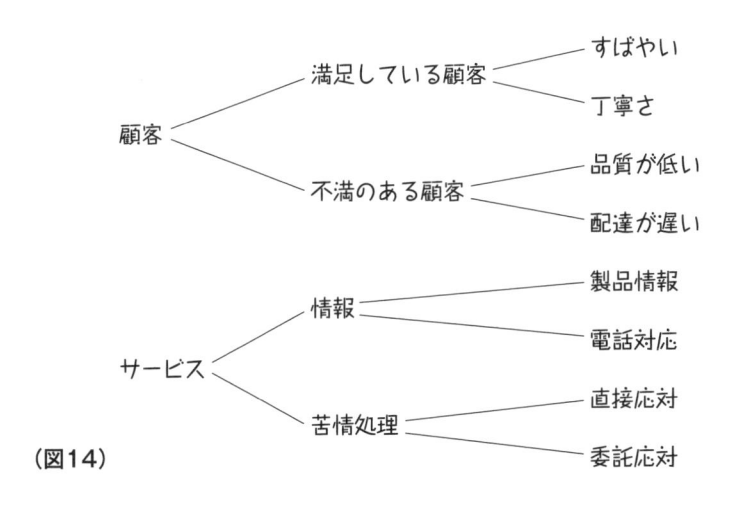

```
                  ┌─ 満足している顧客 ─┬─ すばやい
                  │                    └─ 丁寧さ
         顧客 ────┤
                  └─ 不満のある顧客 ───┬─ 品質が低い
                                        └─ 配達が遅い

                  ┌─ 情報 ─────────────┬─ 製品情報
                  │                    └─ 電話対応
         サービス ─┤
                  └─ 苦情処理 ─────────┬─ 直接応対
                                        └─ 委託応対
```

（図14）

「丁寧さ」の属性に注目し、顧客サービスプログラムに「丁寧さ」をもっと組み入れる方法も考えられる。全員が1日5分間、「きわめて丁寧な応対の研修を受ける」アイデアもある。

「情報」「電話対応」「不満のある顧客」を結びつければ、顧客サー

ビス担当者が、不満を持つ顧客に電話をして情報収集を行い、改善レポートを作成、その問題にかかわる人たちに配布するアイデアもありそうだ。

あるいは、「不満のある顧客」「配達が遅い」「情報」「電話対応」を結びつけ、顧客サービス担当者が遅配の可能性を電話で顧客にお知らせし、日々最新の情報をアップデートしてご提供する方法も提案できるだろう。顧客が問題に気づく前に、先に警告しておくアイデアだ。

「さくらんぼ分割」発想法は固定化された課題を崩し、分割された属性を自在に組み合わせることによって、自由に発想する環境を整えることができる。とても多くの組み合わせが可能になるので、いくらでも（邪魔なほど！）アイデアを生みだすことができる。

▶▶▶ グループワークで発想する

「さくらんぼ分割」発想法はグループで使うこともできる。与えられた課題をメンバー全員で、できる限りたくさんの属性に分割し、書き出していく。もう分割できないところまで続けよう。メンバーから出てきた属性が重なっても構わない。それぞれ、どのような違いがあるのか尋ねてみればいい。その違いが新しいと思えればつけ加えていく。

属性が出尽くしたら、個人作業で書き出された属性を組み合わせ直し、課題を新しい角度で捉え直してみる。そして誰か1人のアイデアをグループ内で発表する。出されたアイデアの可能性が尽きるまで、残りのメンバー全員でアイデアの上にアイデアを重ね合う。次の人へバトンタッチして、同じ作業を行っていく。グループ全体としてアイデアを精一杯出し切ったと納得するまで、この作業を何度でも繰り返していく。

あるビールメーカーが新商品を開発していた。グループワークで、彼らは課題を属性のクラスターに分解してみた。クラスターの1つはこんな属性で括られていた。

　　配送ネットワーク　　　フレーバー（味付き）
　　地方　　　　　　　　　6本パック
　　液体　　　　　　　　　天然水

　この特徴的なクラスターから、新商品のアイデア「ボトル詰め天然水の商品ライン」が生まれた。その時点では、ボトル詰めの天然水は都市部のみで販売されており、地方ではそれほどでもなかった。一方、ビールメーカーは全国的な配送ネットワークを持っており、地方市場への浸透が可能だった。

　詰める水はビールで使っているのと同じ水源が使える。この会社は、天然水を汲みだしたままと味が付いたタイプとで、6本パックを発売した。

　このケースから明らかなのは、ビールメーカーの会社の役員たちが課題を観察し、それをビールの販売に関する属性に分割したことによってアイデアが生まれたことだ。

▶▶▶ サマリー

「さくらんぼ分割」発想法を使えば、課題をパーツに分けられる。それぞれを個別に見ることで、それまでは他と一緒になって見えなかった新たな要素が見えてくるようになる。
　分割した属性を組み合わせていくプロセスを初めて行うときの様子は、お城の模型を組み立て始めた子どものようだ。ぎこちないし、早くはできない。しかしパーツが最適な場所に収まったとき、鳥の群れが空に飛び立つようにアイデアが飛び出し始める。

第8章

SCAMPER

代替する
「SCAMPER」発想法

「能く敵に与いて化するは、之れを神と謂う」 孫子

　既成の事物に「手を入れる」ことも、1つの創造性だ。想像力がもう一つ出てこないときは"ありもの"に手を加え、新しいアイデアに作り換えてみるといい。すべての新しいアイデアとは、すでにあるものに何かを付け足したり、修正を加えたりしたものだからだ。

　「SCAMPER」発想法を伝えるこの章は、他のどの章よりも長い。あらゆる商品やサービスを新しく変えてしまう9つのテクニックが紹介されているからだ。この章の大部分は具体的なケーススタディを紹介することに当てている。ざっと読むなり、とばしても結構。しかし9つのテクニックそのものには十分時間をかけ、取り組んで欲しい。またこの章を読みながら、テレビやスーツケース、ハンバーガー、住宅ローンなどの商品・サービスの改善がどうやって進んできたのかを自問して欲しい。

（図15）

　図15のウサギをアヒルに変えることができるだろうか？
　ウサギの目を中心に据えて、反時計回りに90度回転させると、突如アヒルが現れる。こんなふうに、すでにあるアイデアにちょっと手を加えるだけで、新しいアイデアを作り出すことができる。

　新しいアイデアは、さらに新しいアイデアに作り換えることができる。最初のアイデアに縛られると、想像力は限定されてしまう。よいアイデアを手に入れる最善の方策は、できるだけたくさんの選択肢を展開すること。

1つの視点は、あらゆる可能性の1つにすぎない。

　代替案（選択肢）となるアイデアを探していく過程で、こんなことが起こってくる。
1．代替案がそのまま課題を解決するアイデアかもしれない。
2．代替案のアイデアが課題の構造を整理することになり、解決策が見つかる。
3．選択肢としてのアイデアが、次への出発点になる。
4．代替案のアイデアは、直近の課題とは全く関係がなくてもブレイクスルーなアイデアかもしれない。
アレクサンダー・グレアム・ベルは補聴器を発明しようとして、代わりに電話を発明してしまった。レイ・クロックはマルチミキサー市場を開拓しようとしていたが、アメリカの食習慣を大変革した「ファストフード」コンセプトを発見してしまった。
5．多くの代替案を考えてみてから、もとのアイデアに戻ってもいい。どれだけ選択肢を持ったからといって、ベストのアイデアを選択することの邪魔にはならない。最初のアイデアを選ぶという決断が、ますます意義あるものになる。これしかない、と思っていた選択肢を選んだのではなく、複数あるなかから最適だと判断したからだ。

　ここでもう1つクイズを出そう。「13」を半分に割ったら、いくつになる？
　いくつの答え（選択肢）を考えつくだろう？　当たり前の答えは6.5だ。
　ここでページをめくる手を止めて欲しい。この先を読む前に、それ以外にいくつ選択肢を思いつくだろうか？

選択肢の数はたくさんある。13という数字を物理的に分割すれば、「1」と「3」になる（1/3にもなる）。"thirteen" という単語を半分にすれば、左右それぞれに「4」つずつアルファベットが並ぶ。13をローマ数字（XIII）に変えて半分にすれば、左右で「11」と「2」（XI／II）、上下に分ければ、「8」（VIII）にもなる。

代替案は刺激剤だ。ワンパターンに陥った思考回路を必ず脱することができる。

「SCAMPER」発想法を知った後では、思いもよらない考え方をしている自分に気づくことになると思う。驚くべきひらめきやアイデアにつながることがあることがわかってくるからだ。

【やってみよう！】Blue print

「SCAMPER（スキャンパー）」は、アイデアを生み出す「質問のチェックリスト」だ。質問のうち、いくつかは創造性の第一人者、アレックス・オズボーンによって提案され、その後ボブ・イバールが次のような覚えやすい頭文字に並べ換えてくれた。

S = Substitute	代用品はないか？
C = Combine	結びつけられないか？
A = Adapt	応用することはできるか？
M = Modify or Magnify	修正、あるいは拡大できないか？
P = Put to other uses	他の用途はないか？
E = Eliminate or minify	削除するか、削減することはできないか？
R = Reverse or Rearrange	逆にするか、再編成できないか？

この「SCAMPER」発想法の9つの問いを活用するには、

1. アイデアを必要としている課題や題材を切り離す。
2. あらゆる角度から「SCAMPER」の問いを浴びせ、新しいアイデアが生まれるかを考える。課題をくまなくハンマーでたたいてみて、空洞になっている場所を見つける感じだ。

「どんな方法でセールステクニックを向上させることができるだろうか？」この課題を例にとる。まずは販売に関わるすべてのステップ（見積もり、顧客へのプレゼンテーション、各種の交渉、クロージング、フォローアップ、ペーパーワーク、時間管理など）を挙げてみよう。そしてステップのそれぞれを切り離し、アイデアを生み出すために「SCAMPER」の問いをぶつけてみる。

「見積もり」を切り離して「SCAMPER」を当てはめてみよう。
　S：現状のやり方の他に、どんな代用法（Substitute）があるだろうか？
　C：他のやり方と結びつけられる（Combine）だろうか？
　A：他人のやり方から何か応用できたり（Adapt）、真似できないだろうか？
　M：現状のやり方をどのように修正し（Modify）、変更できるだろうか？
　M：現状のやり方の何を拡大し（Magnify）、何を付け加えればよいだろうか？
　P：現状のやり方を他の用途に使う（Put to other uses）ことができるだろうか？
　E：現状のやり方から何か削除（Eliminate）できるだろうか？
　R：見積もりの逆（Reverse）とは何だろうか？
　R：今の方法をどうやって再編すれば（Rearrange）、よくなるだろうか？

「SCAMPER」の質問で想像力を刺激して、「どうやったら……？」「他の何を……？」「他にどうやったら……？」と続ける。すべてのステップでこの作業を行えば、セールステクニックを改善するための選択肢となるアイデアを最大限生み出すことができる。

クリップの製造メーカーが自社製品の改良を志向していると仮定してみよう。「SCAMPER」発想法から次のように問い、アイデアを探し始めることになる。

　　S：クリップの代わりになるものが何かないか？
　　C：クリップと他を結びつけることができないだろうか？
　　A：クリップを何かに応用できないだろうか？
　　M：クリップをどのように変えることができるだろうか？
　　M：クリップ機能を拡大し、何かを付け加えることができないだろうか？
　　P：クリップはどんな使いみちが発見できるだろうか？
　　E：クリップから何かを削除できるだろうか？
　　R：クリップで挟むことの逆とは何だろうか？
　　R：クリップをどう整理し直したら、改良できるだろうか？

この会社は素材を金属からプラスチックに「代用」し、色を「拡大」して、色とりどりのプラスチック製クリップを製造した。カラフルなクリップで挟んだ紙は色で視覚的に分けられ、留めるだけではないクリップの「他の使いみち」が生まれたことになった。

▶▶▶ ハンバーガー×「SCAMPER」＝？

レイ・クロックは高校を中退後、ピアノ奏者兼不動産セールスマンを経て、17年の間、紙コップの販売を職業としていた。50代になってマルチミキサー（一度に6つのミルクセーキを作れる路上販売用の小型機器）を思いついた。

1954年のある日、小さなハンバーガー・スタンドが8台のマルチミキサーを注文してきた。好奇心を抱いたクロックは、埃まみれの自動車に乗って現地へ出かけた。そして、ディックとモリスのマクドナルド兄弟が上げる売上におどろいた。彼らは準備が迅速で手軽、素材が均一化していて、ファストフードのコンセプトを自分たちでも知らぬうちに発見していた。マクドナルド兄弟はハンバーガー・スタンドをシンプルにし、効率を上げ、最適化して商売をしていた。

クロックとマクドナルド兄弟はパートナーとなり、クロックが新しい敷地を探して、店舗を開くことにした。しかしなかなか成功せず、苦労が続いた。

その後、レイ・クロックは億万長者になった。課題を解決するために、すでにある情報に手を加えて新しいアイデアに作り換えることによってだ。彼が直面した困難のいくつかと「SCAMPER」発想法に従ってアイデアを得たケースを紹介しよう。

● S：Substitute「代用」

課題：マクドナルド家の人々が適当なビジネス・パートナーではないということがわかってきた。クロックは彼らが他人に店を売り払ってしまうのではないかと心配した。

解決：異なるパートナーで「代用」する。クロックには現金がなかったが、マクドナルドを買い取ろうと決意していた。クロックはベンチャー投資家ジョン・ブリストルから資金270万ドルを得た。ブリストルの顧客はこの投資で1400万ドルの収益を上げた。次に行った「代用」は株式公開だった。クロックは1963年に上場し、多くの投資家たちを儲けさせた。

● C：Combine「結合」

課題：レイ・クロックが最初に出店するハンバーガー・スタンドはイリノイ州のデスプレーンに計画されていたが、彼は建設資金を出す余裕がなかった。

解決：目的を他人と「結合」する。彼は最初の建物を建ててもらう代わりに、建設会社に店舗所有権の半分を売り渡した。

● **A：Adapt「応用」**
課題：クロックは飲食ビジネスに新しい工夫を加えることに興味を抱いていたが、アイデアがなかった。
解決：他人のアイデアを「応用」する。クロックはマクドナルド兄弟が行っている紙袋入りハンバーガー、フライドポテト販売ビジネスの大きさにおどろかされた。クロックの偉大なアイデアとは、マクドナルド兄弟の単純な商法を「応用」して、全く新しいコンセプトであるファストフードを作ったことだ。

● **M：Modify「修正」**
課題：クロックがイリノイ州に作った1号店のフライドポテトはオリジナルとは全く違う味がした。味がなく、すかすかだったのだ。彼はマクドナルド兄弟の調理法を何度も試したが、無駄に終わった。とうとう1人の友人がこの謎を解いた。クロックはジャガイモを地下に貯蔵していたが、マクドナルド兄弟は容器に入れて戸外に置き、砂漠の風に晒して保存していたのだった。
解決：貯蔵場所を「修正」する。クロックは地下に大きな電気扇風機を設置して、ジャガイモを保存した。

● **M：Magnify「拡大」**
課題：マクドナルドチェーン店オーナーの多くが基本となるメニューの品数を増やしたがっていた。
解決：ハンバーガーの範囲を「拡大」して、メニューに新しい商品を付け加える。1000万ドルをかけたビッグマックコンテストで人気のビッグマックを作り上げた。その後、付け加えられたメニューには、エッグマックマフィン、フィレオ

フィッシュ、チキンマックナゲットなどがある。

● P：Put to other uses「他の用途」
　課題：クロックは他の収入源を開拓する必要があった。
　解決：マクドナルド（飲食）ビジネスを不動産ビジネスに組み入れてしまう。クロックの親会社は敷地を借りて店舗を開発し、フランチャイズオーナーに貸すことで、チェーン店契約料と賃貸料を支払ってもらう。今日、親会社収益の10%は賃貸料から入ってくる。1960年代に、クロックはできる限り店舗敷地を買い戻した。最初は巨額の負債を生じさせた施策だったが、定期的に大幅な賃貸料金値上げに直面する他の競合チェーンに対して、マクドナルドは優位を保つことになった。

● E：Eliminate「削除」
　課題：ハンバーガーに挟む挽肉パテの卸売業者は彼らにとって効率的な方法でパック詰めしていた。そのためマクドナルドの従業員は一番底のパテがつぶれないよう詰め直さなければならなかった。
　解決：この問題を「削除」する。クロックはパックに詰めるパテの数をもっと少なくして輸送しなければ、その卸会社とは取引しないことにした。従業員は詰め直す必要がなくなり、時間と資金を節約することができた。またアイダホ・ラセット・バーバンクで収穫されたジャガイモをすべて買い取ることによって、仲介業者を「削除」した。

● R：Rearrange「再編成」
　課題：クロックは自分の店舗を他と一味違うものにしたかった。
　解決：建物を「再編成」する。クロックは店舗に変化を加え続けた。1960年代には座席を設け、1970年代にはドライブスルーを付け加えた。

▶▶▶「SCAMPER」を使ってみよう！

「SCAMPER」発想法に含まれた質問は、既存のアイテムを取り出して手を加えることだ。一度に限らず、何度も別の手を加えることを続けていけば最後にはただ1つだけの、オリジナルなアイデアを発見できる。何人かが集まって課題解決のために話し合えば、「SCAMPER」の質問によってアイデアがどんどん湧き出て、グループの想像力は拡張していく。

「SCAMPER」発想法から斬新なイノベーションがもたらされたケーススタディを示してみる。古いものから現代のものまで、個人の事例から企業のケースまで、巧妙な仕掛けからブレイクスルーなビッグアイデアまで幅広く網羅している。

「SCAMPER」の問いかけは、フライング・ドギー・スナック（フリスビーのように飛ばせるドッグフード）からジャンク・ボンド（信用度が低くリスクの高い債券）による企業国家アメリカの構造改革までを含むイノベーションの歴史の中で、常に力を発揮してきていることがわかると思う。

▶「S」代用──Substitute

物や場所、手順、人、アイデア、それに感情までもが「代用」できる。代用とは適切なアイデアを見つけ出すまで、要素やアイテムを置き換えてみるトライ&エラーを行うことだ。科学者のパウル・エーリッヒは500以上の色を試してようやく実験用マウスの静脈を着色する最適色を発見し、多くの新しい実験が可能になった。

【やってみよう！】 Blue print

「代用」によってアイデアを見つけ出すことに役立つ質問例だ。

> S：何を代用することができるだろうか？　誰を？　他にないか？
> S：規則は変更可能か？
> S：他の素材は？　原料は？
> S：他にプロセスや手順はないか？
> S：他の能力に替えられないか？
> S：他の場所はどうか？
> S：他のやり方はないか？
> S：他に代わりとなるものにはどんなものがあるか？　代わりにどんなパーツがあるか？

●ケーススタディ：何を「代用」できるか？

　スタッフ用の見本になる味を見つけ出そうと、あるスターバックスカフェの店長が何度も何度もコーヒー豆のブレンドを変え新しい味のメニューに挑戦していた。スターバックスは店員たちのお気に入りになったその味で、テストマーケティングを南カルフォルニアで行い、成功を収める。新メニューはフラペチーノと名づけられ、今ではペプシコーラと並ぶ5億ドルの売上を上げている。

　コーヒーといえば、コーヒーで作られた暖炉用燃料はロッド・スプルールの発明だ。彼はさまざまな素材を試し、環境に優しい燃料を作ろうと努力を重ねた。使用済みのコーヒー滓とキャンドルワックスとを混ぜ合わせて丸太の形に圧縮することで、クリーンに、かつよく燃える燃料を開発することができた。

●ケーススタディ：誰を「代用」できるか？

　ある日本企業が「ニーズを満たすために、誰を使えばよいか？」と自問して、ユニークなサービスを思いついた。日本では、結婚式の披露宴に上司が出席しなければ失敗とみなされてしまう。そこで代役を派遣する会社が設立された。

　ある結婚式では俳優が花嫁の上司の役を演じた。上司役は花嫁の

優れた仕事振りを誉めたたえる５分間のスピーチをした。花婿には上司役が偽者だとわかっていたが、両家の両親も気づかなかった。花婿側80人の列席者のうち75人までを、この会社が用意したこともある。

●ケーススタディ：何を「代用」できるか？

ある起業家が、パーキングメーターを使う際にスマートカード（電気回路が組み込まれたカード）をコインの代用にするアイデアを考え出した。ドライバーはデータをスマートカードに読み込ませておき、駐車をする際にカードを起動させて位置情報を入力した上でダッシュボードに置き、パーキングメーターとして使う。車を出すときにカードをしまうと、使った分だけの料金が差し引かれる仕組みだ。駐車場の係員は別の機器で駐車料金が正しく支払われているかを照合する。渋滞具合や駐車場の状況を行政のデータセンターへレポートすることも可能だ。このシステムはキャッシュレスで、駐車料金の未収納を削減できる。

●ケーススタディ：素材を「代用」できるか？

入れ墨を外科的な方法で取り除こうとする人たちがいるけれども、痛いし、費用もかかる方法になる。そうでなければ、化粧品を使って入れ墨を隠そうとするかだ。ある企業が化粧品の代用としてマイクロスキンを開発した。これは人工皮膚で入れ墨、蒙古斑、その他の傷などを隠すのに便利なものだ。

携帯電話の廃棄は、大きくなりつつある環境問題。イギリスの研究者たちは生物分解性の筐体を開発した。この筐体は花用の堆肥にそのまま投げ入れられる仕様になっているだけではなく、種が含まれている。携帯電話がリサイクルされた後に芽を出すことができ、花が咲く。この研究はワーウィック大学とPVAXXリサーチ・アンド・ディベロップメント社に属する農学の専門家とエンジニアによって進められている。

●ケーススタディ：状況とシナリオを「代用」できるか？

　FBIは麻薬、偽札、偽タバコをアメリカに持ち込む国際的な密輸組織をつぶそうとしていた。FBIが考えたのは、一時にすべての犯罪者たちを集め、逃げられないようにする計画。数年間にわたって密輸組織に潜入していた男女１組のエージェントと綿密なプランを練った。２人のエージェントは婚約したと偽り、数ヶ月後にアトランティックシティに係留されたヨット上で結婚式を行うとして、密輸組織の仲間たちを招く。結婚式の日に向けて、参加の返事が世界のあちらこちらから集まってきた。

　当日は、お祝い用に装飾された倉庫から犯罪者たちが式場となるヨットへ移動してくることが予想できる。タキシードやドレスに身を包んで倉庫から出てくるたびに一人ひとりが逮捕されていった。逮捕者たちから押収したのは5200万ドル相当の偽タバコ、偽札が2500万ドル、そしてエクスタシー、ヒロポンなどの麻薬が2500万ドル分に上った。正しい状況を設定することで、FBIは最大かつ最も狡猾な密輸組織を１日で追い詰めた。

●ケーススタディ：他のアプローチで「代用」できるか？

　音楽を売るためのおもしろい方法がある。ハミングしませんか、と持ちかけてみることだ。フランホーファー・デジタルメディアテクノロジー研究所の研究者が、ドイツのレコード業界で組織するインターネットプラットフォームであるミュージックラインとチームを組み、クアリーと呼ばれるシステムを開発した。

　このシステムは、パソコン、サウンドカード、マイクとインターネット接続環境を使ってユーザーがハミングできる仕組み。買いたいと思っていても曲名がわからない歌があるだろう？　その歌を「ラララ〜」とたった15秒間吹き込むだけで、クアリーシステムは200万曲からなるデータベースを検索し、最も近い10曲の候補を表示する。パソコンに表示されたリンクを通じてアーティストの情報を知ることができるし、その楽曲を買うこともできる。将来的には楽器の検索も可能になる予定だ。このシステムは、音楽好きがお気

に入りを探すサポートをしたいと考えているレコード店やラジオ局にとって恩恵となりうるだろう。

● ケーススタディ：他のフォーマットで「代用」できるか？

ポール・セイガルはP&G社の歴史上、新商品の中で最も成功したブランドの1つである歯のホワイトニング商品ホワイトストラップを開発した人物だ。この革命的なイノベーションの発売にあたっての決定的瞬間は、会社の上級役員たちに向けた商品プレゼンテーションだった。

P&G社には基本的なプレゼンテーションのやり方が定められていたのだが、彼は2つの点でそのフォーマットを「代用」した。1点目は、商品のプロトタイプを現場に持ち込んでその場で実演し、商品のシンプルさを見せたこと。そして2点目はプレゼンテーションの数日前に自分の歯をホワイトニングしていたのだ。歯は真っ白に輝いていた。そう、セイガル自身がプロトタイプだった！

▶「C」結合——Combine

多くの発想法には、「結合」のテクニックが含まれている。それまでは関係なかったアイデアや商品、サービスを結びつけて、新しいものを創り出すプロセスのことだ。印刷機はグーテンベルクがブドウ絞り器とコイン型抜き器を「結合」したことによって発明され、グレゴール・メンデルは数学と生物学を結びつけて遺伝学という新しい学問を作った。

【やってみよう！】Blue print

「結合」させるためには、こんな問いかけが有効だ。

C：どんなアイデア同士が結びつけられるか？
C：目的を結びつけることができるか？
C：この仕分け方はどうか？
C：混ぜたり、化合したり、アンサンブルは？

> C：部分同士を結びつけてみてはどうか？
> C：他にどんな品物を一緒にできるか？
> C：組み合わせをどのようにまとめていくか？
> C：使いみちを増やすために、何を結びつければよいか？
> C：どんな材料を結びつけたらよいか？
> C：魅力的なもの同士を結びつけたらどうか？

◉ケーススタディ：どんな素材を「結合」できるか？

　ハンガリーの建築家が、もっと軽くするためにセメントとグラスファイバーとを「結合」して新しい光透過コンクリートを作った。通常のコンクリートと同様の強さがあり、グラスファイバーを混ぜたおかげで、樹木のシルエットのような外界の様子が透かして見える素材になった。コンクリートの明るい側にある物体の影が反対側にくっきりと見える。色目は普通のコンクリートと同じまま。この新素材の透過効果は、コンクリートの厚く重苦しい印象を変えてしまった。

◉ケーススタディ：どんな部分を「結合」できるか？

　キッチンに設置された、多目的のコミュニケーション＆エンタテインメントセンターは、忙しい家族の安全をも守ってくれるに違いない。サルトン社によって開発されたiCEBOXは、キッチン用のマルチメディアデバイス。開け閉めができるモニター画面では、DVD、テレビ、インターネット、ｅコマースを楽しめるほか、レシピのダウンロードもできる。このデバイスは自宅内に張り巡らされたビデオモニターともつながっている。保護者はキッチンにいながらにして自宅を訪れた人の顔がわかり、子どもたちが家や庭のどこにいても安心できる仕組みだ。

◉ケーススタディ：アイデアを「結合」できるか？

　自分が思いついたアイデアを他のアイデアと結びつけられないか

検討してみよう。1880年代半ば、ジョージ・イーストマンは新しいテクノロジーを使って、ほとんど重量がなく、手荒な扱いにも耐えるセルロースフィルムを開発した。まもなく重いガラスの感光板はすたれてしまった。このアイデア自体すばらしいものだったが、イーストマンはさらにこの新しいフィルムに合う軽量なカメラを設計した。この「結合」によってイーストマン・コダック社は10年も経たないうちに写真の分野で世界をリードすることになった。

◉ケーススタディ：目的を「結合」できるか？

　自動車のデザイナーがヘリコプターの駆動部分と自動車とを「結合」して文字通り斜めに傾いて走る機能的な乗り物を考えたことがある。車輪が45度に傾いたままで進んでいく。

　説得力を食べ物や音楽と結びつけたらどうなるだろう？　あるマーケティングの研究成果によると、ピーナッツとペプシコーラを与えられた被験者は、全く何も与えられない被験者に比べて文字によるメッセージに説得されやすいという結果が出ている。別の研究では、被験者は何も音楽が伴わないメッセージよりフォークミュージックと一緒になったメッセージに影響を受けていた。大統領候補者を売り込もうとしているスタッフがテレビコマーシャルに心地好いBGMを流すのは、決して偶然ではない。

　福島県の日本酒醸造元が、クラシック音楽と酒の醗酵を結びつけた。音楽をかけるようになってから芳醇さが増したとして、その名もモーツァルトと命名された酒が発売されている。

◉ケーススタディ：物体を「結合」できるか？

　シェーファーペンのプロダクトデザイナーがプレリュードMPIペンを開発した。ペンと蛍光ペンとが一つになったもの。シェーファー社はこの商品をしてライティングツールと位置づけている。キャップを取るとボールペンになり、黒いベルトを回すとボールペンの先がひっこんだ後に黄色い蛍光ペンの芯が現れる。

● ケーススタディ：資産を「結合」できるか？

　複数の燃料で走る自動車についての研究が進められている。最高の効率性で走り、より厳しくなる環境規制に対応するために、自動車は改質ガソリン、電気、そして天然ガスのような複数の燃料を使って動くことになるだろう。オンボードコンピュータが走行状況を把握し、燃料効率を最大にする計算をして、１種類の燃料で動くよりも効率的に走る。

▶「A」応用——Adapt

　創造性にまつわるパラドックスの１つは、オリジナリティのある考え方をするために、まず他人のアイデアに通じなければならないことだ。

　トーマス・エジソンはこう言っている。「他人が成功を収めた斬新かつおもしろいアイデアを注意して観察する習慣をつけなさい。自分のアイデアが独創的である必要があるのは、自分が関わる課題に応用するときだけだ」

　多くの歴史家もエジソンの見解に賛同している。数多くの新しい発明やアイデアは、既存のアイデアに依っている。つまり「応用」は創造性にとって普遍的で避けることのできない技なのだ。

【やってみよう！】Blue print

「応用」技のエキスパートになるために、こんな問いを発しよう。

A：他にこれに似たものはないか？
A：これから他の考えが思いつかないか？
A：過去に似たものはなかったか？
A：何か真似することができないか？
A：誰かを見習うことができないか？
A：何か他のアイデアを取り入れることはできないか？
A：何か他のプロセスを応用できないか？

> A：他に何か応用できるものはないか？
> A：このコンセプトを違う状況に置くことができないか？
> A：この分野以外のもので、何かを取り入れられないか？

●ケーススタディ：アイデアを「応用」できるか？

　例えばレストランコンプレックスのアイデアはどうだろう？　最新の映画を観にシアターコンプレックスに行ったけれども観たい映画が満席で、2番目か3番目の映画に落ち着く羽目になることがある。1ヶ所に複数の映画館があれば、観たかった映画を観ずにそのまま家に帰ることはなく、結果としてチケットがよく売れることになっている。このアイデアをレストランに「応用」してみる。食事をしようとする人たちがお目当ての場所があってレストランコンプレックスに着いたとする。もし満席でも、美味しい食事を楽しめるだろう。席のある他のレストランに案内できるからだ。

　ブック・オブ・ザ・マンス・クラブ（月例の書籍頒布会）のアイデアからは、月に一度の頒布クラブがたくさん生まれた。最新のものでは女性用下着の頒布会までもある。デザイナーブランドのシルク製下着が月に一度ギフト用に包装され、香水と一緒に配達されてくる。

●ケーススタディ：プロセスを「応用」できるか？

　映画「スパイダーマン」を観てからというもの、マンチェスター大学の研究者たちは垂直な壁にひっついて登ることのできる接着剤を開発するためのアイデアを考えていた。彼らは草木に身を付ける動物、は虫類、昆虫、鳥類などの方法をじっと観察しながらブレーンストーミングを行った。最も興味深かったのは足の裏に短い繊毛があり、つるつるした面でも登っていけるヤモリ。このヤモリの足が持つ特徴を真似しながら接着剤に「応用」し、自浄作用があり、何度も着脱可能な接着方法の可能性を追求した。この人工的な繊毛による接着方式はヤモリグローブとして開発されつつある。将来は

人間がヤモリやスパイダーマンと同じくらい簡単に垂直な壁を登れるようになるだろう。

●ケーススタディ：異なった関係性を「応用」できるか？

　図16にある２つの図形、中心円は両方とも同じ大きさだ。しかし左の方が大きく見える。置かれている図の中で、他の円との関係が見た目に感じる大きさに影響するからだ。どんなものでも違う状況、関係性の中に置いてみると、想像力が刺激されて新しいアイデアを生み出すようになる。

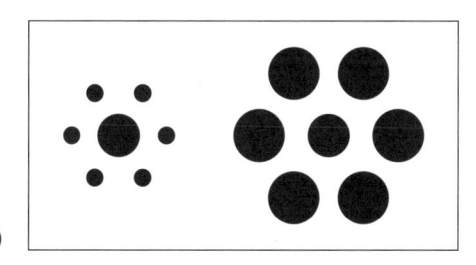

（図16）

●ケーススタディ：行動を「応用」できるか？

　あるプロダクトデザイナーのグループが、人々は浴室をどうやって掃除しているのかに関心を寄せていた。彼らは浴室の掃除を楽にするちょっとした小技や合理的な行動に興味をかき立てられていた。１人のデザイナーがバカンスで訪れたプエルト・リコで、ホテルの清掃係が平らな箒を使ってシャワールームの高くて届かない、暗くなっている部分を掃除していたのを観察する機会があった。デザイナーはそのコンセプトを応用して、ミスタークリーンマジックリーチという伸縮アームを使った着脱式の浴室掃除用具を開発した。ミスタークリーンブランドのオーナーは、１年間で１億5000万個の商品を売り上げると予測している。

●ケーススタディ：違う市場へ、状況を「応用」できるか？

　1956年、農場用のポンプを売っていたジャクージ兄弟が、従兄弟の関節炎治療のために特別製の泡風呂を考えた。２人はこの泡風呂

をほったらかしにしていたが、ようやく1968年になってロイ・ジャクージがこのアイデアを高級風呂市場という別の状況に置き直してみた。

すると浴室は見違えるものになってしまった。ジャクージ兄弟はこの泡風呂（ジャクージ・バス）をカリフォルニアからホワイトハウスにまで売りまくった。

●ケーススタディ：自然界からアイデアを「応用」できるか？

遺伝学者とともに活動している医師たちは、ガンと闘うためにホタルを使う術を発見している。ホタルの生体発光を活性化させる遺伝子をガン細胞に注入し、光らせる。感光剤が加えられると細胞は有害物質を生成し、自己破壊へといたる。この原則は、光がもたらす破壊行為をガン腫瘍の治療に活用できることを示すものだ。

光源を直接ガン細胞に注入することで、健全組織も壊してしまう体外から光を当てる手法を採ることなく、身体の深いところで細胞自体が腫瘍を攻撃することが可能になっている。

●ケーススタディ：素材を「応用」できるか？

ニューメキシコ州では、人間にとって害のあるチョウセンアサガオ（有毒なナス科の植物）を「応用」して、環境の重金属汚染を清浄化する調査プロジェクトが行われている。

▶「M」拡大——Magnify

アメリカ人は「大きいことがいいことだ」と信じがちだ。だから高く評価をしている物事を、評価していないものよりも大きいと感じることがよくある。ブルナーとゴールドマンは1947年に心理学の実験を行って、貧しい子どものほうが裕福な子どもが思うよりも、硬貨を大きいと思っていると発表している。

次ページの図17を見てほしい。

(図17)

どの木に目を惹かれただろう？

自然と大きい木に注目したはずだ。広告や設備類のデザインに「拡大」の発想が使われる理由がここにある。

自分のアイデアや製品、サービスを拡大したり、付け足したり、増やす方法を探してみよう。

【やってみよう！】Blue print

M：何を拡大できるだろう？ 大きくしたり、引き伸ばしたりできるだろうか？

M：誇張したり、おおげさに言ったりできるだろうか？

M：何か付け加えられないだろうか？ 時間は？ 力は？ 高さは？

M：頻度はどうだろう？ これぞ、の特長は？

M：何か付加価値を与えられるだろう？

M：複製できるところはないだろうか？

M：どうしたらドラマチックなまでに究極的に拡大できるだろうか？

●ケーススタディ：特長を「拡大（追加）」できるか？

ニュージーランドの企業がフルーツのパック商品にセンサーを加えてみた。センサーには、最初は赤、そしてオレンジ、最後は黄色と、成熟度に応じて発散される香りに反応して、色を変える機能がある。食べ頃や保存しておく頃合いをセンサーの色で判別すること

で、お客さまは最も美味しいタイミングでフルーツを食べることができる。

　普通の毛布を改良することに取り組んでいた、あるフリーランスのデザイナーは独創的な新商品を発明することができた。ライト・スリーパーは、明かりを使って眠っている人を優しく起こす枕と羽毛布団のセット。起きたい時間を設定しておくと、ベッドがライトで夜明けのようにゆっくりと明るくなる。電子技術をテキスタイルに付け加えることで、デザイナーはジリリリとうるさい目覚まし時計の代わりになる、発光する布地と商品とを作り出すことになった。この技術は一時的な情動障害にある人にとって価値がある。自然の光を模倣することで、気分の落ち込みを軽減するホルモンの分泌を促進するからだ。

◉ケーススタディ：何を「拡大（誇張）」できるか？

　どうしたら、ビールという商品を「誇張」できるだろう？　サミュエル・アダムズはアルコール度25度の"究極の"ビール、ユートピアを上市した。世界で一番強いビールだ。このビールが詰められているボトルは、何百年の間、ビール醸造師によって使われてきた銅製のビールタンクを彷彿とさせるデザイン。使い捨てのバーボン樽によって熟成された豊かな香りで、ちびちびと遣るビールだ。

◉ケーススタディ：何を「拡大（巨大化）」できるか？

　チーズ産業振興のため、ウィスコンシン州は４万60ポンドもある世界最大のチェダーチーズをつくり、町から町へ巡回展示したという話がある。

◉ケーススタディ：機能を「拡大（追加）」できるか？

　マット・グロッサムとライアン・ライトボディ、パデュー大学のデザイナー２人がトレーニング用の自転車にもう１つ車輪を付け加えた。シフトバイクと名づけられたトレーニングマシンには後輪が

２重に付き（後ろから見ると山型の三角形に見える）、子どもが低スピードで乗る時にはバランスよく接地する機能がある。スピードが上がると後輪が寄せられて平行になり、自転車から漕ぐ子どもに重心が移動していく。

シェフであり、レストラン・モトのオーナーでもあるホマーロ・カンテューはハーブが織り込まれ、お皿の上で嗅覚的な体験ができるシルバーウェアを作った。また彼は、宙に浮く食事の実験も行っている。ヘリウムをビールの泡に充填し、イオン粒子銃で小さい食材を撃ち出すことによって、いつの日かお皿のない料理がダイニングテーブルの上を浮遊することを夢見ているとのことだ。

●ケーススタディ：音を「拡大（追加）」できるか？

長距離の飛行機旅行は座席シートから音声で警告してくれるセンサーのおかげでもっと安全になるだろう。長旅の乗客はエコノミークラス症候群の危険にさらされている。長いこと座ったままだと、脚部に血栓ができる。血栓は移動し、心臓や肺の血流を堰き止め、乗客の命を奪ってしまう。すでにイギリスで高性能なシートが開発され、座っている時間が長すぎることを検知し、起きて歩き回るよう警告してくれる。

●ケーススタディ：何を「拡大（高く）」できるか？

A&Bハイドロポニー社は積み上げられる回転式水耕栽培システムを初めて開発した。このシステムはいちご、トマト、花、マッシュルーム、ハーブなどを育てることができ、単位面積当たりの生産量が増える仕組みになっている。

●ケーススタディ：何を「拡大（誇張）」できるか？

カーター・ウォレス社は標準より20％も大きいフリーサイズのコンドームを発売した。たくましげな特大コンドームはベストのマーケティング戦略かもしれない。正直なところ、小さなサイズを求め

る男がいるだろうか？

●ケーススタディ：何を「拡大（もっと頻繁に）」できるか？

　スウェーデンの家具チェーンであるイケアはクリスマスツリーのレンタルで売上を拡大する方法を発見している。「クリスマスの象徴を買うことはできなくても、10ドルで借りることができます」とイケアの広告は呼びかける。レンタルに10ドル、保証金に10ドルの合計20ドルで、ニューヨークで買ったら50ドル、もしくはそれ以上もするベイマツのツリーを借りられる。

　クリスマスが終われば、イケア社は返却されたツリーを自社・店舗の敷地内に植えるか、地域へ寄付をする。また顧客がツリーを返すとき、環境を保全する4年目のコロラドトウヒの若木と交換できるクーポンを受け取る。若木は4月の第1週に受け取ることができる仕組みだ。こうした頻度が拡大されたサービスを提供することで、イケアには3度も来店してもらえる見返りがある。

●ケーススタディ：さらなる価値を「拡大（追加）」できるか？

　アロマセラピーは浴室・シャワー用品を含めて、家庭では人気のあるアイテムだ。あるトイレットペーパーのメーカーが、自社製品に香りとデザインを「追加」することで商品価値を高められることに気が付いた。またトイレットペーパーに模様を加えることで、消費者にとってはもっと魅力的になることも。ダイオ社から出ているエルエアーという商品ラインナップは、香りに合わせてバラからラベンダーまで数多くの模様を選べる。通常の商品に加えて色彩も豊富で、顧客は自宅の浴室にピッタリの色をしたトイレットペーパーを買うことができる。

▶「M」修正——Modify

　ある時期、フォード社はアメリカ自動車市場の60％を占めていた。ゼネラルモーターズ社は「修正」を行い、「すべてのお財布の中身

とご使用される目的に合わせた、あらゆるデザインとカラーの自動車を」なる哲学を打ち出した。一方ヘンリー・フォードは「どのお客さまも、色が黒である限り何色にでも塗り替えられる」と応じていた。フォードのセールスは落ち込み、1940年代には新車市場の20％を占めるにすぎなくなっていた。ゼネラルモーターズは製品を市場に合わせて「修正」し、トップシェアを奪った。

　何を「修正」できるだろうか？　図18を見てほしい。完璧な正方形であっても何重にも円が重なる模様を背景に置くと「修正」されて曲がって見えてしまうのがわかるだろうか。

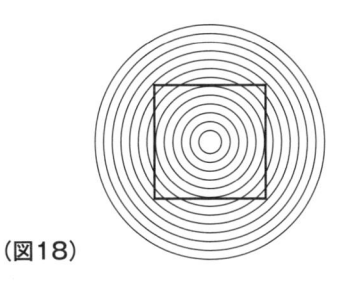

（図18）

【やってみよう！】Blue print

アイデアを「修正」するには、こんな問いかけを行ってみよう。

M：どうやったらよりよいものに変えられるだろうか？
M：どこを修正できるだろう？
M：新しい工夫はあるか？
M：意味、色、動き、音、香り、形態、形状を変えたら？
M：名前を変えてみたら？
M：他に変えられるところはないか？
M：企画の中で修正できるところは？　プロセスやマーケティングはどうだろう？
M：他にどんな形が可能だろう？　他のパッケージを使っ

> てみたら？
> M：パッケージは、商品自体の形態と組み合わせられるだろうか？

●ケーススタディ：別の目的のために「修正」できるか？

どんなものでも「修正」は可能だ。ごくあたりまえのアイスクリームコーンも、1人の商人が行った「修正」の結果生まれたものだ。アーネスト・ハムウィは1905年に開かれていた世界博覧会で紙のように薄いペルシア風ワッフルを売ろうとしていた。それは温かいワッフルだったのだが、彼は何日もの間、道行く人たちが彼の店を通り過ぎて近くのアイスクリーム売場に行ってしまうのを見つめていた。アイスクリーム売場のお皿がなくなると、彼はワッフルを円錐形に丸めて冷やし、そのてっぺんにアイスクリームを載せてみた。

●ケーススタディ：もっとよくするために「修正」できるか？

フランチャイズビジネスは競争が激しくなり、多くのフランチャイザーが適格なフランチャイジーを見つけるのが困難になってきた。ヘブンリーホットドッグ社はホットドッグスタンドのデザインを「修正」して、車椅子の人にも扱えるようにした。同社は障害者が乗って操作できる移動式ユニットも考案している。

反応は圧倒的なものだった。CEOは障害者が全フランチャイズ加盟者の50％を占めると予想している。この「修正」にかかった経費6万ドルのうち3万5000ドルが税控除で帳消しになる発見もあった。障害のある起業家たちは低金利ローンを組めたり、軍事施設や政府の建物などで優先的に場所を取る資格もあった。

●ケーススタディ：他の形態に「修正」できるか？

インスリン針は、使う人にとっても周囲の人にとっても、やや扱いにくいものだった。バトル研究所が針の形状を変えるためにいろんな知恵を出し、最終的にヒューマペンにたどり着いた。このペン

は再利用が可能なインスリン用の注入器。とてもよくできていて扱いやすく、一見、高いペンのようで外にいても人目をそれほど気にせずに使える。また現状流通しているインスリンのカートリッジと針がそのまま使えて簡単に装着でき、糖尿病患者にとって大事なことだが、使った用量の表示も見やすくできている優れものだ。

サーカスというビジネスはシルク・ド・ソレイユが1984年に立ち上がるまではダウントレンドのスパイラルにあった。お金を払ってサーカスを見に来る大人を捕まえられなくなり、年々厳しくなっているところだったが、サーカスの形態を「修正」し、エンタテインメント性を強調したことが功を奏した。シルク・ド・ソレイユはサーカスとは何か、の定義を変えてしまい、何十億ドルにもなるビジネスを作り上げたし、その勢いはまだ続いている。

●ケーススタディ：形状を「修正」できるか？

モーエン社のデザイナーたちは水流の形状を変えることによってシャワー界に革命を起こした。それまでのシャワーヘッドは輪の形に固定されてお湯が出るだけだったが、モーエン社製のシャワーヘッドから出てくるお湯は動きがあって渦を巻き、使う人を完全に包み込む。この技術によってこれまでよりも大きく、温かい水滴を出せるようになり、少ないお湯の量でも温かいシャワーが使えるようになった。

名刺の形を変えるようなちょっとしたことからでも、大きな見返りがやってくる。マックスパイファニチャー社のフィル・パイは、角が1つ丸くなっている名刺を差し出す。名刺には「他の名刺よりも25％ほど安全です」と書いてある。取引先はこの名刺を捨てないばかりでなく、方々でこの名刺を出して話のネタにしてくれる。

●ケーススタディ：新しい視点から「修正」できるか？

最近、誰でも話題にするのがガソリンの値段だ。大手の石油会社

が新しい企画としてプリペイドのギフトカードプラン開発を進めている。テレホンカードと同じように、限度額までは自由にガソリンを入れられるカードで、有効期間は購入から６ヶ月。この期間内にガソリンが値下がりすると信じる人はカードを現在の価格で買い、数ヶ月間の間使わずにそのままにしておくだろう。もし彼らが正しければ、自分だけの割引プランを作れる計算だ。

●ケーススタディ：パッケージを「修正」できるか？

ペンキの缶は重くて運びにくく、開けるのも閉めるのも大変で注ぐのも大変だ。全く楽しくない。長いこと、ペンキ缶とはそういうもので、何か理由があるんだろうと思われてきた。しかしダッチボーイ社はそうではないと気づき、缶とはパーツの集合だと考えた。彼らは持ち運びが楽で注ぎやすく、ふたも閉めやすい容器を発売した。この商品はパッケージ上のイノベーションだ。ふたを開けたら、そのふたをそのままペンキローラー用の受け皿として使うことができる。ペンキが飛び散りもしないし、面倒もない。この容器を見れば、なぜ今までこのアイデアにたどり着かなかったのかといぶかしく思えるに違いない。新しいパッケージは売れただけではなく、高い価格を維持してダッチボーイ社に利益をもたらした。

●ケーススタディ：よくある段取りを「修正」できるか？

オハイオ州にある建設関連商品の卸売、フェイマスサプライ社はよくある保険給付制度に「修正」を加えた保険金配当制度を始めた。保険金の支払い免除額を100ドルから150ドルに引き上げ、月々の保険料を１人当たり25ドル、家族の場合は50ドルにすると同時に、毎年保険料の請求をしなかった従業員は収めた保険料から３分の２の払い戻しを受けられるとした。この制度は従業員の医療費と健康に対する意識を高めることになり、結果としてコストを国全体の平均額よりも低く抑えることができた。

● ケーススタディ：態度を「修正（変化）」できるか？

　アプローチ方法を変えることで、人を説得して新しいものを試させてみることができるだろうか？　あるマーケッターたちがグルメ食品としてイナゴの需要を高めようと、アメリカ人にイナゴを食べてもらうテストマーケティングを行った。最初の説明者は感じのいい態度で話す親しみやすい人物であったが、イナゴを試した人はほとんどいなかったし、食べてみてもイナゴは不評だった。次に、冷淡でよそよそしく敵意に満ちた風の人が説明をしたところ、イナゴを試し、美味しいと答えた人は著しく多くなった。

● ケーススタディ：マーケティングを「修正（変化）」できるか？

　3M社の有名なポスト・イットも、当初は広告やチラシを多用するマーケティングを行っていて、ほとんど売れていなかった。広告では、この新しい商品への関心を喚起できなかった。

　ゼネラルセールスマネジャーのジョー・ラメイは、ポスト・イットをいったん使い出したら、もうやめられないことに気がついた。ラメイは直ちにマーケティングの方法を「修正」するように会社に提案し、できる限り多くの人に無料サンプルを配った。結果としてポスト・イットは3Mでこれまでにない成功を収めた商品となった。

▶「P」他の用途──Put to other uses

　これまで見てきたような質問が、アイデアや商品、サービスを見つけやすくしてくれる。次に、「他の用途」がないか考えてみよう。ジョージ・ワシントン・カーヴァーは植物学者であり化学者であったが、ピーナッツひとつで300以上の用途を発見した。彼が観察を怠らなかったからだ。

　次の図19が好例だ。真ん中の形は上から下へ目を動かせば「13」に見えるし、左から右へと読めば「B」に見える。どんなものも使いみちによって意味は変わる。

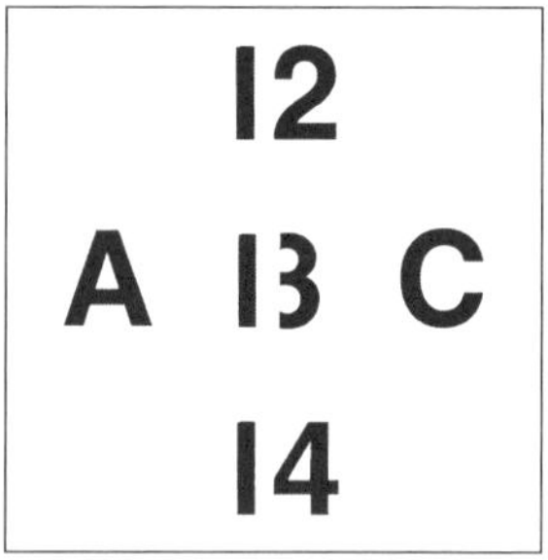

第8章

```
   12
A  13  C
   14
```

（図19）

　クリエイティブな人は、周りにあるものを使って役立つアイデアを創ってしまうものだ。1857年、ジョセフ・ガヤティはごくごくふつうのマニラ麻に自分の名前を透かして彫った。彼はガヤティの消毒ペーパー――痔の予防に完璧で清潔なトイレ用品として売り出した。「他の用途」が見つかり、マニラ麻は最初のトイレットペーパーになった。

　私たちの歴史には、ちょっとしたことから生まれた発見やイノベーション、商品がたくさんある。ポスト・イットやシリーパティー（粘土のおもちゃ）は、当初は全く別のプロダクトを作ろうとして、たまたま開発されたものだ。

【やってみよう！】Blue print

「他の用途」を探すには、こんな問いが効く。

P：他にどんな使いみちがあるだろう？
P：そのままで使える新しい用途はないか？
P：修正したら他の使いみちが生まれないか？
P：他にどんなものができるだろうか？
P：拡張してみたら？　他の市場ではどうだろう？

●ケーススタディ：どこに「他の用途」がある？
　シカゴのセールスマン、エド・ニュートンは、企業がトップセー

ルスパーソンに与える賞品や休暇中の従業員にプレゼントするための商材を歩合制で売り歩いていた。彼の成績は悲惨だった。顧客たちはいつも、自社が扱ってない商品ばかり求めていた。特注を受けるように会社に掛け合ってはみたものの、上司の答えは「NO」。エドは明らかに可能性があるこのビジネスから離れるのは嫌だったので、会社を辞め、独立した。カタログを持って回って注文を取る代わりに、顧客が本心から従業員に与えたいと思っているものは何なのかを聴くことにした。また自分が考えたアイデアも提供した。取引先はエドをセールスマンというよりはコンサルタントとして認め、独立した会社は順調にビジネスを行っている。

●ケーススタディ：廃棄物の「他の用途」とは？

養鶏場の経営者が羽毛について「他の用途」を考えていた。アメリカ農業研究局と協働でリサーチを進め、羽毛を木製パルプの代わりに使うことで森林保護に役立つことがわかった。紙の生産に使われる木製パルプの半分を羽毛にすることは、切らなければならない木が半分になることだ。羽毛の繊維は木のパルプよりもきめ細かく、胞子やゴミ、ふけ、その他の粒子を集められるため、家やオフィスの空気を劇的にきれいにする。また自動車のダッシュボード、ボートの外装のような材質の製品用に、強靱で密度の低いプラスチックとの合成材を作ることもできる。

輪ゴムは外科手術用チューブから作られているし、ゴミは圧縮されて建築用ブロックとなるか、ポリアクリル酸に加工されてゴミ袋になる。おが屑は圧縮されて暖炉の燃料に、粉炭は肥料に、石油系廃棄物は粘土細工のシリーパティーになる。

●ケーススタディ：そのままで可能な「他の用途」はないか？

フルーツやタマネギが入っているメッシュバッグを知っているだろうか？　あのバッグは海辺で貝拾いに使ったり、日焼け止めローションなど砂の中に落としてしまいそうな小物を入れておく「他の

用途」がある。水で洗えば、家に帰るまでに乾いてしまう。

　火葬された遺体の灰に残っている外科手術で使ったピンやボルトを再利用する新しい計画が、イギリス・サマセット州北部で始まろうとしている。ある市会議員が鉄のピンやプレート、人工関節などを再利用する計画を提案している。

●ケーススタディ：拡張することで可能な「他の用途」はないか？

　医療廃棄物はアメリカにとって大きな問題になっている。全国6800の病院から毎日1万3000トンが産出されているのが現実だ。大半は焼却されているが、処理コストも膨大で大気汚染物質を排出する危険性もある。ゴミ処理と運搬にかかる高コストはいくつかの病院では違法なゴミ廃棄につながっており、海岸線にゴミが打ち上げられたときの事故の恐れもでている。

　幸運なことに、コネティカット州のコンバスチョン・エンジニアリング・オブ・スタンフォードが、どこにでも持ち運び可能な、マイクロ波を拡張して医療廃棄物を殺菌する方法を開発した。殺菌されたゴミは圧縮して廃棄場に安全に捨てられるし、危険なく焼却することができる。しかもかかる時間は20分程度だ。

●ケーススタディ：領域を変えた「他の用途」はないか？

　ある保守系のシンクタンクが、個人所有というコンセプトを深刻な環境問題に当てはめてみた。彼らのアイデアは密猟を防ぐために象を個人所有する、だった。

▶「E」削除──Eliminate

　もともとドーナツに穴はなかった。ある説によれば、母親がドーナツを揚げているのを見ていた少年が、真ん中によく火が通っていないのに気づいた。少年はフォークで真ん中をくりぬいて穴を作り、現在のドーナツができ上がったという。

　対象を縮小することによって、いいアイデアが得られる。アイデアや課題となっている対象物、製造プロセスを何度も「削除」して

いくうちに、課題を本当に必要な、または適切なパーツや機能に特定していくことができる。

　例えば、戦車から戦闘に関する機能を省いてボディとキャタピラーだけを残せば、トラクターを作り出せる。

【やってみよう！】Blue print

質問をぶつけて、減らしたり、縮小したり、簡素化したり、省略したり、「削除」できるものを探そう。

E：もっと小さくなったらどうなるだろう？
E：何を省けるか？
E：分割できないか？　裂くことができないか？　パーツに分離できないか？
E：控え目に表現してみたら？
E：簡素化できないか？　縮小版は？　濃縮は？　コンパクトには？
E：引き算できないか？　削除できないか？
E：そのルールは撤廃できないか？
E：不必要なものはないか？

●ケーススタディ：何を「削除（簡素化）」できる？

　NASAの300ポンドもある宇宙服は無重力状態なら作業しやすいけれども、火星を歩いたりするのには都合が悪い。そのため、NASAでは宇宙服を簡素化して動きやすくするために新技術の研究を続けている。MITの宇宙工学教授、ディーバ・ニューマンはスプレー式の宇宙服を開発している。彼女の研究グループは、日焼け止めをスプレーするのに使用されているようなカプセルを使って、宇宙飛行士の上にポリマー繊維をスプレーする可能性を探っている。セカンドスキン宇宙服は温度コントロールできる下着、着脱可能な付属パーツ、そしておそらく外骨格によって補強されるだろう。

第8章

●ケーススタディ：何を「削除（不必要）」できるか？

コンピュータのモニターがほとんどなくなってしまうまで縮小できるなら、キーボードだって同じだろう。2つの企業がバーチャルキーボードを開発している。タブレットPCや携帯電話などのポータブルデバイスに合わせてデザインされていて、レーザー光線が机や平らなところにキーボードの輪郭線を赤く描き出す。デジタルカメラに使われているようなセンサーが同一地点に投射されている赤外線の反射を読み取り、どの"キー"が押されたのかを反射の変化具合によって感知する。最終的にはバーチャルキーボードは他のツールに組み込まれ、使わないときには見えないようになるのは間違いないだろう。

●ケーススタディ：何を「削除（省略）」できるか？

水上スキーを楽しんでいるとき、ボートを操縦している人にトラブルが起こったのを見つけても、ドライバーのことは忘れてそのまま前に進めばいい。ソロは、そんな場合に役立つようにデザインされたボートだ。長さ2.4mのグラスファイバー製で、アクセル、操舵、スタート＆ストップボタンが装備されていて、舟先にはハンドルがある。さらに安全のためにハンドルから手を滑らせた場合にはエンジン停止スイッチが働く。

●ケーススタディ：何を「削除（縮小）」できるか？

ウィリアム・ショックリー、ウォルター・ブラッテン、ジョン・バーディーンはポピュラーな名前ではない。しかし彼らが1947年に開発したトランジスタとして知られている極小型の装置により、携帯ラジオからパーソナルコンピュータまで、ポピュラーで実用的な何千もの新製品が生まれた。

●ケーススタディ：何を「削除（分割／分解）」できるか？

ガラス製品メーカーであるレノックス社は、花嫁の多くが高級な陶器セットがほしいと思っている一方、セットでは1人が贈るギフ

トとして高価すぎることに気づいていた。「どうしたらセットを分割して、2、3枚ずつだけを買ってもらえるだろうか？」と考えた彼らは、古いアイデアであるブライダル・レジストリーを応用し、花嫁がレノックスの陶器だけをレジストリーに登録して、結婚式に招いた人たちが単品で購入できるようにした。セット買いを「分割」するシンプルなアイデアの結果、レノックス社は有名な「高級陶器メーカー」となり、アメリカで最も急成長した企業の1つになった。

● ケーススタディ：どうやったら「削除（最小化）」できるか？

　PID社製のランプは鉄、プラスチック、木をスタンドや台から省き「最小化」してしまった。その代わりに、ランプにはマイラー樹脂製でヘリウムが装填された風船が付いていて、紐を伸ばして上げたり下げたりする仕様になっている。必要に応じてLEDランプを上げて部屋全体を照らしたり、下げて手元明かりにしたりもできる。またLEDを光源に使ったことで、省電力と電球の長期間使用も期待できる。

● ケーススタディ：それは「削除（控えめに表現）」できるか？

　図20に描かれた、真ん中の正方形は両方とも同じ大きさだ。しかし右側が大きく見える。周囲を取り囲む小さく控えめな正方形が、中央の正方形を左側より大きく見せている。

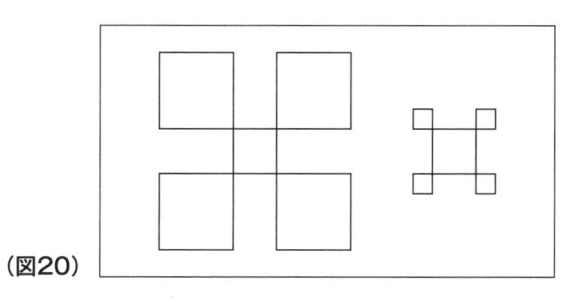

（図20）

　この正方形のように、広告やマーケティング、宣伝パンフレットや販売促進プロモーションなどで囲まれた商品を想像してみるとど

う感じるだろうか？　時には宣伝パンフレットや販促活動が控えめなほうが商品の品質（内側の正方形）を実際よりも大きく感じさせることがある。

　例えば、販促活動がおおげさなゼネラルモーターズと控えめなロールスロイスを比較してみよう。現実には、ロールスロイスの実質価値は一般に考えられているほどは高くない。ロールスロイスはゼネラルモーターズ車と同じぐらい、10万マイルの耐久性でメンテナンスの問題も同程度である。しかし広告の効果が確実に出ている。

▶「R」再編――Rearrange

　アルファベットは26種類。ABCDEFGHIJKLMNOPQRSTUVWXYZが組み合わせられて、人を笑わせもすれば、泣かせ、心配させる。不思議がらせたり、疑問を抱かせ、愛し、憎み、深く考えさせもする。また「再編」によっては、ハムレット、トム・ソーヤーの冒険、聖書、相対性理論にもなる。

　創造性とは既存の要素を並べ替えて未知のものを発見することにあるといえるだろう。「再編」することで、アイデアやグッズやサービスなど無数の選択肢が得られる。例えば野球チームの監督なら、36万2880回もラインナップを組み替えられる。

　おそらく日本で始まったと思われる図21のパズルは、正しい「再編」の仕方を見つければすぐに解けるはずだ。図のように8本の爪楊枝を並べて、左に向かって泳ぐ魚の形にしてみよう。魚の目玉としてコインを置く。

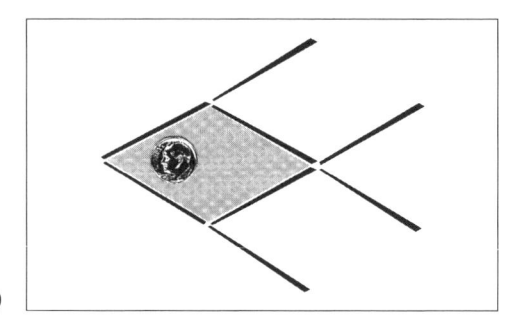

（図21）

爪楊枝3本とコインを動かして、反対の方向に泳ぐ魚を作れるだろうか？

　爪楊枝を並べ替えて魚の向きを変えられるように、既存の情報を「再編」することで新しいアイデアは創造できる（答えは108ページ）。

【やってみよう！】Blue print

こんな問いを発してみよう。

R：どんな再編をすればもっとよくなるだろうか？
R：構成要素を交換できないか？
R：他のパターンやレイアウトにできないか？
R：他の並べ方はないだろうか？　順番を変えてみたらどうなる？
R：原因と結果を入れ換えてみたら？
R：スピードを変えてみたら？
R：スケジュールを変えてみたらどうだろう？

● ケーススタディ：「再編」で仕事がよくなるだろうか？

　エレベーターの昇降は、基本的には個別に管理されている。自分が乗り込むまでに5階、10階、ひょっとしたら15階にも止まってくるかもしれない。これは高くつく移動方法であり、ロビーでエレベーターを待つ人たちをイライラさせる。シンドラー社は改善につながる「再編」を考えた。誰かがエレベーターに乗ろうとするときに、全体を管理しているコントロールパネルに行きたい階数を入力する。パネルにはどのエレベーターがその人を乗せようと向かっているのかが表示される。このシンプルな分類で、シンドラー社は全てのエレベーターを無駄時間なく稼働させることができた。12階にいても待たせずにエレベーターがやってきて、ロビーへとすぐに降りてい

く。このアイデアはビルの建築階数を増やすことにもつながる。ビルの入居人数に対するエレベーターの数を減らすことができ、待ち時間は短くなり、エレベーターのためではなく人間のために貴重なスペースを用意することができる。

●ケーススタディ：スケジュールを「再編」できるだろうか？

コミッション支払いのスケジュールを変えてみたらどうだろう？

繰り延べボーナス支給プランを考えてみよう。年間10万ドルの売上など、1人のセールスパーソンごとに明確な目標を設定する。1年ごとに年間11万ドルを稼いだら2500ドルのボーナスを支払うことにするが、実際に支給されるのは7年後、ずっと会社にいることが条件になる。期間中セールスパーソンが目標を達成し続ければ、会社は1万7500ドルのボーナスを出すことになるが、もしそれまでに会社を辞めてしまうならば、支払いは発生しないアイデアだ。

●ケーススタディ：パターンを「再編」できるだろうか？

ティンバーランド社は靴の新しいパターンを編み出した。この商品ラインナップはモジュール式で、ユーザーは靴の外側にあたるシェルと中敷きとを分けて買うことができる。モジュール式になることでシェルが自由になり、たたんでおけるので場所を取らず、旅行中に靴のためのスペースと重さとを50％も減らせる。履いている靴の一部分がダメになっても全部を捨てる必要がなく、使えるところはそのままにしてパーツを入れ換えればOKだ。この新パターンは無駄を減らし、より便利で価値も高まっている。

●ケーススタディ：スピードを「再編」できるだろうか？

セールスパーソンがしゃべるペースを変えたらどうなるだろうか？　早口のセールスパーソンは信用できないと思われることもあるが、速い速度で話すと説得力が増すのも事実だ。ある企業はロサンゼルスの公園やショッピングモールで、人々にカフェインは危険なドラッグであると論じる録音スピーチを道行く人たちに聞かせて

みた。すべての被験者は同じメッセージ内容を聞いたのだが、半分は1分間に102語のゆっくりしたテンポで、残りの半分は1分間に195語の速いテンポでテープを聞いた。早口の話し手は知識が豊富で客観的であると思われ、被験者の態度を変える影響力があった。ある一定の限度内ではあるが、速く喋るほど話の内容をよく知っている人だと思われる傾向が強くなる。

●ケーススタディ：構成要素を「再編」できるだろうか？

この問いは、1人の若い日本人ビジネスマンが史上最速で財を成すのに役立った。1965年頃から日本では国民が急速に自動車に乗り出し、多くの人が急いで移動しようとし始めていた。しかし道路のほうは10世紀以来ほとんど変わっていなかった。2台の車がすれ違えない狭さ、コーナーには死角、見えにくい路地があり、6本の道が予想もつかない角度で入り交じる交差点が2、3キロごとにあったりする始末だった。特に夜間、交通事故が驚くべき率で急増した。マスコミは政府に対し何らかの措置を取るように声を上げていたが、安全運転キャンペーンには効き目がなかった。

岩佐多聞は、これまで普通に使われていた視線誘導標を調べてみた。そして鏡の役割をしている小さなガラス玉を「再編」するだけで、対向車のヘッドライトをどんな方向からでも反射する視線誘導標を開発した。政府はこれを何十万も設置し、事故率は急激に低下した。

▶「R」逆転——Reverse

視点を「逆転」すると発想が開ける。物事を反対側から見てみたら、普段見落としていることが見えるだろう。

図22は1915年にエドガー・ルビンが考えた図案だ。花瓶にも見えるし、向き合う2つの横顔のようにも見える。「逆転」の発想によって、物事の表面からアイデアを得るだけではなく、裏面からもっと多くのアイデアを得ることができる。

(図22)

第8章

　アルバート・ローゼンバーグ博士は創造性発揮プロセスの研究で著名だ。彼はそのプロセスをローマの神ヤヌスにあやかって「ヤヌス的思考」と名づけた。ヤヌス神は反対を向いた2つの顔を持っている。ヤヌス的思考では、2つ以上の対立する考えやアンチテーゼが同時に着想され、並立し、機能する。しかもどちらも有効で、真実だ。

　ローゼンバーグ博士はアインシュタインやモーツァルト、ピカソの作品はヤヌス的思考の結果だと分析している。ヤヌス的思考とは「この反対は何だろう？」と疑問を持ってみることだ。そして反対にあるものが同時に存在しているシーンを想像してみよう。

【やってみよう！】Blue print

「逆転」を使ってみるときに行う問いかけは

R：肯定／否定を入れ替えられないか？
R：反対にあるものとは何だろうか？
R：否定的なものとは何だろう？
R：回転させてみたら？　下ではなく上に？　上ではなく下に？
R：後ろ向きに考えてみたら？
R：役割を逆転させてみたら？
R：予想と反対のことをしてみたらどうだろう？

●ケーススタディ：失敗を成功に「逆転」できるだろうか？

　新しい試みにトライして失敗したときにも、最後には代替案にいきつく。単純なことだが、創造的なチャレンジに失敗したらまず立ち戻るべき法則だ。「なぜ失敗したのか？」と責めるのではなく、「何を実行したのか？」と質問をネガティブからポジティブに「逆転」させる。ロイ・プランケットは新しい冷却剤の開発に着手していたが、求めていたものではなく、熱は通すけれども貼り付きはし

ない、白く光る素材を作り出してしまった。彼は予期せぬ発見に触発されて当初の研究実験の方向性を中止し、最終的に調理器具などに使われているテフロンを開発した。

●ケーススタディ：障害を「逆転」できるだろうか？

　高級な衣服を所有するにあたっての障害はドライクリーニング代。どうしたらこの課題を「逆転」できるだろう？　洗濯に出さなくても衣服をきれいにする方法はあるだろうか？　1人の起業家が「ある」と信じて、30分ほどで3着分のしわや臭いを取り除く装置を発明した。衣類のクリーニング回数を減らすことができるため、ワールプール社がこのアイデアを買った。ホテルやオフィス、空港などでの潜在需要があると予測している。

　ニューヨークのアイスクリーム屋は気温の低下に連動させる「逆転」の発想で、寒くなるほど安くなるディスカウントプランを打ち出している。

●ケーススタディ：スケジュールを「逆転」できるだろうか？

　農夫たちが昼ではなく夜に小麦畑を耕す「逆転」に意味はあるだろうか？　ペーター・ユロスゼックとドイツ・ボン大学のメンバーが発見したのは、夜間に耕した畑には通常の5分の1しか雑草が生えない事実だった。ほとんどの雑草が発芽にミリセカンド以下の光を必要とするのに比べ、多くの穀物の種子は完全な暗闇でも育つことができる。土を耕す行為は雑草の種子を土の中に埋めることでもある。夜に耕された小麦畑はほとんど雑草が生えず、除草剤を必要としなくなる。

●ケーススタディ：サービスを「逆転」できるだろうか？

　医者が往診をしていた頃まで戻ってみよう。医者の診察を受けに行くことを「逆転」させて、自宅で体調を詳しく調べられると考えてみる。自宅で個人の健康状態をモニタリングするシステムは開発が進められている。利用者が自宅で快適に、そしてプライバシーも

守りながら体調を測定できるようになるのも間もなくだ。血液、心臓、腎臓の検査も自宅で妊娠検査薬を使うのと同じくらい簡単になるだろう。

　患者はこうしたシステムを使ってインターネット経由で結果を医者へ送り、医者の側では患者が何をするべきかを決めて伝える。あるいは車両を派遣して、さらに高度な検査や治療を行うかどうかを選択することになる。

●ケーススタディ：「逆転」は機能するだろうか？

　何かを売る代わりに何も売らない、のはどうだろう？　オーストラリアの匿名デザイナーが誰にも見えないおもちゃ「インビジブル・ジム」を考え出した。パッケージの説明によれば、ジムは「目は完全になく」「テレビでは見えない」つかめない手を持ち、「カモフラージュスーツ」をまとっている（スーツは別売りだ）。代わりに、ジムについての説明書きと透明なプラスチックのカバーがついているだけのグリーティングカードが売られているが、小売価格が3ドルする。コストはだいたい10セントぐらいだろう。

●ケーススタディ：プロセスを「逆転」できるだろうか？

　自転車のデザイナーにとっては、サドルを最後に設計するのが普通のことだった。スタイリンクスバイシクル社では、まずサドルからデザインしていく。最初から最後まで、同社が独特のエルゴノミックな設計を行い、サドルに関連する痛みを減らし、ペダルを漕ぎやすくする。

　レゴ社が開発したのはデジタルデザインスイート。顧客がオンラインでデザインした完成予想図に対応してパーツを作り（2、3のおまけがついてくる）、発送する。受け取った顧客は完成予想図に基づいてブロックを組み立てる。

●ケーススタディ：「逆転」させられるだろうか？

　ニューヨーク州エルマイアの目抜き通りに2軒の家具屋があった。

ある日、一方の店が「この通りで一番安い店」と看板を出した。もう1軒は「この町で一番安い店」とやりかえした。さらに
「この地方で……」
「この州で……」
「アメリカで……」
「自由主義世界で……」
「世界で……」
「宇宙で……」……と応酬は続いた。

数日してから、最初に看板を出した店主は最初の「この通りで一番安い店」にそっと戻した。主張すべきは、この通りで競争相手より安いことだけだと気がついたのだった。

●ケーススタディ：予想を「逆転」してくれるのは何だろうか？

もしゴミ箱がしゃべり始めたらどんなリアクションをするだろう？　ドイツではゴミを散らかさない人に感謝するゴミ箱が作られている。楽しい方法を使って道端ではなくゴミ箱にゴミを捨てるように市民たちを応援することが狙いで、必要なところにゴミ箱は置かれており、太陽光充電によって「ありがとう」と3ヶ国語で話すことができる。

▶▶▶ サマリー

すべてのアイデアはとめどなく流れる奔流の中にある。もう1篇の詩作も必要としなくなるような至上の詩はありえないし、それ以上の作曲が不要となるような音楽がないのと同じように、究極のアイデアもまた存在しない。レオナルド・ダ・ヴィンチの「モナ・リザ」がいい例だけれども、描くのに4年間を要し、かつレオナルドは死ぬまで手を入れ続けた。

オフィスビルやデパートでよく見る回転ドアを改良したいと思っているとしたら、回転ドアの属性をリストアップし、それぞれの属

性ごとに「SCAMPER」の質問をぶつけてみる。

例えば属性はこうなるだろう。
- 回転ドアは1人ごとの区切りに分かれている。
- ドアを手で押すことで、ドアが動くエネルギーが生まれている。
- ガラス製で、シースルーである。
- ドアを回転させるには1人以上の人が押さなければ動かない。

「手で押すことで、エネルギーが生まれている」属性にひらめいて、毎日数千人がドアを押して自発的に生まれているエネルギーを活用する方法がないか、と考える。このひらめきから「修正」を経て、ドアを押す人たちの力を使って回転ドアで発電するアイデアが生まれる。これはエネルギーの「他の用途」でもある。回転ドアを属性に分割することで固定観念から脱して、ドアが持っている可能性を活用する創造的なアイデアを思いつくことにつながっていく。

★101ページの答え

コインと3本の爪楊枝を下の図23のように動かせばいい。

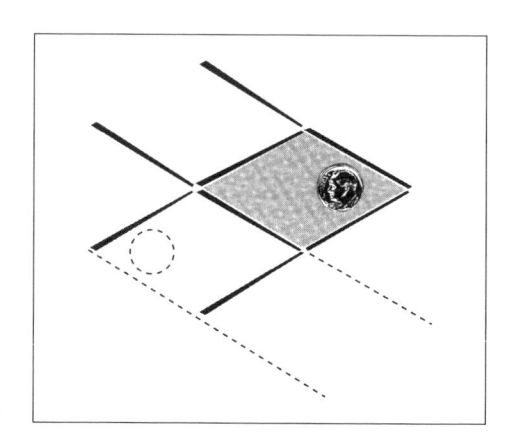

（図23）

第9章

Tug-of-war

強み／弱みを知る
「プロ／コン」発想法

「守らば則ち余り有りて、攻むれば則ち足らず」　孫子

　有能なフットボールコーチは「強いチームがゲームに勝つ方法は1つしかなく、同じようにやる他はない」などとは言わない。そうではなく、選手を試したり観察したりしながら自分のチームの強いポジション、弱いポジションを見極めようとしているものだ。下手な選手ならポジションを変える、あるいは弱点の克服方法や隠し方を教える。

　チームには1つの目標がある。勝つことだ。勝つために、コーチはチームの良いところを最大限に伸ばし弱点を極力抑える戦略を考え出す。ディフェンスが弱い場合には、ボールを支配してディフェンスのプレー時間を少なくする作戦を採るだろうし、オフェンスが弱ければ、相手チームを味方陣地内に深く攻め込ませない方法を教えることになるだろう。コーチはチームのポジティブ面とネガティブ面の両方を知り、最も効果的にフットボールの知見を使いながら勝利を目指す。

　アイデアが必要とされている課題についても同じことだ。課題を解決する策を考え出す前に、まずポジティブ、ネガティブの力が働いていることに気づく必要がある。用いるべきは、ネガティブ要因を排除もしくは減少させ、ポジティブ要因で優位に立つ戦略であるはずだ。

　「プロ／コン（pros and conts　賛否両論）」発想法は、社会心理学者クルト・レヴィンが最初に考え出した「フォース・フィールド分

析」テクニックをモデルにしている。このテクニックを駆使すれば、ポジティブとネガティブの力によって最高あるいは最悪のシナリオ、いずれかの方向へ、どんなふうに状況が動く可能性があるのかを知ることができる。

　ポジティブとネガティブの力は、絶えず押し引きしている。「プロ／コン」発想法を使えば、それぞれの力の具合をポートフォリオの中に収めて観察できる。この発想法の利点は、

1．課題をより明確に限定できる。
2．最大限に伸ばせる「強み」が何かを明確にできる。
3．最小限に抑えるべき「弱み」とは何かを明確にできる。

と整理できるだろう。

【やってみよう！】Blue print

1. 解決しようとしている課題を書く。
2. 起こりうる最高のシナリオと最悪のシナリオを書く。
3. 課題の現状を構成する要素をリストアップする。課題のありようを変化させたり制約したりするもの、また課題解決に不可欠なものをすべて書き出す。
4. 「プロ／コン」表に書き込む。要素をリストアップしていると、最高のシナリオへ押しやる力と破綻へと引きこむ力に気づくことになる。押す力と引く力を明記して、各要素を綱引きのように戦わせる。

　あるビジネスパーソンが就いている現職の安定性について分析してみよう。安定性をみる要素としてリストアップされているのは「実績」「顧客との関係」「同僚との仕事振り」「行動力」「創造性」「リーダーシップ」「仕事への献身度」である。各々の要素ごとにベストとワーストのケースがある。

(図24)

ベストシナリオ (昇進)	プラス (＋)	マイナス (－)	ワーストシナリオ (解雇)
成功	←実績		失敗
好感		顧客との関係→	嫌悪
尊敬	←同僚との仕事振り		嫌悪
熱心さ	←行動力		熱心でない
高い		創造性→	低い
カリスマ性	←リーダーシップ		カリスマ性のなさ
自発性	←仕事への献身度		ルーティン仕事

プロ／コン
課題：現職の安定性とは何か？

　図24では、中央の2列が現在の状態を表している。最高のシナリオが昇進で、最悪のシナリオが解雇になるが、それぞれのシナリオが職の安定性の要素ごとにプラスとマイナス、双方へ綱引きをしているのがわかる。現状は多くが最高のシナリオへ寄っているが、「顧客との関係」と「創造性」の2つは最悪へと引っ張られている。
　現状を最高のシナリオの側へ動かす方法は3つある。

1．「強み」を最大限に伸ばすこと。
2．「弱み」を最小限に抑えること。
3．ポジティブの力（要素）を増やすこと。

「実績」「同僚との仕事振り」「行動力」「リーダーシップ」「仕事への献身度」といったポジティブの力をさらに強化したい。
　そして「弱み」を最小限に抑えるには、改善すべき課題として捉え直すといい。
「どんな方法で顧客との関係を改善できるだろうか？」
「どんな方法で創造性を伸ばせるだろうか？」

最終的には、新たなポジティブの力を増やし、ネガティブの力をさらに弱めることができるようになる。例えば報告書を書くといった新しいポジティブな要素に取り組めば、その力を「プロ／コン」分析にも活かすことができる。

肝心なのは現状に取り組むこと。太陽にさらして置いた粘土の瓶(かめ)はいつまでたっても粘土のままだ。磁器になるには、かまどの熱で焼かなければならない。「プロ／コン」発想法を使うと、粘土部分にあたる課題をしっかり見据えることができる。しかし最高のシナリオを実現するには、行動に移すことが必要だ。

ある企業が大口取引を獲得する可能性について考えてみよう（図25）。最高のシナリオは契約の成立、最悪のシナリオは受注の失敗を意味する。

ネガティブの力（要素）は、
- 競争相手の製品がより良質だと思われている。
- 価格は自社製品が高額。
- 営業が下手。
- 顧客との関係に改善余地がある。

ポジティブの力（要素）は、
- 競合他社よりも自社製品のほうが良質。
- 顧客は製品を本当に必要としている。
- 当社の顧客には購買力と購入準備がある。
- もち上がった不満は対処して解消した。

この会社の選択は、
1．既存のポジティブの力をさらに強化する。
2．ネガティブの力を解決すべく課題として捉え直す。
例えば、

(図25)

ベストシナリオ (契約成立)	プラス（＋）	プロ／コン 課題：大口取引獲得の可能性は？ マイナス（－）	ワーストシナリオ (受注失敗)
優秀	←製品		劣った
劣っている		競合製品の評価→	優秀
最低額	←顧客ニーズ	当社価格→	最高額
高い	←顧客からの必要度		ほとんどなし／ゼロ
高い	←顧客の予算		低い
購買能力			購買能力のなさ
上手		プレゼンテーション能力→	下手
対応に成功	←顧客からの要望		対応に失敗
顧客からの好感		顧客との関係性→	顧客からの不興

「どんな方法で自社製品のほうが優秀であると認めてもらえるだろうか？」

「どんな方法で価格に見合うだけの価値を製品に付与できるだろうか？」

「どんな方法で下手な営業を補えるだろうか？」

「どんな方法で顧客との関係を改善できるだろうか？」

3．顧客サービスや一括ローン、取引獲得に役立つサポート人材を雇う等、ポジティブの力（要素）をさらに増やすこと。

「強み」を最大化させるとは、前に出てパンチを一発かますことであり、巧みなフットワークが「弱み」を最小化する。スティーヴ・ジョブズとスティーヴ・ウォズニアックがアップルコンピュータを創った経緯を見てみよう。1976年、2人の一番の「強み」はパソコンのデザイン。逆に「弱み」は資本金がゼロであったことだ（2人

の全財産は1300ドルだった）。
- ジョブズが「強み」を最大化したのは、ユニークなデザインを武器に、まだ未完成のコンピュータ50台をコンピュータホビーショップのチェーン店に売り込んだことだった。
- 未完成のコンピュータを売った実績から部品を掛けで購入することに成功し、彼は「弱み」を最小化した。
- さらに最初に売れたコンピュータ600台の儲けで後に大成功を収めることになるアップルⅡの製作に取りかかり、彼はポジティブの力（要素）を増やした。

アップル社は1980年の終わりに株式を公開した。そして3週間後に、株価はフォードを上回った。

▶▶▶ サマリー

昔、ある男が死んだ。気がついてみると地獄に来ていた。天国への道は巨大な山によって遮られていた。地獄にいることに腹を立てていたものの、この状況を変える手だてはなかろうとあきらめ、仕方なく永劫の苦痛に身を任せていた。彼は山に車輪がついていることなど思いもよらなかった。天国へ行くには、ただ山を脇へひょいと動かせばよかったのに。

解決すべき課題の中でどんな力が働いているかがわかってしまえば、課題も車輪のついた山と同様に克服可能になる。取るべき道は二つに一つ。選択を自ら狭め、妥協してネガティブな要因と一緒にいるか、ネガティブ要素の位置を動かしてしまうか、だ。

第10章

Idea box

パラメーターを設定する
「アイデア・ボックス」発想法

「戦勢は奇正に過ぎざるも、奇正の変は勝げて窮む可からざるなり」　孫子

　ポーカーで最高の手はストレートフラッシュだ。欲しいカードは手放さず、いらないものは捨てて、カードをいくらでも引いてよいとなったら、いつかは必ずストレートフラッシュができる。一組5枚のカードの組み合わせは膨大な数になる。手にする組み合わせが多ければ多いほど、勝ち手になる可能性が高くなる計算だ。これが「アイデア・ボックス」発想法の基本的な考え方になる。

　「アイデア・ボックス」発想法はフリッツ・ツビッキー博士による「形態学ボックス」をモデルにしている。課題に内在するさまざまなパラメーターを機械的に組み合わせて新しいアイデアを生み出す発想法だ（この項でパラメーターとは特性、要素、変数、局面を意味する）。課題に応じたパラメーターの数と種類を選ぶ。重要なことは、まずパラメーターを書き出し、次いで各パラメーターに対するバリエーションをリストアップすることになる。

　パラメーターとは、言わばトランプの同じスート（ハート、スペード、クラブ、ダイヤのマーク）のことだ。バリエーションとは同じスートで数の違うカードと考えてくれればいい。バリエーションの組み合わせをいろいろ変えることにより、新しいアイデアがいろいろ生まれてくる仕組みになっている。

【やってみよう！】Blue print

1. 課題を詳細に記述する。
2. 課題のパラメーターを選ぶ。あるパラメーターを加えるかどうかを見極めるには、「もしもこのパラメーターがないとしたら、果たしてこの課題はそもそも存在するだろうか」と自問してみること。
3. バリエーションをリストアップする。個々のパラメーターの下に、できる限りのバリエーションをリストアップする。パラメーターとバリエーションの数でアイデア・ボックスの複雑さが決まってくる。

   例えば10個のパラメーター、個々のパラメーターにそれぞれ10個のバリエーションが入っているとすると、可能な組み合わせの数は100億個にものぼる。
4. さまざまな組み合わせを試してみる。アイデア・ボックスが完成したら、パラメーターとバリエーションにざっと目を通し、各パラメーターの列からバリエーションをひとつずつ選んで組み合わせていく。

   組み合わせはいくつもできる。アイデア・ボックスの中で可能な組み合わせをすべて検討し、その組み合わせが課題にどのような影響を与えるかを考えていく。パラメーターが10個以上入っているボックスを検討する場合には、まずボックス全体から無作為に選んで、それから徐々に役に立ちそうなものに絞り込んでいったほうが賢明だろう。

▶▶▶ 新しいランドリーバスケット

現状：私はランドリーバスケットメーカーの販売部長をしている。市場は飽和状態にあり、会社は顧客の目を引く新しいデザインを求めている。私に課せられた課題とは、「どんな方法でランドリーバスケットのデザインを改良できるだろうか？」

説明：ランドリーバスケットを分析し、その基本パラメーターをリストアップする。4つのパラメーター（材料、形状、仕上げ、置き場所）について考えることにし、各パラメーターに対して使用するバリエーションの数は5つとする。

アイデア・ボックス：一番上にパラメーターを置き、各パラメーターの下部にバリエーション用の枠を5つ設けておく。続いて、パラメーターに沿って問いを投げかける。
- バスケットを作るのにどんな「材料」を使えばよいだろうか。
- バスケットの「形状」にはどんな可能性があるか。
- バスケットにはどんな「仕上げ」をほどこしたらよいだろうか。
- バスケットの「置き場所」はどこか。

各パラメーターごとに5つのバリエーションをリストアップする。

考える：次の段階は1つ以上のバリエーションを無作為に選んで組み合わせ、新たな可能性を引き出すことだ。無作為の組み合わせから、新しいアイデアや解決の糸口が見つかることがある。アイデア・ボックス全体にざっと目を通してみると、パラメーターとバリエーションの中から1つの組み合わせができ、それがきっかけで新しいデザインのアイデアがひらめく。

(図26)

課題：ランドリーバスケットのデザインを改良する

	材料	形状	仕上げ	置き場所
1	枝編み細工	正方形	自然	床置き
2	プラスチック	円柱	彩色	天井吊り下げ
3	紙	長方形	透明	壁付け
4	金属	六角形	反射	地下室の入口
5	網	立方体	ネオン	ドア掛け

アイデア 網素材、円筒形、彩色あり、ドア掛け、を組み合わせてランドリーバスケットのアイデアを思いついた。長さ約40インチのバスケットボールネット型の網で、円筒形のリング付き。ドアに装着できるよう裏に板がついている。子どもたちは汚れ物をバスケットボール感覚で投げ入れることができる。満杯になったら、紐を引っ張れば洗濯物が簡単に落ちる。

各パラメーターに対して5つのバリエーションがあれば、組み合わせは3125通りが可能になる。そのうち有効なものが10％しかなくても、新しいアイデアは312個あることになる。理論的には、完璧に作られたアイデア・ボックスには課題に対処する解決策が全て入っていることになる。だが実際には重要なパラメーターやバリエーションが抜け落ちてしまうこともある。抜け落ちに気づいたらそれも加え、パラメーターやバリエーションをもう一度組み直せばいい。

新しいアイデアや発明とは、すでにある、一つひとつの情報の断片を新たに組み合わせたものにすぎない。アイデア・ボックスが既存の情報を収集して新しいパターンに組み換えてくれると、ひらめきが起こり、どこからともなくアイデアが降って湧いてくる。アイデアが出てきたなら、初めて魚を釣り上げた子どものように誰でも思わず莞爾と微笑むことだろう。

▶▶▶ 洗車場の新しいビジネス展開

　その洗車場のオーナーは厳しい時代を迎えていた。生き残っていくためには新しい市場、新しいアイデアが必要だった。彼は「洗う」を分析し、「洗う方法」「洗う対象」「使う道具」「販売する商品」、この4つのパラメーターを使って考えてみることにした。

　最上段に4つのパラメーターを置いたアイデア・ボックスを作り、それぞれ5つのバリエーションをリストアップ。各パラメーターからランダムにアイテムを選び、結びつけて新しいビジネスを探ってみた（図27）。

（図27）

課題：洗車場の新しいビジネス展開

	洗う方法	洗う対象	使う道具	販売する商品
1	フルサービス	自動車	放水器	関連商品
2	セルフサービス	トラック	コンベヤー	ノベルティ
3	手仕上げ	家	ブース	本の安売り
4	移動式	衣服	ドライヤー	食品
5	コンビネーション	犬	ブラシ	タバコ

　「セルフサービス」「犬」「ブラシ」「ブース」「放水器」「ドライヤー」そして「関連商品」が混じり合って、愛犬を洗うビジネスのアイデアを思いついた。

　アイデア　入り口から腰の高さにあるペット用洗濯スペースにつながっていて、飼い主はペットを水で洗う。無料で用意されたブラシで体を洗い、シャンプーをしてドライヤーで乾かす。加えて、シャンプーやトリートメントといった犬関連のオリジナル商品を販売する。ペットの飼い主は自動車をフルサービスで洗車してもらっている間にペットを洗うことになる。

課題を解決しようとしているときであっても、課題を構成するいろんな要素を１つのつながった全体像として見なしてしまい、要素間の明確な関連を無視してしまうことになりがちだ。そうなると、要素のつながりはほとんど見えなくなっている。

しかし、その見えにくい関係が我々を新しいアイデアへ導いてくれる。全体を部分に分け、つなぎ合わせる「アイデア・ボックス」発想法を使えば、要素間のつながりをはっきり可視化することができる。

▶▶▶ 書籍のマーケティング

ある出版社がオーソドックスなスピーチのノウハウ本を出版したが、売れ行きは惨憺たる結果だった。この本の画期的な売り方を見つけようと決意し、書籍の販売市況を分析した結果、「パッケージ」「流通」「販売促進／プロモーション」「販売方法」のパラメーターを選択した。バリエーションを10個ずつリストアップし、新しいアイデアに出会うまで、いろいろな組み合わせを試してみた。

パッケージもマーケティング機能の１つとして組み込み、書店以外の小売店での取り扱いや、新聞紙上でのパブリシティ、直接販売などの可能性を考えた（図28）。

> **アイデア**　厚い紙製の缶詰の中に、スピーチの例文を巻物として収める「スピーチの缶詰」と名づけられた新商品は、普通の小売店ばかりかオフィス事務用品の店でも売れた。それから斬新なパッケージについてのニュースリリースを作成し、大手新聞社数社に送ったことが大量のパブリシティ記事につながった。ありきたりのスピーチ集がすばらしいベストセラーに生まれ変わったのだ。

(図28)

書籍マーケティングを考えるアイデア・ボックス

	パッケージ	流通	販売促進／プロモーション	販売方法
1	ハードカバー／ソフトカバー	従来の書店と取次会社	広告	直販部隊
2	CD-ROMなどのディスク	他の出版社と一緒に売る	書評	ダイレクトメール
3	他商品とのセット	展示会やイベント会場で販売する	トークショー	特売：賞品とインセンティブ
4	季節別の装丁	コンピュータ・ショップ	チラシ／クーポン	テレマーケティング
5	ギフト用アイテム	他の小売店	原作本のある映像ソフト	戸別訪問販売
6	単刊／シリーズ刊	チェーンストア	チャリティとの抱き合わせ	セールスレップの起用
7	飛び出す仕掛けや抜き型加工をした本	消費者への直販	新聞でのパブリシティ記事	学校と図書館への販売
8	書見台のようなモノが付いている本	関連商品のメーカーを通じて売る	セミナー／ワークショップ	セールスキット
9	ドアストッパーのような何かの役に立つ本を作る	自社販売	期間限定のディスカウント	著者関連
10	新しい広告メディアになる本	ホームパーティで売る	コンテスト	海外への版権販売

▶▶▶ サマリー

　詩作をしていると、自分の言いたいことを特定の形式に合致させる必要に迫られ、想像力を働かせて別の言葉を探さなければならないことがある。最初のアプローチをやめて、別のやり方を選びながら、言葉を絶えず新しい創造的な方法で並べ替えようとする試みだ。
　合わせる必要のある形式が、新たな意味を発見する助けとなり、言いたいことの核心を見つけ出すための刺激になる。

シェイクスピアが戯曲に多くの含蓄を込めることができたのも、戯曲が散文ではなく、無韻詩（ブランクヴァース）で書かれるからであり、ソネットの美しさも14行に制約されているからこそだ。

解決が迫られている課題もアイデア・ボックスの形式に合わせて書いてみると、詩作と同じく簡潔で凝縮されたものになる。結果、新しいつながりや意義が見つかるし、簡潔になることで生まれるギャップを埋めて全体を理解するには想像力の飛躍が不可欠にもなる。

パントマイム役者が犬を連れた男の役を演じているところを想像してほしい。演者の腕はまるで革ひもを握っているかのようにピンと伸びている。彼が腕をぐいと引っ張ったり引っ張られたりするたびに、犬が革ひもを引っ張ってはあちこち臭いを嗅ぎまわっている様子が"見える"。

犬も革ひもも存在はしないけれども、舞台上で最もリアルなのは犬と革ひもだ。アイデア・ボックスを使えば、パントマイム役者と彼の腕のようなつながりが見えてくるかもしれない。そのつながりが想像力に刺激を与え、見えない犬と革ひものようなギャップを埋め、新しいアイデアの創造へと通じていくことになる。

第11章

Idea grid

ポジショニング・マップ
「アイデア・グリッド」発想法

「昔(いにし)えの善く戦う者は、先ず勝つ可からざるを為して、
以て敵の勝つ可きを待つ」　孫子

　空中にコインを投げれば、必ず床に落ちる。ある法則が存在しているがゆえだが、その法則が働いた結果としての全体ではなく、分離分割して初めて、ものごとは理解できる。人間には、秩序を求めるがゆえに、本来は個別に発生しているものごとを大きな法則や秩序の中で捉えようとしがちだ。

　下の図29に引かれた2本の平行線は、ほぼ同じ長さだけれども上の1本が長く見える。

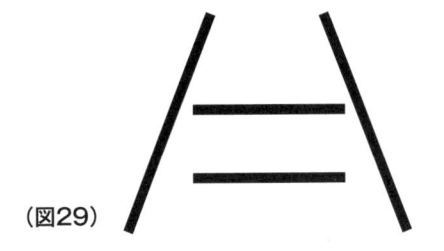

（図29）

「ポンゾの錯視」として知られるこの錯覚が起こる理由は、人間には見たものを全体として理解しようとする傾向があるからだ。経験上から縦に伸びる線を遠ざかる線路のように捉えてしまう。本当に実在するものを理解しようとしたら、1本1本の線をそれぞれ個々の事象としてじっくり調べてみなければいけない。
「それはいいビジネスモデルだ」「それは堅いマーケットだ」などと言いがちだが、ビジネスはパーツから成り立っている。チャンスを捉えるにはビジネスを構築している個々の事象に目を向け、事象

同士の関連性を理解する必要がある。それを可能にしてくれるのが「アイデア・グリッド」発想法だ。

【やってみよう！】Blue print

「アイデア・グリッド」発想法は、いわゆるFCBグリッドをベースにしている。複雑で大量の情報を圧縮できる強力なツールだ。世界的な広告会社フット・コーン＆ベルディング（FCB）社の研究開発部長であったリチャード・ボーンが1978年に開発してくれた。その特徴は対象となる商品を2つの軸で分類することにある。

	思考	感覚
高い関与	1	2
低い関与	3	4

（図30）

- 高関与型商品：自動車やセーリング・ボートなどの高額商品
- 低関与型商品：日用品などの比較的低価格な商品
- 思考型商品：言葉、数値、分析、認識に関連する商品で、購入に際しては情報や資料が求められる。自動車、セーリング・ボート、コンピュータ、カメラなど。
- 感覚型商品：消費者の情緒的な欲求や願望に訴える商品。旅行や美容、化粧品など。

商品・サービスと潜在的市場を調査してグリッド上に載せてみよう。生命保険ならば左上の高関与×思考型のゾーンに入り、殺虫剤なら低関与で感覚的な右下のゾーン、毎日身につけるアクセサリーならば右上に収まるだろう。

> 商品が置かれるポジションが決まれば、アイデアを生み出すための強力なベースを手に入れたことになる。グリッドを見て状況がすぐに理解できるのは、直感的な視覚言語が使われているからだ。この感じは初めて海を見た経験と似ている。1ヶ月もかけて学習などしなくても、つまり何も教えられなくても、海がどれほど大きいかは初めて見た瞬間にわかってしまうものだろう？

「アイデア・グリッド」発想法で可能になるのは、
- 市場の弱点を特定すること。
- 新商品の需要を予測すること。
- 広告戦略を立てること。
- ビジネスや商品マーケティングのリポジショニングを行うこと。
  - 競合商品にぶつける
  - 競合商品と対極に位置づける
  - ポジショニングはそのままに、消費者の認識を変える　など。

アイデア・グリッドを使う際に気をつけたいポイントは、分析を常にシンプルに、説明するにしても数行レベルにしておくこと。グリッドが複雑に過ぎたり、内容を伝えるのに時間がかかるようでは、グリッドは存在意義を失う。

グリッドを1本のロープにたとえて考えるといい。縛る物がある場合にのみ存在意義がある。

▶▶▶ アイデア・グリッドから発想する

風船は中に空気が詰まった、隙間のない連続する「膜」だと考えられているが、顕微鏡で風船の表面を見てみると、連続体ではないことに気づかされる。それどころか本当は穴だらけ。風船とは、表面上の穴が非常に小さいために空気の分子が逃げない「網」だ。事

実「隙間のない」「連続的」なものは、そもそもこの宇宙には存在しない。

　完璧な企業や抜け穴のない市場など存在しないし、そもそもビジネスにおいて完璧、はありえない。新しいアイデアを得る唯一の方法は、市場や業種、ビジネスの抜け穴を突き止めることだ。「アイデア・グリッド」発想法を使えば、簡単にできる。

　ある大手の出版社がこんな課題に直面していた。「どんな方法で４歳から12歳の子どもを対象にしたユニークなガーデニングの本を出版できるだろうか？」

　メンバーはまず、いつものように競合する大手６社をリサーチの対象とし、調査やアンケートを行ったり、販売記録を調べたりした。その結果、ほとんどの子ども向けガーデニング本は、基本的には手頃な値段で単純かつ挿し絵の多い教育的な本であることがわかった。彼らはアイデア・グリッドを描き、６社の本をすべて「低関与×思考型」として位置づけ、左下のゾーンの中でさまざまなレベルに分けて置いてみた（図31）。

　アイデア・グリッドを検討した結果、基本的なポジショニングを決めた。
- 低関与×思考型：他社の既存本と競合するポジション
- 高関与×思考型：百科事典などレファレンス系の本
- 高関与×感覚型：美術全集や、高価な物がセットになった本
- 低関与×感覚型：ぬり絵、比較的廉価な物をセットにした本

　すべての可能性を検討した後、その出版社は右下（低関与×感覚型）のゾーンを狙っていくことにした。「アイデア・グリッド」で市場の抜け穴を探しているうちに、水を張った器に１輪の花が突然現れたように、探し求めていたアイデアがパッと浮かんできた！

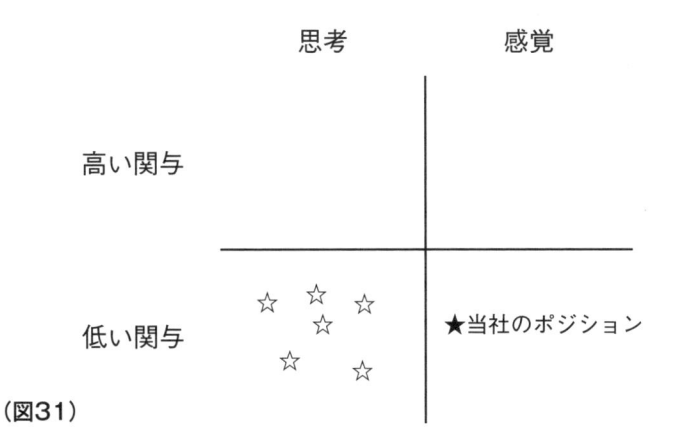

```
              思考            感覚

  高い関与

                              ┼

                       ☆  ☆  ☆
  低い関与         ☆         ★当社のポジション
                       ☆
                    ☆    ☆
（図31）
```

> **アイデア** 『野菜スープの育て方』と題したぬり絵帖。この本は、まず美味しい野菜スープの説明を行ってから、実際に野菜作りを読者に体験させる仕掛けになっている。種蒔き、水やり、草取り、収穫、そして最後にスープ作りと試食にいたる流れだ。この本はベストセラーになった。

▶▶▶ アイデア・グリッドでアイデアを落とし込む

　想像力や努力があってこそ、新しいアイデアが生まれる。競合に勝つためのエッセンスとは差別化だ。競合相手とは違う、よいものを創り出すことにある。とはいえ、商品の機能的な差別化ができていても、顧客にとっての商品の使い方を考えておかなければ販売につながらない。

　アップルコンピュータに例をとってみよう。信じられない成功の秘訣は製品の小型化や低価格にあったのではない。洗練されてはいるが、おもちゃのようにも見えるハードウェアを全く無名の会社から買った人がいたのはいったいどういう理由があったのか？　アップルには、IBMやデジタル・エクイップメント社、データ・ジェネラル社やプライム社より機能的に優れているところをアピールする

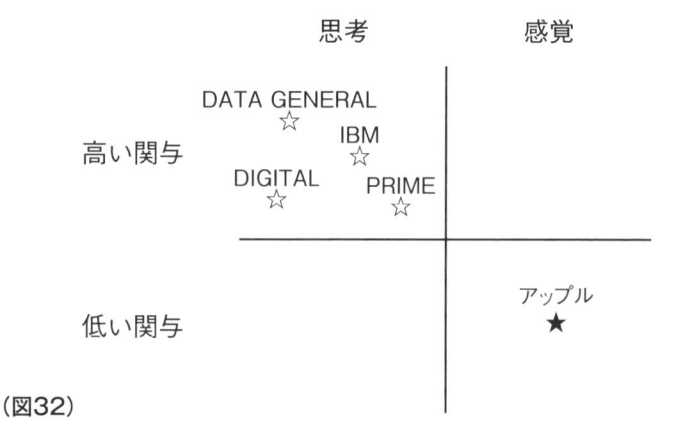

```
              思考              感覚
         DATA GENERAL
              ☆
高い関与          IBM
              ☆
         DIGITAL   PRIME
           ☆      ☆
                    │
────────────────────┼────────────────────
                    │
                    │     アップル
低い関与             │       ★
                    │
```

（図32）

手だてが全くなかったが、コンピュータの使い方についてアイデアを持っていた。

　まず、彼らはコンピュータの市場をグリッドに落とし込んでみた。アップルの鋭いところは、大企業の競合が群がっている左上のゾーン（高関与×思考型）に自社を位置づけることを避けたことにある。このゾーンで大企業に競争を挑んでいたら、ピラニアの群れを相手に水球の試合をするようなことになっただろう。

　アップルは自社商品をミニコンピュータやマイクロミニコンピュータと呼ばず、大企業と同じ土俵に立つことをしなかった。全く違うポジショニング、すなわち競合からできるだけ遠く離れた低関与×感覚型のゾーンに自社を位置づけ、マーケティング戦略を展開した。その戦略では特にこんな点を重視した。
- コンピュータの専門家よりも一般の人を対象にした、全く新しいタイプのコンピュータであること。
- ミニコンピュータではなく「パーソナルコンピュータ」というコンセプト。
- 全く新しい世代のコンピュータであること。
- ユーザーにとって使いやすいこと。

アップルが目指した低関与×感覚型の市場は、当時としては一か八かの賭けだった。おもちゃのような一般向けパーソナルコンピュータに需要は本当にあったのだろうか？　それはあった！　想像力を駆使したポジショニングによって、創業者たちはアイデア・グリッド上に"見えた"市場を獲得し、何十億ドルもの利益を上げることになった。

▶▶▶ サマリー

「アイデア・グリッド」発想法は、マーケットという危険な海のナビゲーターである。この海は単調でもなければ、きれいなものでもない。言ってみれば、解読を必要とする暗号だ。グリッドは読み方次第ですべてを教えてくれるか、何も教えてくれないかのいずれかだ。正しく読みさえすれば、霧の中から安全な港が現れるように、発見があるだろう。

第12章

Lotus blossom

視野を広げる
「マンダラチャート」発想法

「地形とは、兵の助けなり」　孫子

　こんなおとぎ話がある。ある日、1匹のカエルが井戸から顔を出して「自分ほど幸せな生き物はいないだろうな」とウミガメに自慢した。「なにしろ泥水の中に潜ったり浮かびあがったりできるし、まわりに住んでいる小エビやオタマジャクシよりもずっと自由に動き回れるんだから」。井戸の中に降りてきて自分の目で見てごらんよ、とカエルはウミガメを誘った。

　ウミガメは誘いを断り、逆に井戸の外に広がる光景を自慢した。「海の広いことといったら、千マイルなんて距離じゃないよ。それに深さときたら、誰にも測れないほどさ」。ウミガメは言った。「細い井戸の出口からしか空を見ていないなんて、悲しいことだな」。カエルは圧倒され、井戸の中に住む自分の視野がどれほど狭いかを思い知らされたのだった。

　ある意味、我々もこのカエルと一緒ではないだろうか？　組織内にある各部門はそれぞれ別の井戸のようなもので、人は自分の井戸からしか見てはいない。バイヤーは仕入れの井戸、人事部は人材の井戸に。組織全体がカエルさながらの視野で運営されている。そこには360°に広がる視界などは、ない。

　さまざまな問題を、海のように広い視野で見るべきだ。有意義なアイデアを生み出すためには目標やテーマ、サブテーマを知らなければならない。そうした広い視野をわかりやすく図で表してくれるのが、日本にあるクローバ経営研究所の松村寧雄が開発した、独創的なマンダラチャートのテクニックだ。

▶▶▶ マンダラチャート

　問題点やアイデアを起点にして、思いついた考えを周囲に展開していく「マンダラチャート」発想法は蓮の花のようになる。蓮の中心部を取り巻く花弁、つまり考えるべきテーマが1枚ずつ広がっていき、重要な要素やサブテーマがあらわになっていく。課題が明確にされるまで、蓮の花を広げるようにこの手法を進めていくことになる。いろいろな視点から明らかになった課題の一群には、多くの可能性が含まれている。

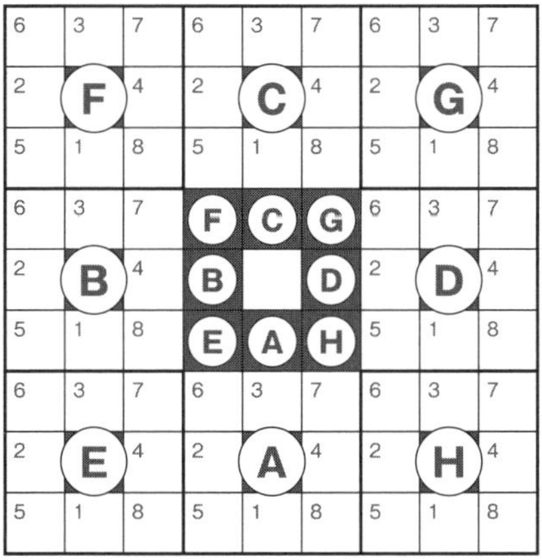

（図33）

【やってみよう！】 Blue print

1. マンダラチャートの図を作成し、中心に問題点やアイデアを書く。
2. その中心部を囲む円の中に課題を構成する重要な要素やテーマを書き込み、AからHまでのアルファベットをふる。円の数は6つから8つぐらいが最適だろう。8つ以上になるようなら、追加で別の図を作る。
最初にどんな要素やテーマを書くかを決めやすくするには、こう自問してみるといい。「具体的な目標は何だろうか？」「問題点の中に常にあるものは何か？」

> 「もしこの課題が1冊の本だとしたら、各章の見出しはどんなものになるだろう？」「この問題の特徴は何か？」
>
> 3．最初に書いた円に書かれたフレーズを、蓮の花弁のように周囲を囲んでいるマス目の中心として用いる。図33でいえば、Ａの円に書かれたフレーズ（アイデアや解決法など）が、一段下にあるＡを中心とした８つのマス目、その中心となる。ＡからＨまでの花弁を開けたら、８つの新しいアイデアや解決法が生まれる基礎ができたことになる。
>
> 4．マンダラチャートの図がすっかり埋まるまで、この手順を続けよう。新しい８つのマスに、さらに課題を分解したりアイデアを書き出したりしていく。

　自社の生産性を上げたり、コストを削減したりして、組織としての付加価値をもっと高めたいと考えているとしよう。マンダラチャートの一番中心に「付加価値を増やす」と書く。次に、中心を囲むように、ＡからＨまでのアルファベットを振った円を描く。そして付加価値を向上させられそうな要素を、８つ記入する。さらに、もう一段外側にある８つの円（マス）にＡからＨのアルファベットを振り、はじめに記載したＡ〜Ｈと同じ要素を書き込む。

　これで、外側にあるＡからＨを中核にしたマス目は、中心を囲む８つのマス目と結びついた主要なテーマや課題、あるいはアイデアを表していることになる。図34の中では、Ａが振られた２ヶ所に書かれた「テクノロジー」が考えるべきテーマとしてリンクしていることになる。

　拡げられたそれぞれのテーマに対して、付加価値をつけるための方法を８つ考えてみよう。ＡからＨまでの各テーマを自分への質問という形で考えるとやりやすくなる。

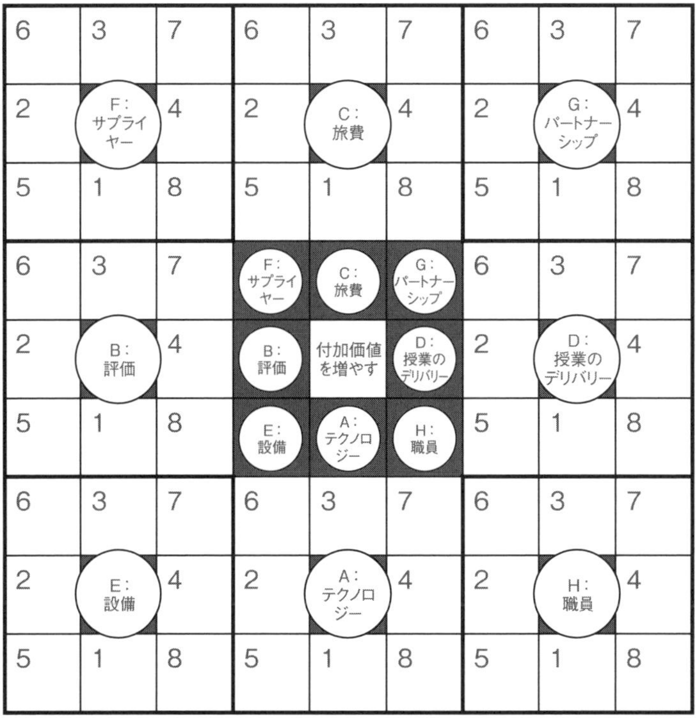

(図34)

　Aのテーマなら、「生産性を上げるために、テクノロジーをどのように使えばいいか？」「経費を減らすために、テクノロジーをどのように使えばいいか？」と自分に質問を浴びせる。
　すべてのマスが埋まったなら、付加価値を高めるための新しいアイデアや方法がのべ64個生まれていることになるだろう。

　「マンダラチャート」発想法では、あるアイデアが別のアイデアや解決法へと発展していく。この発想法は強力なものだし、アイデアには勢いよく外へあふれ出ていく性質があるからだ。マンダラチャートを使えば、相互に影響しあう各要素の全体像を追うことができる。アイデアは、頭の中でバラバラに浮かんでいるものではない。全体像や構成要素をすべて見ない限り、鍵となるそれぞれの結びつ

きや要素間の相互作用を見落としてしまうかもしれない。

　ある大学の理事会の一員を務めていたクリス・メッシーナは、大学の価値をもっと高めたいと望んでいた。彼女は「マンダラチャート」発想法を使い、こんなテーマを選び出した。「サプライヤー」「旅費」「パートナーシップ」「授業のデリバリー（配達）」「職員」「テクノロジー」「設備」「評価」。

　それぞれのテーマにそって、クリスは8つのアイデアを考えた。た「授業のデリバリー」のマスには、一般的な教養の質疑について他大学の学生とやり取りできるようにテレビ電話を使うアイデアを書き出した。
　彼女はさらに展開させて、「テレビ電話」のアイデアを別の課題として再びマンダラチャートをつくり、テレビ電話を利用して大学に付加価値を高めるアイデアをさらに8つ考えた。大学に採用されたアイデアの1つは、海外に住むネイティブスピーカーがテレビ電話を使って行う外国語の授業だった。
　他にも大学で開発中なのは、外部の専門家を招き、対話形式をとった電子工学のゼミを行うというアイデアだ。

▶▶▶ サマリー

「マンダラチャート」発想法は1つのテーマから互いに関連した別のテーマやサブテーマが生まれ、そこから新たなパターンが現れてくる発想法である。マンダラチャートを使うにあたって重要な点は、課題全体に対して反応するのではなく部分的に、いわば静止したスナップ写真として問題点を捉えられるようになることだ。また課題を構成する要素間の関係やつながりへの視野が広がることにある。

　一般的に、高いレベルの製品は不意に現れてくると考えられている。自動車は各種の部品がつながって、新たな特性が生まれたプロ

ダクトだ。

　もし1台の自動車をバラバラに分解し、すべての部品を積み上げて1つの山にしても、自動車という性質は消えてしまう。山と積まれた部品を機能に応じて組み立てていったなら、あるパターンが見えてきて、部品同士のつながりができてくる。そして最終的に自動車の特性を持った製品が考え出され、実際に作ることが可能になるかもしれない。

第13章

Phoenix

チェックリスト
「フェニックス」発想法

「夫れ未だ戦わざるに廟算して勝つ者は、算を得ること多ければなり」　孫子

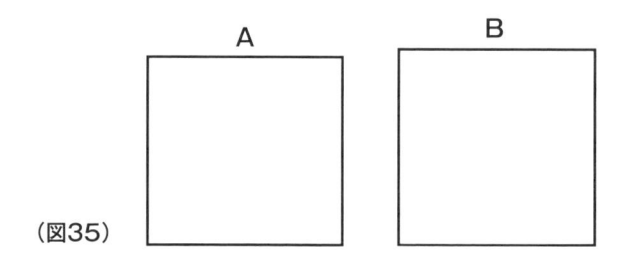

(図35)

　AとB、完璧な正方形はどちらだろう？
　ほとんどの人がAを選ぶけれども、間違い。正方形はBだ。人間には横線に比べ、縦線のほうを長いと感じる傾向がある。だから図形Aの縦線が横線と同じ長さに見えてしまう。

　こんな問いかけができていたら、正しい正方形を選べただろう。
- 正方形とは何か？
- どちらが正方形であるか、何を根拠に決めるのか？
- どちらが正方形であるか、目視で判断できるだろうか？
- 寸法を測るべきだろうか？

　問いかけることは、解決するべき課題への答えを推定していく役に立つ。質問は、思考をある方向へ導いてくれる。問われれば、答えを考えざるを得ない。的を射た問いかけは、考えるだけでなくアイデアを思いつくことにもつながっていく。

ピーター・フォーク扮する人気テレビ番組、刑事コロンボは犯罪を捜査するのに証拠を追うのではなく、容疑者と会話を交わし質問を浴びせることによって相手から話や説明を引き出した。コロンボ刑事は「自分には何もわからない、お手上げです」と言うだけで、何か手がかりがあれば教えてほしい素振りを見せる。ところが、そういう姿勢で質問を繰り返されると必ず容疑者はイラ立ち、最後には自ら墓穴を掘ってしまう。

　コロンボは、ひとつふたつの質問ではなく、次から次へと矢継ぎ早の質問攻めにあわせて事件を解決に導いていく。質問を１つだけしかしないのは、車輪を形作るスポーク１本だけから全部を理解しようとするようなものだ。車輪を作るには、中心部であるハブ、外輪であるリムばかりでなく、ハブとリムとを結ぶスポークが複数本必要になる。同じように、課題を理解するためには数多くの質問を投げかける。そのためのチェックリスト「フェニックス」を使ってみよう。どの状況でどんな質問をすればよいのか、頭ではわかっているつもりでも、いざとなると出てこない。課題が簡単に解決できる場合を除いて、どんな質問をするべきなのか、あらかじめ用意しておく必要がある。

　「フェニックス」とはCIAが開発した、質問のチェックリストで、諜報部員が直面する課題をさまざまな視点から捉えられるように作られた。「フェニックス」を使えば、課題を"モノにした"も同然だ。課題をひっくり返したり、下から覗いてみたり、視点を変えたり、別の位置に置いてみたりしながら解決策を考えることで課題を掌握できるようになっている。

　雛形として「フェニックス」のチェックリストを使いながら、さらによい質問があったら、それを自分オリジナルのチェックリストに加えておこう。的を射た問いであれば、コロンボ刑事のように課題を解決できるだろう。いくつかの問いかけをしておいて、突然す

べてを一挙に逆転させるような質問をするやり方がコロンボ流だ。うまくできれば、課題は「コロンボ的解決をみた」と言ってもよいだろう。

【やってみよう！】Blue print

1. 課題を書く。取り組みたい課題だけに絞って考えよう。ひとつだけを一定期間、こだわって考え続けてみる。
2. 問う。「フェニックス」のチェックリストを使って、できるだけ多くの視点から課題を細分化、分離する。
3. 質問への答えを記録する。評価や分析に関して必要な情報、解決策、考えを書いておく。

▶▶▶「フェニックス」チェックリスト

1)「課題」編

- なぜ問題を解く必要があるのか？
- 問題を解くことのベネフィットは何か？
- 知らないことは何か？
- まだ理解していないのは何か？
- すでに得た情報は何か？
- 課題ではないものとは何か？
- 手持ちの情報で十分か？ 不十分？ 過剰ではないか？ 矛盾点はないか？
- 課題を図表にすべきか、それとも図解にすべきか？
- 課題のどこに境界線を引くか？
- 課題をバラバラに切り離せるか？ 書き表せるか？ 部分同士の関係は？
- 課題の中で不変な（変化しない）点は何か？
- この課題を以前にも見たことはないか？
- この課題を多少違った形で見てみたことはないか？

- 似た課題を知らないか？
- 全く同じ、あるいは似ている未解決部分がある類似した課題はないか？
- 解決済みの過去事例はないか？　それは使えないか？　その解決手段は使えないか？
- 課題を言い換えられないか？　何通りに言い換えられる？　抽象化？　もっと具体化？　言い換え方そのものは変えられないか？
- 想像できる最高のケースは？　最悪だと？　最もありそうなケースはなんだろう？

2)「解答」編
- 課題全体を解決することができるか？　一部分なら？
- どんな解決像を望むのか？　その姿を描けるか？
- 未知の部分がどれほどあるか、がわかるか？
- すでに得た情報から有益なヒントを引き出せるか？
- 情報は全て使い切っているか？
- 課題にとって大事な要素は全て考慮に入れたか？
- 課題解決のプロセスを段階ごとに切り離せるか？　それで妥当か判断できるか？
- アイデアを出すためにどんな発想法を使えるか？　いくつの発想法を知っている？
- 結果を想定できるか？　多くのバリエーションを考えられるか？
- どれくらい多彩なアプローチで課題解決を試みたか？
- 他人は何をした？
- 解決方法を直感できないか？　結果を検証できないか？
- 何をすべきか？　どうやってやるべきか？
- どこで行うべきか？
- いつ行うべきか？

- 誰が行うべきか？
- 今やるべきことは何か？
- 誰が何に対して責任を負うのか？
- この課題を利用して他の課題を解くことができるか？
- この課題の独自性を決定づけている特徴とは何だろう？
- どんな指標が、進捗の度合いを最もよく示すだろうか？
- いつ成功するのか、どうやったらわかるだろう？

「フェニックス」を使って、「ギリシアクロスの難問」として知られている課題を解いてみよう。テーブル上に、図36のようにコインを10枚並べる。コインを2枚だけ動かして、縦、横いずれの列のコインも6枚にしてほしい（答えは142ページ）。

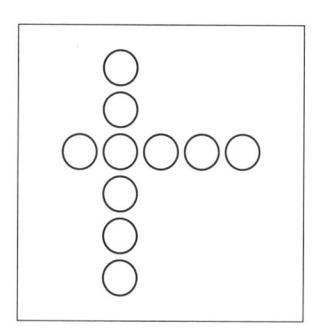

（図36）

「薔薇」を美しい女性や楽しい女主人、死んでしまった友人へ贈るための赤、ピンク、または白い花である、と定義づけたとしよう。花の要素はたくさんあっても「薔薇」と1つの名前で説明されてしまうと、好奇心が持てなくなる。しかし一連の質問を重ねていくと、薔薇についてもっと語ることができる。成長の仕方、棘があること、花の咲く様子、香りについて、さらに人間は薔薇をどう利用してきたか、あるいはすばらしい花束に束ねて使うには……いくらでも説明できる。

どんな物でも名称や説明を1つに決めてしまうと、好奇心は失われ、想像力は制限されてしまう。とある鉄鋼メーカーもそうだった。

経営者たちは自社の複雑な業態を「大きな鋼板を製造する」そして「一貫して行う生産方式」と決めつけてしまったために、何年もの間、非効率な事業運営に苦しんでいた。この構造を変えたのは、若手グループが問いただした一連の質問だった。

　製鋼の一貫生産方式は1870年代に開始されて以来、ずっと膨大なコストがかかっていた。鉄鉱石の段階から4回も高温にさらし、その都度温度を下げる他、大量の金属を遠隔地まで運ぶ作業が必要となるのがその理由。鉄鋼業唯一の黄金時代は戦時中。アメリカが大儲けした時代だった。
　若い管理職からなるグループが製鋼工程の一つひとつに疑問をぶつけていった結果、一貫生産方式は経済の基本原理から外れていることに気づいた。
　1970年代初頭から伸び続けた鉄鋼需要に対応するために、工場には新しい設備の導入と大規模な投資が必要となっていた。しかし需要の伸びはわずかで、設備拡張を行っても工場の新たな生産能力に見合うまで需要規模が拡大しなければ利益は出ない。もし設備投資をしなければ顧客を失ってしまう。鉄鋼業においては、注文を期日通りに納入できないと顧客は待ってくれないからだ。
　この選択を迫られたとき、各社は設備投資を選んだ。したがって利益が上がったのは市場の需要が生産能力に達したときにとどまっていた。しかも再び需要が生産能力を上回ったときには、工場は再投資を余儀なくさせられることになる。この構造を発見できたことが解決策を導いた。

> **アイデア**　検証を重ねていたグループは、永久に拡張し続ける巨大な「一貫生産方式工場」から「ミニ工場」への移行を提言した。最終的な利益は一貫生産方式と全く同じだが、コストだけが大幅に低く抑えられる。ミニ工場の建設費は大規模工場の10分の1で、熱を加える工程は1回で済み、その熱を冷却する必要もない。そして工程の始まりを鉄鉱石からではなく、鉄くずから始め、最終工程でビームやロッドといった棒状の納品

第13章

物を生産する。

　ある役員曰く、「若手管理職たちが正しい問いを発してくれなかったら、我々は未だに昔ながらのやり方で鉄鋼を造っていたであろう」

▶▶▶ サマリー

「ギリシアクロスの難問」への解答を示そう。

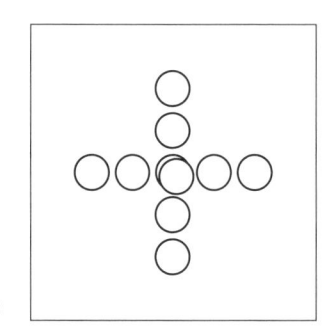

（図37）

　十字架の右端にあるコインを左の端へ動かし、下端にあるコインをクロス中央に位置するコインの上に重ねる。

　この種のクイズはコインをあちこち動かしてみると解けるものが大半だが、この問題に限っては三次元で考えなければ解けないようになっている。

「フェニックス」の質問項目から役立つものは
- 課題のどこに境界線を引くか？（三次元で考えてはいけないことはない）
- 似た課題を知らないか？（47ページ／9つの黒点問題）
- 解決方法を直感できないか？（コインをあちこち動かしてみて二次元では解けないと気づけば、三次元で考えるきっかけになるだろう）
- この課題の独自性を決定づけているユニークさとは何だろう？（質量があるコインは、二次元的に移動させるだけでなく、三

次元的に重ねることもできる）

　課題を解決することは、綱渡りのようなものだ。ロープがたるみすぎていれば落ちるし、また張りすぎていても弾力が足りなくて落ちてしまうから、ロープを絶えず調節しなければならない。課題解決へとつま先立ちで歩くときは、質問を発することによって思考の糸を絶えず調整していくことが必要だ。

第13章

第14章

The great transpacific airline and storm door company

自らを見直す
「ビジネスドメイン・マトリクス」発想法

「三軍既に惑い既に疑わば、諸侯の難至る。是れを軍を乱して勝(かち)を引くと謂う」
孫子

　夜空の星は日に100万マイル以上のスピードで動いているけれども、そうとは気づかずに星を見ているものだ。木々が成長するのも見えないし、自分が日一日と年老いていくことにも気づかないでいる。時計の短針が動いているのもわからない。人間の思考態度は静的になりがちで、世の中の絶えざる変化を不快に感じやすく、時に本当に驚かされることもある。この現象はビジネスの世界にも当てはまる。同じように変化がないと思い込んでしまい、多くのビジネスが時代遅れ、過去の遺物になってしまっている。

　変化を嫌う企業は自社のビジネスの特質を見誤り、混乱を来すようになる。そういう企業は往々にして全ての人に全てのサービスを提供しようとして失敗する。

　仕事に役立つ新しいアイデアを思いつくには、仕事上のドメイン（領域）の現状把握、そしてあるべきドメインは何なのかをしっかり認識しておく必要がある。この２つを認識することによって初めて変化の激しいビジネスの世界を掌握することができるのだから。

▶▶▶ ビジネスドメインとは何か？

　企業の事業ドメインが何であるかを知ることは、一見すれば簡単明瞭であるように思える。鉄道会社であれば電車を走らせること、出版社ならば本を出すこと、自動車会社は車を製造すること、そんな具合にだ。ところが現実には「事業ドメインとは何か」の問題は

常に難問であると言っても過言ではない。正解は一目瞭然、などとはとても言えない。ベルテレホン社の例を見てみるとしよう。

　1800年代後半には、電話事業の業務内容は誰の目にも明らかなものであった。

　セオドア・ヴェイルは1890年、トップマネジメントを相手に「我々の仕事とは何でしょうか？」と大胆にも尋ねたばかりに、解雇されてしまった。彼が10年後に呼び戻されたときには、この質問に対する答えを出さなかった会社の結果が明らかになっていた。すなわち、事業ドメインを明確に位置づけずに事業展開していたベルテレホン社は深刻な経営危機に陥り、政府の管理に委ねられる寸前だった。

　セオドア・ヴェイルの答えは、「我々の仕事はサービスであって、電話機ではない」。この考え方は会社経営に画期的なイノベーションをもたらし、サービスに重点を置いた営業姿勢は社員教育と広告宣伝にも影響を与えた。また新しい財務方針にもそれは反映された。求められるときにはいつでもサービスを提供できる体制を整えること、必要な資本を集め、それに見合う収益を上げることが経営陣には求められるようになった。

　医療費を支払う企業は保険ビジネスを行っているのか、それともヘルスケア業種に属するのだろうか？　ガソリンスタンドと食料品店が一つとなった店はスーパーマーケット、あるいはコンビニエンス・ストア？　NFL（全米フットボール連盟）に加盟するフットボールチームのビジネスとはスポーツ？　それともエンタテインメントなのだろうか？

　自分自身、あるいは自分が属する企業が困難に陥るまで何もしないのはロシアンルーレットのような自殺行為だ。テレビ業界にも例がある。テッド・ターナーは既存の放送局に、市場を独占する時代は終わったことを見せつけた。随分と長い間、放送局の役員たちは

代わり映えのしない仕事をたがいに融通しあい、批判を聞き入れず、のらりくらりしていた。一方、ブラウン大学を中退したターナーは遺産を活用してケーブルテレビの放送局を設立した。これが大成功を収め、極めて大きな影響力を持った企業に急成長する。

彼が成し遂げた画期的なイノベーションの中には、ケーブルテレビ初の全国放送網であり、最も成功した放送局の1つであるCNN、ケーブルテレビチャンネルで最大の視聴者数を誇るエンタテインメント放送であるターナーネットワークテレビジョンがある。

大手の放送局は自分たちの事業ドメインが何か、そして何をすべきかを自問することを忘れてしまっていたが、ターナーはそうではなかった。自社の事業ドメインが何であるかをわかっていなければ、ビジネス界の食物連鎖の中で食べられる側に回ってしまうことになるだろう。

【やってみよう！】Blue print

1. 「自社のビジネスドメインとは何か」「自社ビジネスはどうあるべきか」を問う。自問することで、新しいアイデアのための着目点に集中することができる。
2. 扱う商材・サービス、参入する市場、提供する機能、活用するテクノロジーによって自社ビジネスを定義し、組み立てる。
3. 項目ごとに、そのビジネス上のキーワードをリストアップする。キーワードは商材・サービス、参入市場、提供機能、活用テクノロジーごとに書き表す。
4. 新しいアイデアを探すために、リストアップしたキーワードをさまざまに組み合わせ、結びつけてみる。

例えばビジネス書の出版社がビジネスドメインを問い直す際には、
　　商材・サービス：書籍
　　市場　　　　　：プロフェッショナル向けの書籍市場
　　機能　　　　　：ビジネス情報の提供
　　テクノロジー　：最新の印刷技術に基づいて作られる書籍

と、まず現状を規定する。そして各項目のキーワードを挙げる。

商材・サービス

　ハードカバー

　ペーパーバック

　CD

　ネットワーク

機能

　情報

　エンタテインメント

　教育

　トレーニング

　リソース（資産）

市場

　図書館

　書店

　大学

　企業

　軍隊

テクノロジー

　印刷

　エレクトロニクス

オーディオ
モジュール
ビデオ

サービス
専門家向けの値引き
ブック・クラブ
ニュースレター
セミナー
インフォメーションサービス

こうしたプロセスを踏むことで「CD」「トレーニング」「企業」「オーディオ」「セミナー」といったキーワードを結びつけて新しいアイデアを生み出すことができる。

> **アイデア** 営業トレーニングに関するCDを作る。CDは既刊本に準拠して作られ、法人に直接販売する。著者によるセミナー開催もパッケージの中に含めることにする。

あるいは「ネットワーク」「情報」「リソース」「印刷」「インフォメーションサービス」を組み合わせて別のアイデアを生み出すこともできる。

> **アイデア** 出版社の既刊ビジネス書から情報を集めたデータバンク。コンピュータネットワークを通じて、ビジネス用の情報源として売れるだろう。印刷された報告書も合わせて購入される可能性がある。

人間の脳は目にする対象から意味を読み取ろうとして、抜け落ちている情報を埋める働きをする。ビジネス上のキーワードを組み合わせてみるときにも、脳は抜け落ちた情報を埋めて新しいアイデアを生み出す。

▶▶▶ サマリー

　ビジネスドメインの本質を決定するのに不可欠なのは、しっかりした分析を行った上で現行の商材、サービス、市場、機能、マーケティング、テクノロジーに結びつくキーワードを組み合わせることだ。現在でも事業展開が可能か？　今後も事業展開が可能であり続けるのか？　新しいアイデアを生み出すために何と関連づけられるのか？

　自社の事業を取っ手が2つある鍋にたとえてみよう。一方は現在のビジネスを表し、もう一方は将来のビジネスのあり方を表す。鍋をしっかり持つには、両方の取っ手をしっかり握って、「現在のビジネスドメインは何か」と「今後のビジネスドメインはどうあるべきか」を自らに問わなければならない。

第15章

Future fruit

未来シナリオを描く
「シナリオ・プランニング」発想法

「君子は安くして危うきを忘れず、存して亡ぶるを忘れず、
治まりて乱るるを忘れず」　易経

　我々は誰であろうと、何をしていようと時速60分のスピードで未来へ向かっている。そしてそれがどんなものにせよ、確実に未来へ行くことになっている——これだけは間違いない。新しい自動車に初めてついた傷は、未来が必ずやって来ることを思い起こさせてくれる合図だ。ビジネスの将来性はどうだろうか？　将来に備えて何を準備すればよいだろうか？

　人類がなしうる経験は、未来を含めてどこまでも広く、あらゆる方向に向かっている。将来とは今からまっすぐにつながっているわけではなく、ひとつの計画だけを準備しているのでは不十分だ。将来にわたって利益を獲得しようとするのであれば、予想できる出来事ばかりでなく、不測の事態をも念頭にいれて代替案をいくつか用意しておくべきだ。未来に得られる利益を果実にたとえて考えてみよう。シナリオがたった1つしかないのは、畑一面で収穫可能なのに、いちごを1本しか植えないようなもの。いちご同様、シナリオもダメになることがある。たった1つだけのシナリオがうまくいかなければ、当然問題が生じる。

　1973年、世界はオイルショックと物価の急騰に見舞われた。どの石油会社も虚をつかれて慌てふためいたが、ロイヤル・ダッチ・シェル石油だけは別だった。この会社は不測の事態が何の前触れもなく起こり得ること、そしてそのような事態には迅速かつ確実な対策

とアイデアと決断が必要であることをすでに十分に理解していた。いかなる危機的状況にも対応できるように「急激な不況」から「制約された成長」まで、何種類かの未来シナリオを用意していたのである。

　石油不足が終わり、「制約された成長」の季節がやってきた。シェル石油は「制約された成長」のシナリオに従って石油不足を有効に活用し、予期せぬ好機に素早く対応して1970年代に業界第8位から第2位へと成長した。

　その反対に、エクソンはアラスカで起こった石油流出事故後に氷上の馬のごとく、なす術がない状態に追い込まれた。エクソンとアラスカ州、アメリカ沿岸警備隊は石油流出を想定して1つだけのシナリオを用意していたが、それは全く役に立たなかった。エクソンヴァルディーズ号が1989年プリンスウィリアム海峡を航行中、米国史上最大の石油流出事故を起こしたのだ。エクソン、アラスカ州、連邦政府は丸2日の間、何の対策も出せず麻痺状態に陥り、その間に石油は亀裂の入った船体から海峡へと流出し続けた。これほど大規模な流出、流出を処理するための人員投入、州と連邦政府との連絡態勢不備、石油の消散用化学薬品の使用禁止などは計画案に全く想定されていなかった。

　ヴァルディーズ号の事故は、企業と政府が将来のシナリオをたった1つしか想定していない場合、どのような結果になるかを示す悲劇的な象徴となった。エクソン社の果実は台無しになったのだ。

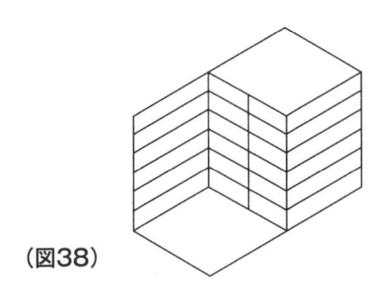

（図38）

　未来へ思いを馳せるときに過去を振り返ってみることは不思議な

体験である。人間の意識は図38に描かれている白い菱形のように動く。交互に中に入ったり外に出たりするたびに、上面の右にある菱形が近くに見えたり、底面左の菱形が近づいて見えたりする。

おそらく自然界には、未来を視野に入れることが同時に過去をも視野に入れることになる基本的な法則があるのだろう。死について考えると、反射的にこれまでの人生を振り返ってしまうように。

未来へ思いを巡らせると、未来志向と過去志向の考え方がまるで2本のロープでできたよじれのようにくっつき、からみついて離れなくなる。ビジネスの将来について考えるなら、今起こっていることや過去に起きたことについても考えざるを得なくなる。

【やってみよう！】Blue print

1. ビジネスにおける特定の課題が何であるかを確認する。
2. なされるべき決定について詳しく書き記す。
3. その決定に影響を及ぼす力（経済、技術、生産ライン、競合など）を明確にする。
4. 主な影響力を骨子とする未来シナリオを4つから5つほど組み立ててみる。利用できる情報はすべて使い、ピンボールの軌道のようにバリエーションに富んだ、もっともらしいシナリオを考えよう。
5. 影響力の変動によって未来シナリオがどのように変わっていくかを検討する。金利の急騰、重要人物の辞職、製品やサービスへのニーズがなくなるなど、影響力の指標を変動させて将来像を想定し、自社の方向性が次の5年間でどのような結果になりうるかを描き出してみる。
6. 各シナリオにあるビジネスチャンスを探す。次にシナリオ全体を通してチャンスとチャンスとのつながりを検討し、新しいアイデアを積極的に探し求める。

自社ビジネスに将来どんな競争が起こるのかを検討しているなら、
1．課題とは「競合相手、テクノロジー、価格決定という点から、どんな競争が起こるのか」となる。
2．課題の中で重要なのは、価格決定である。
3．価格決定に影響を与えるのは本業からの利益、投資の収益、キャッシュフロー、財務構造、競合社の価格設定などである。
4．特定できた影響力にしたがって、4～5種類の「ありそうな未来シナリオ」を考えてみる。

　シナリオA：何も変化せず。すべては現状通り。
　シナリオB：大手競合が価格を25％引き下げる。
　シナリオC：テクノロジーの進歩が主要生産ラインのコスト高騰を生じさせる。
　シナリオD：深刻な景気後退と買い控えに国が打撃を受ける。
　シナリオE：経済が活況を呈し、インフレによって金利が15％まで上がる。

シナリオのいずれにも異なった対応策が可能であり、それぞれにビジネスチャンスがあることを示している。

　ガソリンスタンドのオーナーならば、どのシナリオを発展させるだろうか？　例えばテクノロジーの大躍進によってガソリンが使われなくなるシナリオが想定できるかもしれない。
　最も現実性の高い代替燃料といえば、メタノールと天然ガスの2つがある。メタノールはクリーンな燃料として最近さかんにPRされているが、腐食性と有毒性があるために取り扱いには注意が必要だ。この問題が解決してメタノールがガソリンにとって代わるとしたらどうだろうか？　また天然ガスについてはクリーンで豊富にあり、政府などからも人気が高く、かつ現在オランダで使用されている。これまでは天然ガスの圧縮作業は厄介であったが、この問題が解決されたらどうだろうか？

2種類の代替燃料が提供する新たなチャンスを利用するために自社をどう位置づけられるだろうか？　すぐ着手できることは、代替燃料も進んで使いたがっていて今よりも給油回数が増えることを厭わないマイカー利用者のために、メタノール用ポンプを備え付けることだ。

メタノールを使うとなると、ガソリンタンクより大きなタンクが必要になるだろう。となると新しいタンクの設計が必要となり、さらに別のチャンスも出てくる。メタノール用の燃料タンクの設計と、その製造を想定に入れておく。

また、もっと環境に優しくガソリンを燃焼させることと低価格化を実現する新しいテクノロジーを想定することもできるだろう。ここで出てくる問題点は価格決定と競合、サービスである。この未来シナリオの中でチャンスを活用するために何ができるだろうか？

アイデア
- サービス重視。洗車機を設置し満タン給油の場合には無料洗車を行うようにする。洗車機は一度導入すると、1台につき約15セントのコストがかかる。しかし専門家によれば、洗車機導入によってガソリンの売上を25％は引き上げることができるという。
- 散髪のような、他ではやらないサービスを提供する。
- ガソリンスタンドを休憩スペースに変える。郊外からの通勤者にありがたがられるだろう。車の修理を行ったり、待ち時間にコーヒー、ジュース、タバコ、朝刊を提供する。またガソリンの必要でない人も立ち寄って、コーヒーや新聞などを買い求めることのできるドライブスルーも設置できるだろう。

未来シナリオを描いてみると、将来のさまざまな可能性へと目が向き、競争を有利に進めるためのアイデアを生み出してくれる。何が待ち受けているかについて、全体としては多少わかっているかもしれないが、個別に起こる出来事に動揺してしまうと、未来の可能

性を明らかにするべきときなのに思考が停止してしまう。ゆえに個別の可能性を考えるためにシナリオを用意しておく必要がある。

ビジネスが順調であれば、未来シナリオはうまく行かない場合への準備となる。業績が傾いたとき、未来シナリオが回復へ一役買ってくれる。

▶▶▶ サマリー

1888年、ヘンリー・ハインツは全財産をたった1つの未来シナリオに賭けて600エーカーの畑で収穫したキュウリをすべて買い取った。1年後、彼は破産し「破産は未来の見方を変える」と言った。数年後、彼は立派にビジネスに復帰したが、このときハインツ社は57種類の商品を擁し、数種類の未来シナリオと好況時、不況時両方の商品戦略を用意しており、将来を考える実業家になっていた。

未来に対する計画を立てないとは、声の届かない地点まで畑を拡張して、結局自分の耕作地を掌握しきれなくなった農場主のようになることだろう。

第16章

Brutethink

大胆な飛躍
「ブルートシンク」発想法

「勝を見ること衆人の知る所に過ぎざるは、善なる者には非ざるなり」　孫子

　オリジナリティあふれるアイデアを出そうと思うなら、いつも頭の中に新しいパターンを創り出す方法が必要になる。全く異なるものの間に無理やりにでも関係性を見つけ出すことも、1つのやり方だ。そうすれば、何もないところからアイデアを発見できるようになる。

　あらかじめ関係があるとわかっていれば、たがいの間に関係性を認めることができる。椅子とテーブル、ハムと卵、バターとパン、兄と妹、教師と生徒、仕事と報酬などだ。当たり前のことなら結びつける理由もあるから、それができる。

　芸術の世界では明白なつながりのないもの同士を結びつけるのが常識だ。無関係のもの同士を無作為に並べてみると新しいアイデアが生まれやすくなる。現代アートでは、ごみ回収車と夕日とを並べて描く。併置によって実用性や耐久性、世俗性を、美や自然と対照させるアイデアが生まれる。美を求める生活の中で、日常的なオブジェクトを再度見直したい欲求を感じる人がいるかもしれないし、自然の中にもっと実用性を見出したいと思う人もいるかもしれない。芸術家がユニークな組み合わせを思いついて、科学者が後からそれを自然の中に見出すこともまれではない。

　「ブルートシンク」発想法は、何の共通性もないもの同士を組み合わせて、自然には起きるはずもない関係性から多くを学ぶテクニックだ。

図39のように、黒と白の細長い長方形のタイルの列を平行に並べていったらどうなるだろうか？

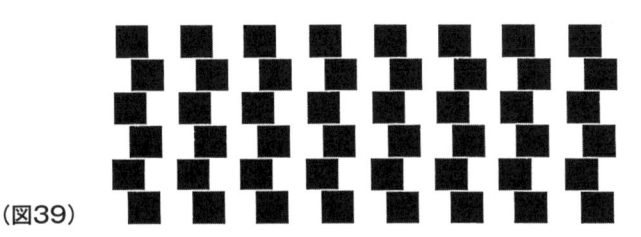

（図39）

有名な「カフェの壁」の幻覚が見える。タイルはくさび形に見えるけれども、実際に列は平行だし、タイルも完璧な長方形である。

「ブルートシンク」発想法から生まれたブレイクスルーなアイデアに、フロートガラス（歪みのないガラス）がある。ガラスメーカー、ピルキントン社の生産部長アラステア・ピルキントンはガラスから歪みを取り除こうと長年の間取り組んできた。当時の最も高度な技術でも、溶融状態のガラスをローラーで延ばし、不完全な部分を磨き上げる工程が必要だったがコストもかかり、あまり効果的でもなかった。専門家たちは、より優れた研削機と研磨機の開発が解決につながると考えていた。

霧深い10月の夕方、イギリス北西部の自宅で皿を洗っていたピルキントンはリラックスした気持ちでいたからか、油っぽい水に浮かんだ棒状の石鹸を眺めながらひらめいた。石鹸のかわりにガラスが浮いている姿を見た気がした……そして突然、5000年におよぶガラス産業の歴史を塗り替えるようなアイデアを思いついた。

浮かぶ石鹸とガラスの歪み、似ても似つかない概念の間に関係性を見つけ、フロートガラス製造法を彼は発明した。この製造法では、ガラスは溶融したスズ槽の中で作られる。ガラスはスズよりも先に冷めて固まる。それから完成まで全く無傷の状態で、特殊な焼きなまし炉に入れられる。研削も研磨も必要ない。歪みのないフロート

ガラスは今や低価格で効率的に作られている。その発見は皿洗いの最中に石鹸とガラス産業との関連を見出したからだ。

　突飛に見える関係性を見つけようとするには、村の司祭が使っている聖書と同じくらいに自分の脳と心を拡げることだ。「ブルートシンク」発想法を活用するためには、外部にあるヒントにもっと強い関心を持つこと、そして実際にヒントを探し求めるようにすることが必要だとわかるだろう。

【やってみよう！】Blue print

1. 課題に対する新鮮なアプローチを探しているときには、無作為に言葉を選ぼう。選ぶ言葉は、本当にランダムに選ばなければならない。課題と少しでも関連のある言葉は選んではいけない。無作為の言葉が新鮮な連想を生み出す。池に落ちた小石のように、さまざまな連想を生み、その中には大発見に結びつくものもあるかもしれない。

   課題と関係のないコンテクストから選んだ言葉はアイデアの宝庫だ。ランダムに言葉を選ぶ方法はいくつかある。

   - ソープ、スープ、サンド（石鹸、みそ汁、砂）。
     本章の終わりにランダムな単語集を用意した。目をつぶって、ペン先で1点を指し示して言葉を選ぶのに使おう。決してリストを読んで関係のありそうな言葉を選んではいけない。

   - 辞書を開いて、たまたま開いたページから無作為に単語をピックアップする。1日あたり1つの課題につき、1つの言葉だけを使うように。別の言葉を使うつもりがあると思っているだけで「ブルートシンク」発想法の効果を減じることになる。

   - 乱数表を使って辞書のページを、さらに選んだページの中で言葉を選ぶ。深く考えずにページや言葉の番号

を言ってみてもいい。
- ●単語を故意に探さない限り、どんな方法を使ってみてもいい。

  選ぶ言葉はできるだけ単純でなじみ深く、よく知っているもので、示している内容を簡単に、また視覚的に思い起こせるようなものがいい。スープ、ソープ、サンドなどは適切な単語だ。理由は、

  ＊単純：生活の中で繰り返し使われている単語
  ＊視覚的：簡単にイメージが浮かぶ
  ＊連想が豊か：他の言葉やイメージを連想させやすい。
  例えば「ソープ／石鹸」はお風呂、シャワー、キッチンのシンク、公衆トイレ、泡、ラードなど、さらに石鹸の材料、洗濯物、石鹸の広告、石鹸が滑ること、石鹸メーカーが作っている他の製品など連想が広がる。

2．選んだ言葉と関係のある、あらゆるものを考える。
3．関連性を強制的に作る。
   ランダムに選んだ単語と、今取り組んでいる課題との間に無理にでも関連性を作ってみよう。
4．アイデアは箇条書きにする。そうしなければ記憶に残らない。
   アイデアを記録しないのは、金の雨が降っているのにただじっとしているのと同じくらい愚かしいことだ。

　フリーダイヤル・テレフォンオペレーターの非常に高い離職率を減らすことが、ある企業の課題になった。参加者はランダムに「刑務所」という単語を選び、「刑務所」と「テレフォンオペレーターの離職率」の間にある類似点、結びつき、関連性を探してみた。多くのアイデアが生まれた結果、選ばれ、実施に移されたのは囚人たちをテレフォンオペレーターに起用するアイデアだった。

アイデア　この会社は、最低限のセキュリティと外部での囚人の監督についてのテストを行った上で、２日間の技術習得研修を設けた。研修の修了生たちはテレビ、ラジオ、カタログ通販、小売店からの紹介、定期購読誌からのフリーダイヤル受付対応を行うことができた。現在ではオペレーターの30％が囚人で構成されており、結果も上々とのことだ。

囚人たちには時給６ドルが支払われるが、刑務所内での労働よりも大いに稼ぐことができる。彼らはこの稼ぎを小遣いにも、被害者への損害賠償にも、釈放後への積み立てにも使うことが許されている。そして刑務所を出た後にはフルタイムで働く従業員として雇用されることも考えられている。

この企業のスポークスパーソン曰く、「ブルートシンク」発想法なくしてこのアイデアは生まれなかっただろう、と語っている。

例えばあるセールスパーソンが抱えている課題が「どんな方法で今月の売上を伸ばせるだろうか？」であるとしよう。そして無作為に選んだ言葉は「瓶／ビン」だった。

まずは「瓶」の属性を考え始める。
瓶の属性とは、どんなものだろうか？　瓶は何に使うだろうか？
●中に何かを詰めるものだ。

瓶で何ができるだろうか？
●コルクで栓をする、中を満たす、空にする。瓶はラベルがついている。瓶は透明である。瓶はガラスやプラスチックでできている。瓶を返却すると払戻金が返ってくる。瓶は機能的で、時には審美的でもある。ビール瓶は６本で１つのパッケージになっている。１瓶でもパックでも段ボール１箱でも瓶を買うことができる。

さらに瓶の絵を描くなどして、「瓶」と「売上増加」の間にある類似性、関連性を考え、連想してみよう。

- 瓶は中身を詰めるものである。我々は顧客の言うことをどれくらい聞いているだろう？　顧客にとって本当に必要なことや願望といった情報を詰めてもらえるようなプログラムを工夫してみるべきではないか？
- 6本入りパック。他社と差をつけるために、斬新な方法で商品やサービスをパッケージとして組み直すことができないだろうか？　組み合わせ自体を商品の一部にできないか？
- 購入する場所。飲み物は単独、パック、あるいは箱単位で買うことができる。顧客のさまざまなニーズに応えるために、いろんな購入単位を考えてみる必要があるのではないか？
- 瓶を店に返すと返金がある。何回も買った人には返金するような新しいプログラムを作れないか？　商品やサービスを新しく替えたときに、返金するのはどうだろうか？
- 空き瓶は騒音を出す。我々の仕事のうち、どれだけが意味があり、利益を出しているだろう？　利益と利益の可能性を指標にする業務の評価方法を開発して、無駄な活動はやめるべきではないか？
- 瓶にはラベルが貼られている。競合商品と簡単に見分けられるように、商品ラベルをつける方法を探すべきではないか？　ラベルには材料や使用期限などが記載されている。できるだけ早く売れるようにするためにも、商品やサービスの値段に期限をもうけるべきだろうか？
- 空き瓶は花を活けたり、アートを飾ったりするのに使われることがある。我々の商品にも付加価値のあるパッケージを開発できないだろうか？　そのパッケージは実用的にならないか？　中古品・サービスには他の用途や市場は見出せないだろうか？
- 瓶にはさまざまな形や大きさがある。もっと広い商品選択の可能性を用意できないか？　ローエンド、ハイエンド市場はどこ

にあるのか？　顧客ニーズにあった組み合わせによって値段を変えたらどうか？　商品やサービスに、どれぐらい多くのバリエーションを用意できるだろうか？
- 空き瓶は無用だ。セールスパーソンは営業スキルやエネルギー、アイデアが枯渇しても働き続けなければならない。彼らが常にリフレッシュし、モチベーションを高めるために、月に一度、同僚同士で営業スキルをチェックしあったらどうだろう？
- 瓶は割れる。手を滑らせれば、瓶は床に落ちて砕ける。工場が注文を間違えたりして機会ロスを発生させるのをどうやったら防げるだろうか？

こうした練習に1日5分間を費やそう。それだけでかなり関連性を見つけ出せるだろうし、5分たってもまだアイデアは湧き続けるだろう。「ブルートシンク」発想法のよい練習法は、毎日5分、ある問題についてランダムな言葉を当ててみることだ。

他にも「ブルートシンク」発想法に長けるためのヒントがいくつかある。紹介しておこう。

◉名詞と動詞で考える

新しくて有益なアイデア、商品、サービスを考えつくためには、名詞と動詞の組み合わせで遊んでみるといい。瓶と売上を、それぞれ名詞、動詞として使ってみて考える。「売上を瓶に詰める」あるいは「瓶を売る」、こんな調子だ。「売上を瓶に詰める」は商談時のクロージングにヒントがあることを示唆しているし、「瓶を売る」では飲料が売れて、それを配達する仕組みに着目することを持ちかけている。

◉収集魔になる

モリネズミのようにアイデアを集め、ため込もう。コーヒーの缶、靴の箱、机の引き出し、ファイル綴じなど、アイデアやアイデアの

ヒントを入れておくコンテナを作る。おもしろそうな広告、引用、デザイン、アイデア、質問、漫画、絵、悪戯書き、言葉など、他にも連想によってさらにアイデアを生みそうな刺激的なものは何でも集めて、その中に入れておこう。

新しいアイデアを見つけようとするときには、コンテナの中から1つをランダムに取り出して、自分が抱える課題との間にどんな刺激的な関係を発見できるかを試してみる。ゴミ箱の中にダイヤモンドが輝いているのが見えるかもしれない。

●関係ないと思う雑誌を読む

適当に雑誌を1つ選んで、記事を1つ読んでみよう。どんなに自分の課題と記事のテーマがかけ離れていても、だ。読んだ後で記事と課題との関連性を考えてみて、新しいアイデアを生み出す努力をしよう。この練習はランダムに情報をインプットする習慣を養うのにとても効果がある。

●形状から考える

1つの形を選んで(例えば円など)、一日中、その形について思考を集中させてみる。部屋に入ったら丸い形をしたものだけに注意を向け、自身の課題との間に関連を見つけるようにしてみよう。

▶▶▶ なぜ「ブルートシンク」発想法が効く？

2つに分離したものやアイデアについて考えているならば、最終的に人間の脳はその2つを関連づけないではいられない。どんなにかけ離れたものであっても、そのままにすることはない。2つを1つにまとめられる。アイデアを出す秘訣とは双方に注意を向け、関係性を「探す」ことだ。それだけに注意を向けることでクローズドな体系をつくりやすくなる。一度モノにしてしまえば、離れてみえるものの間に関連性を見つける習慣ができる。

こうして見つける関連性はもともと不完全なものだ。例えば図40

に描かれた図形はどれも完璧ではないけれども、それぞれが三角形、顔、円であることはすぐにわかる。脳が完全なものを見出そうとして不完全な部分を埋めようとしたり、欠けた情報を補おうとするからだ。

離れたものを結びつけることは、解決するべき課題に対して新しい情報を提供する。課題に関する異なる視点や類似点が、ひとりでに展開されていくからだ。

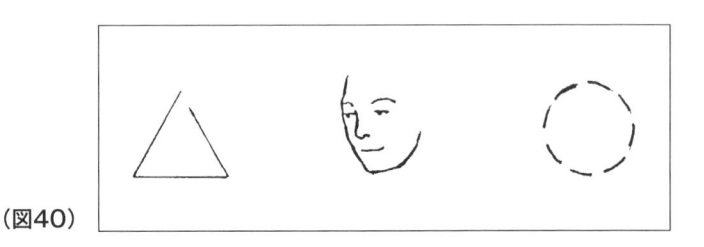

(図40)

課題が「どんな方法で部長との関係を改善するだろうか？」であったとしよう。無作為に「鉛筆」を選択したならば、自分の課題と鉛筆との間に、こんな関係性や結びつきが考えられるだろう。

1. 消しゴム ：我々は2人とも過去の失敗を引きずっている。もう帳消しにしてしまう必要がある。

2. 軸 ：上司が過剰に仕事を振ってくるのでキャパシティを超えてしまう。オフィスワークでひどい目に遭っている。助けが必要だ。

3. 黄色* ：私には彼と面と向かって自分の仕事について心を割った話をする勇気がない。たぶん仕事が終わった後、くだけた形でなら話せるだろう。

4. 鉛* ：急げ。彼のサポートやフォローはいつも遅いし、給料にも響く。他の部署から助けを受けられないだろうか。

＊黄色：アメリカでは普通鉛筆は黄色に塗られている。また英語では臆病という意味もある。

＊鉛：鉛を表すlead（レッド）という単語は、発音を変えれば、「指導」（リード）の意味になる。

5．金色の輪＊　：彼は私が利益の上がる取引先を追いかけているとは思っていない。私の仕事振りをどうやって証明したらいいのだろう。

6．安い　　　：我々のコミッション（歩合）は同業他社と同等ではない。新しいプランを提出するべきだろうか。

7．六角形　　：うまくいきそうな要点は次の6つだ。コミュニケーションを改善する、仕事について腹を割った話をする、コミッションプランを提案する、得意先の優先順位をつける、時間管理を改善する、得意先の追跡調査のための新しい方法を見つける。

＊金色の輪：アメリカの消しゴム付き鉛筆は、消しゴムが金色をした金属の輪で留められている。

こんなふうに多くの問題を確認でき、上司との関係改善に対応する方法が得られる。アイデアはチェーンのように無作為に選ばれた言葉から広がり、課題と結びついていく。得られた結びつきの中には役立つものもあれば、役に立たないものもある。無作為に選んだ言葉を使う理由は、短い時間でできるだけたくさんのアイデアを出すためだ。無作為に選ばれた単語「鉛筆」がきっかけを与え、創造力の湧出を助ける。キーポイントはやってみること。考え始めなければ何も始まらない。

最終的には考えついたつながりを全て利用するわけではない。どの考え方が実り多いかを、あらかじめ判断することはできないし、ましてすばらしいアイデアに結びつく考えがどれかなど、全くわからない。アイデアとは誰かに草をかき分けて見つけてもらうのを待っている、見事に彩色されたイースターの卵のようなものだからだ。

▶▶▶ サマリー

「ブルートシンク」発想法を使ってアイデアを探すことは、短すぎる毛布をかけて寝ることに似ている。引っ張りあげると足先がはみ出し、足下に寄せると今度は肩が冷えてしまう。しかし陽気な人はたぐり寄せたり引っ張ったりしながら、ちょうどよく快適に寝てしまう。「ブルートシンク」発想法を使うと全く異なるものをたぐったり引いたりしながら折り合いのいいところを見つけ、最後にはよいアイデアを思いつき、快眠が得られることになる。

▶▶▶ soap, soup, and sand（石鹸、スープ、砂）

この後に並んでいる単語はシンプルでビジュアルを想起しやすく、連想が起きやすい言葉ばかりだ。すべて「ブルートシンク」発想法で課題を解決しやすくなるように考えられている。

ベンチ　封筒　ほうき　ラジオ　地主　レジ係　トースト　スープ　石鹸　ビール　靴　卵　肉　コップ　傘　フック　ドア　窓　屋根　湖　バイオリン　キャンディ　雨どい　コンピュータ　ペンキ　男性　糊　水　瓶　ネオン　明かり　シャフト（柄）　刑務所　バッグ　鎖　魚雷　ひしゃく　昆虫　薔薇　ハエ　化石　バター　ナッツ　小枝　鳥　剣　モーター　怪物　犬　野原　銃　酸　切手　カブトムシ　太陽　夏　氷　埃　聖書　太鼓　霧　フットボール　橋　ロープ　滑車　爪先　女性　鋤　マットレス　夕日　門　時計　発疹　自動車　道路　動物園　博物館　絵　砂　メニュー　索引　本　灰皿　ライター　腰　ネズミ　ポスター　通路　牛乳　馬　潮　結び目　種　雑草　（打撲）傷　化粧室　クローゼット　シャツ　ポケット　パイプ　ゴム　癌　飛行機　ピル　切符　道具　ハンマー　輪針　ぼろきれ　煙　審判員　空　海　胡椒　バルブ　トライアングル

第16章

サーモスタット　チューブ　タコ　釣り針　磁石
スパゲッティ　ディスコ　画鋲　ネクタイ　シンク(台所の流し)
遠近両用眼鏡　テレビ　ジェロ(ゼリーの素)　目　ポット
結婚式　指輪　ワイン　税金　豚　鍬　ネズミ　中華鍋
ゴンドラココナツ　電話　みぞれ　通行料金　ノート　辞書
ファイル　ロビー　雲　火山　スーツケース　魚　ランプ
図書館　大学　梃子の支点　バーベキュー　容器　煙突
回転串　有毒廃棄物　コーヒー　ウッドチャック　胸郭
駐車場　肺　スピーチ　数学　戦争　ブランチ　ヨット　鏡
ゴボウ　泥　ゴミ箱　腕時計　旗　ヘルメット　目　サボテン
カウボーイ　酒場　蝶　立方体　X線　お金　雑誌　ネジ回し
ビデオデッキ　ステレオ　インク　溝　かみそり　茶
点眼容器　俳優　ホームレス　女王　画家　嵐　インディアン
ヘビ　キツネ　ロブスター　悪魔　風船　ソース　ニキビ
クリスタル　エビ　軍隊　ビート　煉瓦　売春婦　ケチャップ
爆弾　ダイヤモンド　ラクダ　葉　列車　ランチ　肉　酒
パイロット　口紅　キャビア　香水　ゴム　チーズ　炎　果物
ハム　高速道路　ランジェリー　ジェリービーン　泡　聖歌隊
ペニス　ペット　毛染め　消しゴム　ビキニ　峡谷　トランプ
ボタン　暴動　上着　フィルム　滑走路　フラミンゴ　警察
ホワイトハウス　溶岩　熱帯雨林　島　日の出　プラスチック
ヒンズー教　粘土　グルメ　ロースト(炙り焼き)　熱
リムジン　キャンプファイア　花火　トマト　舌　骨折
スイカ　クリスマス　政治家　ウズラ　ハンドボール
AK47自動小銃　ドーナツ　狂人　ピーナツ　ダンス　歌
議会　矢　蜂蜜　風呂　イグルー(イヌイットのドーム状住居)
桶　物差し　遊牧民　地下鉄　集団　失われた環　静脈
トラック　修道士　ディナー　ラベル　実験室　紙やすり
くさび　日時計　リス　口髭　オルガン　臼歯　スラム街
ホームレスの女　幽霊　運動選手　群衆　フルート　釣り竿
憲法　ハンカチ　鍵　トロフィ　(黄道)十二宮図　七面鳥

第16章

波　冷蔵庫　竜　カメ　海藻　グーラッシュ（ハンガリー料理）
泥　ダチョウ　つる植物　虫　惑星　オペラ　カメレオン
いぼ　オリーブ　地図　クーポン　あぶく　鼻血
マッシュルーム　ガソリン　音楽　休憩　雨　ホッケー
ウナギ　ロケット　屋台船　くず　ピラミッド　ドーム
礼拝堂　雷　イモムシ　ジャガー　ホタル　スズメバチ　月
コケ　パンダ　胃　刷毛　分泌腺　腸　ゴキブリ　展示会
ホロコースト　斧　子羊　ドアベル　大理石　結び目　ポンプ
アンパイア　サメ　玉ねぎ　車庫　ラム酒　屋根裏部屋　暖炉
デリカテッセン　ナップザック　サーカス　アリ　締め具
レンチ　怠け者　ソフトウェア　星王冠　縁石　指紋　ゲリラ
ヨウ素　ジャム　銀　顕微鏡　爪ピストン　司祭　医師　塩
口　地平線　フライパン　キャンドル　バンジョー　アリクイ
テント　葬儀　ギア　絨毯　ウインドサーファー　シャンパン
鮭　下着　おむつ　耳付きナット　マイクロフォン
ペーパーウェイト　フライパン　ライフル　紙ばさみ　心電図
コピー機　机　バイブレーター　イヤリング　シャワー　演壇
スコットランド人　帽子　噴射　ソーダ　停止信号　自白
ルーレット　宇宙船　判事　探検家　サイコロ　コンセント
鼻　排水管　しおり　松明　墓　缶　金　槍　豆　点火プラグ
バット　芝刈り機　洞穴　ブックエンド　ハエ　カフスボタン
ベルト　タイル　ピアノ　地平線　小川　雪　生物学　牛
カウボーイ　包帯　カレンダー　計算機　ケーキ　垣根
歯ブラシ　虹　アパートメント　荷馬車　拡大鏡　ワイヤー
波止場　岩　頂上　カーソル　タイヤ　引き出し　ソックス
タクシー　シマウマ　エレベーター　階段　ブランチ　梯子
バス　おもちゃ　髪　輪ゴム　池　夢　鉛筆　ステーキ
テンプレート　コンパス　刺青　絶縁体　小麦　脚　パン　紙
ソーダ　保険　ペナント　チェス　シチュー　ウェイター
ガチョウ　サンドウィッチ　スニーカー　椅子　雨どい
ファスナー　求人広告　ベスト（チョッキ）　カニ　くじ

熊手　兵士　円板　ネックレス　懐中電灯　モニュメント
ダム　教師　銀行　中国　扇風機　ハンドル　車輪　絹　地震
スーパーマーケット　革紐　ティーバッグ　麺類　劇場
マスト（帆柱）　小屋　骨　バッファロー　凧　輪　射手
ハンター　バレエ　ショットガン　土　クリーム　肌
スプーン　ブランコ　スケート　カーテン　ワックス　長靴下
ゴルフ　占い　クッキー　変化　地図帳　電話帳　袖口　真空
法廷　チップス　目隠し　歯　花　クジラ　チョコレート
マント　ボールベアリング　錠　テロリスト　食器洗い機
洗濯　道具箱　箸　バスローブ　良心　チョーク　プール
テーブル　広口瓶　ブレスレット　衛星　ブーツ
ヘリコプター　釣り竿　米　水たまり　風　漫画　ローラー
マット　フォルクスワーゲン　サファリ（狩猟旅行）　雷光
彫刻　板　キーボード　イチジク　柱　海辺　テラスハウス
天使　ドリル　オレンジ　タバコ　神話　旅　子ども　鷲
コスチューム　天国　脳　小魚　社会　試験　創世記　罪　影
細胞　胎児　手　セックス　火　詩　血　城　心理学　聖杯
シンボル　地球　干し草の山　十字架　交差点　親　青写真
森　ウィグワム（北米先住民のテント小屋）　氷山
カタツムリ　ジャングル　シロップパラシュート　プディング
パセリ　サル　歩道　ウォッカ　自殺　メイド　櫛　額縁
ジープ　ロレックス　郵便ポスト　シャンプーペンダント
レール　メガホン　摩天楼　地平線　ホイールキャップ
プラスチック容器　砂糖　マッチ　錠前　蒸気
コーヒーカップの受け皿　リモートコントロール　ボクシング
グローブ　絞首刑　ジーンズ　アンテナ　クレヨン
パイプクリーナー　リボン　鉛筆削り　バッテリー　車輪
バトン　オーケストラ　サスペンダー　ブラジャー
トラクター　燭台　新聞　秘書　セールスパーソン　壁紙　塔
キッチン　拡大鏡　庭　大将　眉　章（チャプター）
カタログ　ボンネット（あごひも付帽子）　肉屋　小さい食堂

第16章

ベッド　ロッカー　教授　シリアル　綿　パンフレット
無言劇　肘　メダル　噴水　爪　髭　学生　親指
バスケット（籠）　財布　アーチ形の門　外套　ジャズ　角石
スクリーン　花瓶　地下室　ロゴ　胴体　ピクルス　ハト　鞭
糸くず　ミートボール　テープ　棺おけ　牧草地　サイクロン
唇　すいか　膝　湿地　かまど　ビンゴ　雑草　紙　スタジオ
布片　漂白剤　コード　ペンチ　手品師　蛇口　石工　宝石
膝　セーター　楽団　霜　ガードル　ストーブ　ホテル　乳首
望遠鏡　RV車　振り子時計　クルーズ船　舞台　双眼鏡
聴衆　毛皮　ジュース　ビュッフェ　夫　バクテリア　霊魂
サウナ　モノポリー　鋳型　ティーンエージャー　手錠
アイデアのおもちゃ箱　チェス　足場　イーゼル　洪水
ゴキブリ　フライパン　角刈り　地獄　奇跡　ヤシの木
聖歌隊　フランクフルトソーセージ　雑学　パンの一切れ
オアシス　流れ人質　（頭皮の）ふけ　あばら骨　マフィン
麻薬　カエル　パイロット　ミルクシェイク　猫車　レベル
アリ　ニキビ　ピザ屋　バルコニー　共産党員　生け垣
シソーラス（語彙辞典）　ワークショップ　チーズケーキ
ギャング　棚　有名人　直腸　革　雪片　サラダ　上院議員
爆弾　空港　コーンミール　とうもろこしの茎　肥料　雑種犬
トランペット　円錐　温度　サウナ　榴弾砲　集会　商人　箱
ヤナギ　棒　社員食堂　ウリ　ポリエステル
ステットソン（カウボーイの帽子）　分　IRA　オフィス　杖
グラフ　増幅器（オーディオのアンプ）　線　ベーグル
牛肉　床　納屋　イルカ　航空母艦　潜水艦　岩礁　カジノ
革命　会釈　膝頭　ボルシチ　レインコート　夜明け
蒸気エンジン　崖　縫い目　腫瘍　地域　オフィス　心理学
イースター（復活祭）　傷跡　ダンサー　英雄　恐怖
ハンバーガー　福祉　ワセリン　メディア　笑い　校長　脚本
契約　予想　格子　ニシン　兵士　（ゴルフの）パター　茂み
オカルト　タグボート（曳き船）　債券　グローブボックス

かつら　芳香剤　ニュース　陳列　興味　ヒョウ　チーム
ステイプラー　補聴器　高速道路　そよ風　はがき
ビート（甜菜）　写真　頭皮　火葬　組織　聖書の一節　碇
カリフラワー　モリネズミ　カルト（狂信的集団）
ダイム（10セント硬貨）　ロボット工学　エンジニア　タール
カエデ　教室　ローマ法王　統計学者　爆破犯人　教科書
境界線　ヤマヨモギ（植物）　アルミニウム　シャッター
安全ピン　貨物　レモン　ガーター　カラシの種子　シンボル
ロゴ　国連　文法　肥料　祝宴　葉巻　装飾品　疾患　ケシ
西洋ワサビ　集団　細長い布地　ホウレンソウ　配当金　病院
戦車　ソナー（音波探知機）　イワシ　結合　かさぶた　探偵
イングランド　太った人　プルーン　ポーカー　肉汁
おがくず　詩　裸体　裁判　旅行客　分数　ソーセージ
ヘッドハンター　マッチ棒　脂肪　ウサギ　アヒル　言葉
薬包　小人　マット　定期往復便　DC-10　公示　西洋スモモ
検査　格子模様　連邦航空局　鬼火　ヒヤシンス　ビニール
ブレーキ　空洞　ポルノ　埋立地　賃金　休暇　ダイヤル
CIA　蚊　サクランボ　ガラガラヘビ　サキソフォン　観客席
ストップウォッチ　ひめういきょう（香辛料）　コルク
コンドーム　電子レンジ　サイ（犀）　マシュマロ　かかし
光線　帆立貝　かぼちゃ　配管工　トカゲ　ラウンジ　役人
卵の殻　平和部隊　亡命者　小峡谷　ハワイ
ランタン（カンテラ）　硫黄　ワニ　コブラ　ガマ（蒲）
キリン　大牧場　吸血鬼　エメラルド　同盟国　揺りかご
アルファベット　レタス　トナカイ　絵筆　ダイナマイト
アストロドーム（ヒューストンのドーム球場）　光線
超大型タンカー　チータ　オリンピック　マス（鱒）　ハサミ
砂丘　額　エルサレム　マフラー　レジュメ　道路の凹み
クラゲ肝臓　盾　燃料　日本　ラクロス　インコ
（動物の）後脚の膝　排泄物　ブドウの木

第17章

Hall of fame

先人の知恵
「賢人会議」発想法

「惟だ明主・賢将のみ、能く上智を以て間者と為し、必ず大功を成す」　孫子

「賢人会議」発想法は、実在であるかどうかにかかわらず世界的に有名な人物の発言を利用し、その人と相談をしながら自分の課題に新たな洞察を加える方法だ。有名人の名言にはアイデアのヒントとなる種や法則が含まれており、多種多様な課題に当てはめることができる。アイデアの種を見つけられたなら、アイデアを見つけたも同然だ。アイデアを探しているときは自分の課題から偉人たちの名言や偉大な思想に跳び移る。名言が課題とぶつかり合う。そして新しいアイデアの火花を散らす。

●リソース

「賢人会議」発想法を使う場合、偉人や有名人の名言が必要となる。準備をしておこう。

- ベストな参考文献としては『バートレットの常用引用句集』（*Familiar Quotations*, Bartlett）とエドワードの『思想辞典』（*Dictionary of Thoughts*, Edward）の2冊が挙げられるが、世界の偉大な思想家からの名言や思想を紹介する参考文献は無数にある。
- 本や伝記、聖書、タルムード（ユダヤの律法と注解を集大成した本）、新聞、雑誌、漫画、映画、テレビなどからオリジナルの名言集を作ろう。気になったフレーズは記録し、集めておく。テーマ別でもいいし、適当でもいいから分類しておく。

私のお気に入りフレーズの一例はタルムードからとったものだ。
　「頭にバターをのせて歩く者は、太陽のもとを歩くべからず」
　「同じ馬車に、馬と牛を繋ぐべからず」
　「瓶に1枚しかコインが入っていなければ、ガチャガチャとうるさいが、コインでいっぱいの瓶は、音をたてない」
　「家を建てる前にドアを作る者と、庭もないのに門を作る者に災いあれ」
　「1本の丸太が湿っているとしても、他の2本が乾いており、火がつけば、湿った丸太にも火を灯すことができよう」
　「藁のない麦はないように、夢には必ず戯言が含まれている」

私の好きな名言は他にもある。
　「大国の統治は、小さな魚を料理するようなものだ」老子
　「望遠鏡が終わったところから、顕微鏡が始まる。どちらが広大な視野を持っているのだろうか」ヴィクトル・ユーゴー
　「光を広げる方法は2つある。ロウソクになるか、さもなくばロウソクを照らす鏡になることだ」イーディス・ウォートン
　「神は幾何学者だ」プラトン
　「手袋をしないで、道具を使いなさい。手袋をした猫は、ネズミを捕れないということを肝に銘じておきなさい」
　　　　　　　　　　　　　　　　　ベン・フランクリン
　「完璧な技とは、技を隠すことである」クィンティリアヌス
　「鉄は熱いうちに打つだけでは十分ではない。打つことで熱くするのだ」オリヴァー・クロムウェル
　「表現を見つけるためには、あらゆる可能性を考えに入れなければならない」T・S・エリオット
　「不可能なものを取り除けば、そこに残ったものは、たとえありそうにないことでも、真理に違いない」
　　　　　　　　　　　　　　　　　アーサー・コナン・ドイル
　「形は、機能に従う」ルイス・ヘンリー・サリヴァン

【やってみよう！】Blue print

「賢人会議」発想法には、大きく2つの方法がある。1つは「名句・名言」を軸にしていくやり方。もう1つは「人物」に焦点を当てて会議を開催する方法だ。

■名句・名言を軸にした「賢人会議」
1. 自分だけの名言集を作る。心に訴える文句のある人なら、生きていても、いなくてもいいし、架空の人物でも構わない。
   私の個人的な「賢人会議」のメンバーはこんな人たちだ。
   ベン・フランクリン、シャーロック・ホームズ、イエス・キリスト、ビル・モイヤーズ、ディオゲネス、ジュリアス・シーザー、マーク・トウェイン、ラルフ・ウォルドー・エマーソン、プラトン、クレアレンス・ダロウ、アンドリュー・ジャクソン、ウィリアム・シェークスピア、ルパート・マードック、ジークムント・フロイト、アリストテレス、ジョージ・パットン、ピョートル大帝、ロバート・フロスト、ジョン・F・ケネディ、レオナルド・ダ・ヴィンチ、ユージン・オニール、ドロシー・パーカー、パール・バック、オルダス・ハックスレー、W・サマーセット・モーム、アドレイ・スティーヴンソン、孫子、アルバート・シュバイツァー、トマス・ジェファソン、ウィンストン・チャーチル
2. 課題に直面したら「賢人会議」に相談する。
   アドバイザーを1人選んで、好きな名言を選び出す。
3. 選んだ名言について思いを巡らす。目の前にある課題に適しているかどうかは気にせず、浮かんだ考えを書き留める。思いついた考えを基点にして他に関連性のあるアイデアを探す。

> 基本となるルールを覚えておこう。
> - たくさん書く。
> - 判断は後にする。
> - 勝手気ままに。
> - 出てきたアイデアを結びつけて、変化させてみる。
>
> 4．最も有望そうなアイデア、アイデアの組み合わせを選び、見直してみる。
> 5．5分から10分、アイデアが生まれるの待つ。何もいいアイデアを思いつかなければ、別の名言を選び直すか、もう1人のアドバイザーのところへ行こう。名言から使えそうなアイデアが思い浮かぶまで、賢人たちと相談を続けよう。

　課題が「どんな方法でリピート注文を増やせるだろうか？」であるとしよう。「賢人会議」から、ロバート・フロストをアドバイザーに選び、『バートレットの常用引用句集』のページをめくり、こんな名言を見つける。
「森は美しく、暗く、深い。
　だが、眠りにつく前に、私には果たすべき約束と
　越えねばならない道程がある」

　フロストの名言を全て吟味してから選んだり、ランダムに1つを取り上げてみたりすることもできる。このケースでは課題とこの一節につながりがあるように感じられたので、選びとった。
　名言によって引き出すことができた考えやアイデアには検閲を加えずに、そのまま記録する。間違った解答はない。心に浮かんだものをすべて書き留めた結果、最終的にはこうなった。
- 顧客は何が重要と思うだろうか？　どうやって配達すればいいだろう？
- 顧客のためにはもっと遠くまで訪問するべきだろうか？　それ

で何か違いが生じるだろうか？ お得意さまになってくれるだろうか？ 我々に何ができるだろう？
- 森にはたくさんの木がある。木は顧客だ。どのように木を手入れするべきだろうか？ どうやって手入れをし収穫を得るか？ 木と顧客との間にはどんな共通点があるだろうか？ 顧客には毎日養分を与えるべきだろうか？ 週に一度ではどうか？
- 顧客の「深く暗い欲望」とは何だろう？ 私にそれが発見できるだろうか？
- 私はもっとハードに働くべきか？ 長時間働くべきだろうか？
- 企業としての約束を、文書にするべきだろうか？
- 会社として顧客に行う保証契約を書き直すべきだろうか？
- 私が正直で懸命に働いていると顧客から思われるにはどうすべきだろうか？
- 木材は木からできる。木材によって何かを築くことができる。どうしたら顧客とよりよい関係を築くことができるだろうか？ もっと営業所が必要か？ もっとサービスするべきか？ 問題を解決すべきか？ 情報を与えるべきか？
- ロバート・フロストは身なりに気を遣っていた。当社の役員が顧客に直接電話をするべきだろうか？ セミナーを開いてみたらどうだろうか？
- 木は刈り込まれる。顧客が多すぎるのだろうか？ 利益を生まない得意先は切り捨てて、利益を生むほうにもっと時間を割くべきだろうか？

最も有望と思われたのは、「顧客との間に、よりよい関係を築く」というひらめきだった。「どうやったら顧客との間に、より利益を生む関係を築けるだろうか？」と言い換えてみた結果、アイデアとして浮かんだものは……

アイデア
- 顧客の問題を分析し、最適な製品についての情報を提供することで、顧客自身が自らの問題を理解できるようにする。

- 何が重要で、何が重要でないかを顧客に伝えることで満足してもらう。
- 重要な顧客に頼んで、私のコンサルタントになってもらう。
- 顧客の努力をサポートしてビジネスが成功する手助けをする。主な顧客にマーケティング・プログラムを提案し、手ほどきをする。
- 顧客にとっての競合相手が何をしているか、情報を提供する。顧客の競合に関する情報センターになる。
- セールスパーソンと顧客との相性を確認する。相性が悪ければ、マッチングを向上させるために担当を替える。
- 上得意先には優先的な扱いをする。大幅ディスカウント、特別なサービス対応、保証期間の優遇、より有利な支払い条件など。

　他人の言葉や考えから得られるアイデアは、想像力という新しいルートで連想の特急列車に乗ってやってくる。賢人の名言は解決しなければならない課題に新しい視点を与えるだろう。

　燃えさしの石炭も、火のついたものを脇に置けば再び燃え出す。同じように火の消えたアイデアも賢人の名言によって再び燃え出すかもしれない。いろんな偉人、アドバイザーに尋ねることが大事だ。自分専用の、想定上の「賢人会議」を作ろう。

【やってみよう！】Blue print

■人物を軸にした「賢人会議」
「賢人会議」は課題をクリアすることをサポートしてくれる、最も優秀なビジネスリーダーやイノベーターが集まった幻の会議でもある。トーマス・エジソン、ダグラス・マッカーサー、アルフレッド・スローン、リー・アイアコッカ、トマス・ワトソン、ジョン・D・ロックフェラー、バーナード・バルック、サム・ワトソン、アンドリュー・カーネギー、J・P・モルガン、ヘンリー・フォード、ドナルド・トランプ、テッド・ターナー、その他存命であって

> も亡くなっていても構わない。憧れている賢人の経験や知恵、ノウハウなどを自由に利用できると想像してみよう。
>
> 1．現在生きている人でも、故人でもいい。自分が尊敬するビジネスリーダー（ヒーロー）を3人から5人選ぶ。
> 2．彼らの写真を手に入れよう（雑誌などからコピーできる）。そして壁の目立つところにピンで留める。写真があれば、いつでも自分の思いのままに有能なビジネスリーダーを思い出すことができる。
> 3．選んだヒーローたちについて勉強する。図書館に行き、伝記や自伝を読む。その人たちについて書いてある書物なら何でも読んでみる。
> 4．ヒーローたちの発言した、気に入った言葉をメモする。障害をどう克服したかなど関係がありそうなものや、興味が感じられるものを転記しておく。ヒーローたちが課題を解決するのに使った発想や秘訣、成功の理由などに特に関心を払っておこう。メモを取ったら、発言者別に個別ファイルを作っておく。
> 5．いざ課題に直面したときは「賢人会議」のメンバーに相談して、彼らがどんなふうにその課題を解決するか想像してみよう。ヘンリー・フォードは労働問題をどのように解決したか？　トーマス・エジソンが新製品やサービスを探すときに使う方法を思い描くことができるだろうか？　トマス・ワトソンの営業テクニックをどのように利用できるだろうか？

　　タイヤ会社のセールスマネジャーが、売上の伸び悩みを気にかけていた。彼の課題は「どんな方法でタイヤの売上を伸ばせるだろうか？」
　　彼はスーパーセールスマンである、トマス・ワトソンのファイル

に相談をもちかけた。

　ワトソンが行った実績から、セールスパーソンだけでなく従業員全員に販売への動機づけを行うアイデアを思いついた。彼の問いは「どうやって皆を仕事に熱中させ、また仕事を皆の関心ごとにするか」と言い換えられた。

　続いてのアドバイザー、デヴィッド・パッカードからは「明確に定義され、皆の同意を受けた全体的な目標を持つことによって」と書かれたフレーズが目にとまった。彼はパッカードがヒューレット・パッカード社で作り上げた企業風土にも興味を覚えた。彼は販売への動機づけに加えて、企業への帰属意識や社員が一丸となった目標を考慮に入れるようになった。

　セールスマネジャーの課題はこう変わる。「どんな方法で誰もが同意する目標を明快に規定できるだろうか？　その目標は企業への帰属意識を育て、全ての従業員にタイヤを売ることへの動機づけを与えるものである」

> **アイデア**　誰もが同意した目標は、全ての従業員がタイヤ販売に参加することだった。セールスマネジャーは従業員一人ひとりに1週間に1ドルを渡し、タイヤをショッピングモールに展示したり、自動車のフロントガラスにパンフレットを置いたりさせた。
>
> こうしたちょっとした行動で、従業員は会社への帰属意識を持った。さらに従業員を高揚させ、新しい動機づけを行うために「我々は生産し、売ることができる」といったスピーチや歌、スローガンの浸透を進めた。マネジャーは全ての従業員をタイヤ販売キャンペーンに協力、参加させたのだった。

▶▶▶ サマリー

「あなたの心のあり様に似せて、あなたは探し求め、望むものは自ずと見つかる」　ロバート・ブラウニング

誰かに手伝ってもらって、見出しがちょうど読めないくらいの距離になるように新聞を持ってもらい、見出しを読んでもらう。すると自分でも実際に見出しが読めているような気がしてくる。これは新聞見出しの錯覚として知られているが、予想に基づく現象である。あなたは見出しを読めるという予想を立てているので、そう思いこみ、見出しが"本当に"読めてしまう。
　もし賢人の思想や言葉の中からアイデアが見つかると予想していれば、アイデアが見つかることを信じられるし、実際に見つけられるのだ。

第18章

Circle of opportunity

属性を絞る
「オポチュニティ・サークル」発想法

「味は五に過ぎざるも、五味の変は勝（あ）げて嘗（な）む可からざるなり」　孫子

　飛行機の着陸には微妙で危険な作業を伴うため、正確なタイミングを要する。管制官は一度に1機か2機しか着陸を許可しない。混雑していれば、飛行機は飛行場の上空で旋回しながら待つことになる。「オポチュニティ・サークル」発想法は、課題を総合的に判断するために、課題が持つ1つか2つの属性をランダムに別々に選びだす。その間は他の属性を"旋回待機"させておいて、新しいアイデアを"着地"させる方法だ。

　焦点を絞ることによって脳は円の集まりを新しい別の形へと処理していき、それぞれに新たな意味を与えていく。

　ランダムに選んだ1つか2つの属性に集中して考えることで、脳は与えられた情報を処理して、新しい関係や意味づけを作っていく。それがオリジナルなアイデアやひらめきへとつながっていく。

【やってみよう！】Blue print

「オポチュニティ・サークル」発想法を行うためには、サイコロを2つ用意する。

1. 解決したいと思う課題を書き出す。
2. 円を描き、時計のように1から12までの数字を円の周囲に書き入れる。
3. 一般的な属性、あるいは課題に特有の属性（さまざまな角度を捉える）を12個選び出し、円周に記した数

字の横に書く。
一般的属性としては、材料、構造、色、形状、音、味、匂い、空間、濃度、あるいは、マーケティング、販売、製造、機能、時間、あるいは責任、戦略、タブーなどがある。
4. 最初の属性を決めるためにサイコロを1つ振り、1～6までの中から属性を選ぶ。
5. 2つ目の属性を決めるために、サイコロを2つ一緒に振り、出た目の合計数字で属性を選ぶ。
6. 選び出された2つの属性を最初は別々に、次に一緒に考えてみる。それぞれの属性と組み合わせの両方について自由に連想を行う。
自由連想は創造性のエネルギーを解放するのに適したやり方だ。属性から最初に思いついたアイデアに始まって、とめどないアイデアにつながるきっかけが見つかるまで連想を行う。
思い浮かんだ順に、連想したものを書き留めておく。
7. 連想した結果と課題との間に関連を探す。自分自身に問いかけてみよう。
   - どんな連想ができるか？
   - それぞれの連想から何を思い起こすか？
   - 連想からどんな類推をするか？
   - 連想と課題の間にはどんな関係があるか？
   - 何か新しいひらめきがあったか？

　自由連想とは長くゆるやかなカーブを車で曲がるようなもの。最後には価値あるアイデアに達する。連想の広がりは、静かな水たまりに石を投げたときに広がる波紋に似ている。波紋の大きさは、石の大きさと石が投じられてからどれくらい時間が経ったかによる。自由連想の広がりも選んだ属性の強さと、連想を行った時間の長さ

にかかっている。課題の本質とのつながりが強ければ連想はより広く、速やかに広がっていく。そうでなければ連想の広がりも遅く、制限されたものになる。

ある広告会社が航空会社のために、新しいキャンペーンを作ろうと考え、「オポチュニティ・サークル」発想法を使ってみることにした。

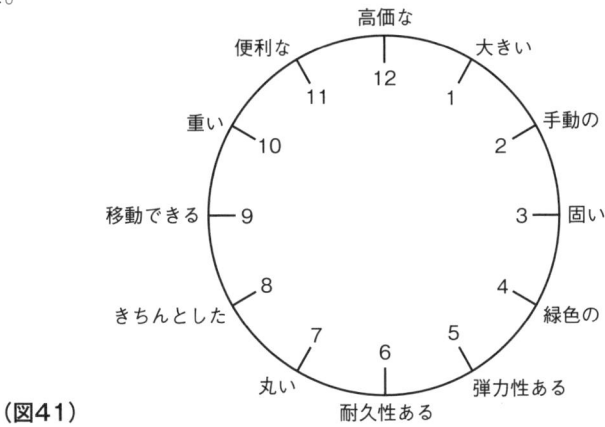

```
                    高価な
           便利な      12      大きい
                11  ╱    ╲  1
          重い  10            2   手動の
                ╱              ╲
        移動できる 9              3  固い
                ╲              ╱
                 8            4   緑色の
         きちんとした            
                  7    6    5
                  丸い       弾力性ある
                      耐久性ある
```

（図41）

クリエイティブ・ディレクターはサイコロを振って、最初に4（緑色の）、次に9（移動できる）を出し、2つの属性を選んだ。

彼女は自由連想を行った。緑の芝生、緑色の目、エメラルド、旅行、旅人、移動中、フロリダ半島の南岸沖で日没時に目にできる緑色のきらめき、えんどう豆、陽射しの明るい緑の島々、お金（ドル紙幣は裏が緑でグリーン・バックと呼ばれる）、青リンゴ……。

彼女は、「緑色の目」「旅行」「旅人」を結びつけて、キャンペーンのアイデアを思いついた。

アイデア 緑色の目をした人にはカリブ海への休日フライトを50％引きの運賃で提供する。航空会社としては、対象者はそれほどいないことを想定し、この"目を引く"キャンペーンを1年間行う予定だ。

「オポチュニティ・サークル」発想法のケーススタディをもう1つ

紹介しよう。ある商品の新しいパッケージデザインを開発しようとしているところだと仮定してみる。サークルの外周に書いてみる要素として、包装に関連した属性を使うことにしてみる。安い、目立つ、長方形の、軽い、販売上の、青色の、エキゾチックな、コンサバな、シャープな、穴だらけの、冷たい、強い、だ。

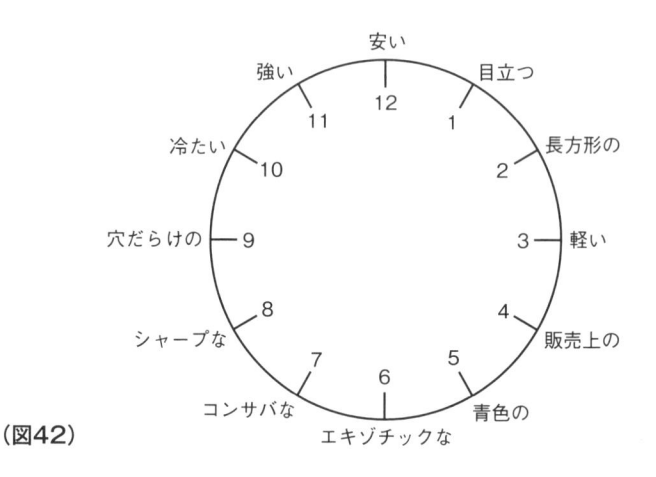

(図42)

サイコロを振ってみると、1つ目の属性は6（エキゾチックな）に、2つ目は4（販売上の）になった。「エキゾチックな」と「販売上の」とを別々に、そして一緒に組み合わせてみた結果、私の連想はトロピカルシャツ、トロピカルな島々、エキゾチックな音楽、エキゾチックな場所の高画質写真、エキゾチックな物品の販売、エキゾチックな自社商品の販売、パッケージの企業への外販、パッケージする方法の販売、エキゾチックなパッケージの販売、エキゾチックに包装された商品の販売、などだった。課題に無関係に思えても、こうした連想を心に呼び起こし、アイデアを探してみた。

さまざまなアイデアを検討してみた結果、パッケージする方法自体を販売するアイデアに落ち着いた。当初はメーカーに対して商品をパッケージするアイデアを売ろうと思っていた。その後、エキゾチックなパッケージングを行うサービスを売ることを考えてみた。そしてこんなアイデアが浮かんだ。「パッケージする方法とは、一

つの表現方法だ。ならば人それぞれ、個性的なものを作ってみてはどうだろう？　パッケージする方法そのものを売ればいいではないか！」

アイデア　録音した音楽を友人へ贈る人は多いだろう。CDなどをギフトとして包装できるカバーキットを商品として企画する。このキットには、ディスクをカスタマイズして包めるよう、あらゆるものがそろっている。エキゾチックな場所が写った高画質の写真がシールで貼れるし、郵送するための封筒やレタリングのテンプレートなどが揃っている。

▶▶▶ サマリー

「オポチュニティ・サークル」発想法によって、普通なら思い浮かびもしないような連想や関連づけを試してみることができる。この発想法を使えば、新しい視点で課題そのものを捉え直す可能性を増やすことになる。自ら土壌を作るマングローブの木のように、一般的な属性のように限定された要素からでも新しいアイデアを作り出すことは可能なのである。

第19章

Ideatoons

視覚的思考
「パターン・ランゲージ」発想法

「故に其の戦い勝つや復(くりかえ)さずして、形に無窮に応ず」　孫子

　文字は絵や記号を元にして生まれてきたものだが、文字のほうが高度であるとは必ずしも言えない。コンピュータ・テクノロジーの最前線はグラフィック・シンボル。グラフィックな言語に拠(よ)っている職業も多い。物理学者は図を描くものだし、フットボールチームのコーチはバツやマルで戦術を表現し、企業は自社の商標が目印になっている。

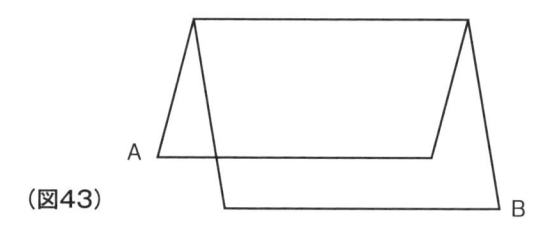

（図43）

　視覚的な思考と言語的な思考とは互いに補完しあう。図43をじっくり見てみる。AとBの線が、位置を前後に交換しているように見えるのに気づくだろう。最初にAが手前に、次にBが前に見えてくる。今度はまたAが前にきて……。
　これは視覚的な思考と言語的な思考の働きを示している。言語によった思考は常に表に現れて見える。視覚的な思考は存在はしていても隠れていて見えないが、2つの思考は交換可能だ。
　言語的と視覚的、両方の思考方法は共存している。どちらかが勝っている理由は全くない。しかし私たちは言語的思考に頼りすぎるきらいがある。「パターン・ランゲージ」発想法を使って、言語に拠りすぎた思考法を裏返して、自由に解放する方法を教えよう。

物理学者ニールス・ボーアも視覚的な思考法を使っていた。彼は原子の中で起こっている情況を表現するのに、言葉は似つかわしくないことに気づいた。ボーアは複雑な原子モデルを物理学的な表記方法ではなく、まずは絵をつかって作り上げたと述べている。その後、視覚的な表現を言語へ翻訳をした。

　「パターン・ランゲージ」発想法は、視覚的思考法のひとつだ。建築家のクリストファー・アレクサンダー、サラ・イシカワ、マレー・シルバースタインによって、新しい建物をデザインするために発案された。「パターン・ランゲージ」発想法はビジュアルかつフレキシブルなため、属性の間に新しい関係を発見するのに有効でクリエイティブな手法だ。

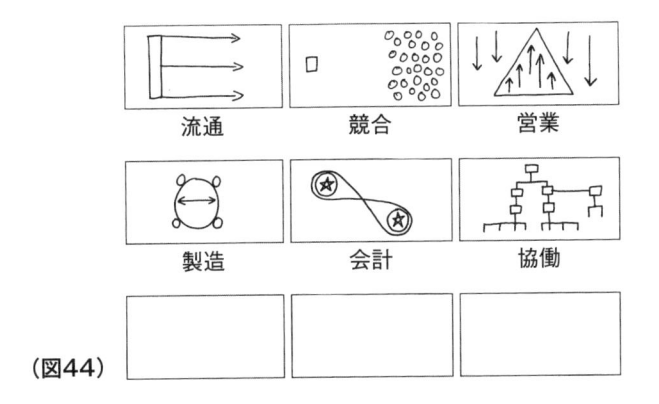

（図44）

　パターン・ランゲージは言語の代わりに描き示した抽象的で視覚的な記号（シンボル）から成り立つ。うまく描こうなどと考える必要はなく、絵のよし悪しは関係ない。ポイントは、描いてみた記号、シンボルが、自分にとって何を意味するかだ。上記の図44は、私が新しいビジネスを考えるために描いて使ってみたシンボルだ。

【やってみよう！】Blue print

1. 課題を属性に分割する。
2. それぞれの属性を、抽象的なグラフィック・シンボルとして描く。属性ごとに、1枚ずつシンボルを描く。自分にとって最もしっくり来るように（自分の中での属性イメージが表れるように）、つまり「属性が表現したがって（されたがって）いる」と感じられるイメージをそのまま描く。シンボルの裏側に、そのイメージが示す属性を言葉で書いておく。

   パターン・ランゲージは単純にも複雑にも、思うままに作ることができる。属性を表すシンボルを描くだけではなく、属性が持つ要素ごとに色分けするテクニックもある。

   例えば、新商品を上市するには商品の生産、流通、販売促進、販売という4つの要素が必要になる。生産に関わるシンボルには赤いカードを使い、流通には黄色、販売促進なら青、販売に白を使ってみる方法もある。
3. シンボルが描かれたカードをテーブルの上に並べ、直感的にグループ分けしてみる。意図的に選ぶのではなく、あたかもカードのほうから語りかけてくる声に身をゆだねるように自然に任せてみよう。そして集まってきたカードを見ながら、アイデアを考える。
4. 課題を解決するアイデアを探す。カードを見ながら、関連性がないかと探してみる。自由連想も試そう。アイデアが一番たくさん出そうなカードの組み合わせは覚えておく。
5. 行き詰まったら、別のカードを追加してみてもいいし、全く新しいカードの組み合わせからやり直してもいい。

自宅の売却によって現金を手に入れようとする人たちがいる。彼らの抱える問題は次のようなものだ。
- 見込み客に自宅を見せるために、いつも家に居られるとは限らない。
- 買いそうな見込み客を絞り込む。
- 有望な見込み客に対して、自宅についての情報を提供する。

「どんな方法で確度の高い見込み客に適切な情報を与えられる製品やサービスを提供できるだろうか？」に取り組んでみよう。

「自宅を売るプロセス」を取り上げて、属性に分ける。そしてそれぞれの属性をシンボルで表した。図45のようにシンボルの描かれたカードを組み合わせて、再度シャッフルしてグループ分けをしたりした結果、「郵便受け（家の前にあるものから）」「売却宅のデータ（税金、売価、特徴など）」「手数料（自動販売機などで使うコインが連想された）」「契約（1枚の紙を思いついた）」を結びつけた。郵便受け、自動販売機、売却宅のデータ、契約用の紙から、こんなアイデアが生まれた。

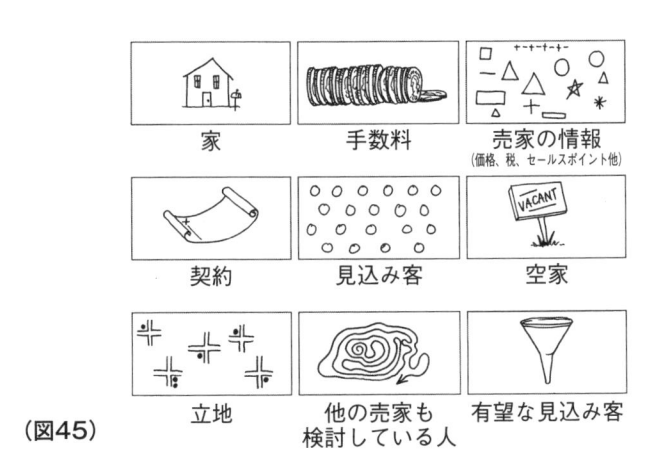

（図45）

家　／　手数料　／　売家の情報（価格、税、セールスポイント他）
契約　／　見込み客　／　空家
立地　／　他の売家も検討している人　／　有望な見込み客

アイデア　ハウス・データ・ボックス。売家の前に置く、郵便受けのような形をした箱だ。箱の中には値段や税金、築何年か、セールスポイントなど売家に関する情報が箇条書きにされた、破って持ち帰れる巻き紙が入っている。興味のある人はボックスからシートをちぎって持って帰れる。本当に買いたければ、電話をかけて売手にアポイントを取るだろう。こうすれば可能性の低い見込み客との折衝をかなり減らすことができるし、売家の所有者も同じことを何回も話す無駄時間を節約できる。このハウス・データ・ボックスは自宅の売却を望む人へ販売するか、レンタルすることが考えられるだろう。

自分で描いてみたカードを並べ替えてみると、それが刺激になって気づかなかった関係が見えたり、新しいアイデアが生まれることがある。カードに描かれたシンボルを混ぜ合わせながら、想像力の限界を超えていくことになる。

バス向けのビルボード（屋外看板）広告を専門にしている広告会社の経営者が、こんな課題を設定してみた。「どんな方法で一度見たら二度と忘れられない広告を作れるだろうか？」

彼は課題を屋外広告、多い交通量、ユニークさ、広告媒体、記憶、バス、といくつかの属性に分けてみた。そして「パターン・ランゲージ」発想法を使って、図46のようなシンボルを描いた。

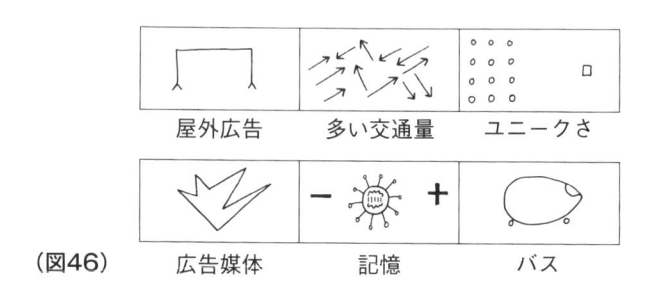

（図46）　屋外広告　多い交通量　ユニークさ　広告媒体　記憶　バス

「バス」として描いた直感的なシンボルから、彼は牛を思い出した。何回かカードを混ぜ合わせていくうちに、牛に広告をつけるアイデアを思いついた。

> **アイデア**　彼は空港のように、人が大勢集まる場所の近くにある農場に目をつけた。そして農場主を説得し、広告メッセージを描いたサイズ２×３フィートの板を牛にぶら下げる権利を獲得した。また追加料金を支払えば、見る人の注意を引くための鈴も利用できるようにした。さらに広告をぶら下げている間に牛が子どもを産めば、生まれた子牛にも無料で広告をぶら下げることができるようにした。つまり"子ども"を産むことができる広告だ。このアイデアには大きな価値がある。牛にぶら下がった広告を見た人は、終生忘れることはないだろう。

▶▶▶ サマリー

クリエイティブなビジネスパーソンは課題全体を分割し、シンボルとして描かれたパーツを自由に新しく組み合わせることで自らのアイデア力を増強させる「パターン・ランゲージ」発想法を使い始めている。描かれたシンボルは、どんな状況においても深い洞察を行うサポートになる。ニューヨークにある大手広告会社が、次のような問題で入社希望者のパターン・ランゲージ能力をテストした。

火星からの使節がセントラル・パークに着陸した。グラフィックなシンボル以外、彼らは地球上の言語はどれも全く解さない。火星人を歓迎し、セントラル・パークがどんなところか説明する、シンボルによるショート・スピーチを作りなさい。

２～３分で火星人向けのグラフィック・スピーチを作ってみよう。

「パターン・ランゲージ」発想法は、自らの課題をイラストというソースで味付けし、一味違うユニークな方法で表現し、可視化し、

第19章

考えることができるようになる手法だ。

　言語的な発想法を使いすぎると、自分の想像力が電子レンジで温め直しすぎたコーヒーのようになってしまうことがある。そんなときは発想法を変えて、想像力を"入れたてのコーヒー"にしておくべきだ。

　イラストを描くことは、課題を新鮮な視点で見直すことにつながる。新鮮な視点を持てば、日曜のディナーになることを畏れて逃げようとしているチキンのように、机の周りで跳ね回っているアイデアを見つけることができるだろう。

第20章

Clever Trevor

耳を傾ける
「クレバー・トレヴァー」発想法

「夫れ惟だ慮(おもんぱか)り無くして敵を易(あなど)る者は、必ず人に擒(とりこ)にせらる」　孫子

　私の友人クレヴァー・トレヴァー氏がかつてこう語った。「著名で成功を収めている専門家が『可能である』と言ったことは、ほとんど確実といっていいほど可能である。しかしその人物が『不可能である』と言った場合、それは誤りであることが多い」。この説を証明する、他の有名人が残した言葉を紹介しておこう。

　チャールズ・デュエルという特許権事務所の経営者は1899年に「発明されうるものは、すべて発明され尽くした」と述べた。
　グローヴァー・クリーヴランドは1905年にこう発言している。「思慮深く責任感のある女性は、投票しようなどと思わない」
　プロシアの国王は鉄道事業が失敗に終わると予言した。「ベルリンからポツダムまで、1日あれば自分の馬に乗ってただで行けるのに、1時間で行けるからといって、金を払う者などいない」が理由だった。

　専門家が見くびっているものほど、真にすばらしいアイデアであることさえある。後にその専門家たちにとっても、そのアイデアのすばらしさが明らかになることもよくある。
　専門家が新しいアイデアを理解できないケースはいくらでもある。ドイツの発明家フィリップ・レイスは1861年に音楽を送信できる機械を作り、もうひと息で人の声を送信できるところだった。ところが専門家たちが「電報で十分なのだから、そんな機械は必要ない」とレイスに言ったために、彼は研究を中断してしまった。アレクサ

ンダー・グレアム・ベルが電話の特許を取ったのはそれから15年後のことだった。

　自分が扱う分野での専門性を究めるほど、斬新な新しいアイデアを生み出すのは難しくなる。思考法も特化してしまう傾向があるからだ。専門家になるとは、歯を1本しか磨かないようなもの。その歯だけはとてもすばらしいが、他の歯が抜けてしまっている。

　専門家の発想法が特異な方法に偏ると研究対象の周辺に垣根を築いてしまい、自分の専門領域の中でしかアイデアを探そうとしなくなってしまう。
　素人は境界線を引くだけの専門的知識を持ち合わせていない。そのためどこにでもアイデアを探すことができる。だから画期的なアイデアはいつも素人が発見することになる。

　アイデアを手に入れるためには、自分の専門分野以外の素人に話を聞くのがお勧めだ。

【やってみよう！】Blue print

1. 自分の専門分野以外、あるいは全く異なるバックグラウンドを持った人に意見を聞こう。
   お互いに打ち解けている関係ならば、ユニークな視点を提供してくれるはずだ。売上を伸ばす方法を探しているのなら、司祭か教師、医者、バーテンダー、ガールスカウトなどにアイデアを尋ねてみよう。
2. アイデア志向の人を探そう。
   アイデアが大好きで、ビジネスや仕事に役立てている人を身近に置く。このタイプの人は、想像力をかき立ててくれる。

こんな人たちに囲まれていたいものだ。

- 創造性に対して敏感で、常に対策やアイデアや提案を出す人
- 人生に強い興味を示し、生きていることに興奮を覚えているような人
- あなたのビジネスについてよく知らない人で、しかも愚かでも無知でもない人
- とても頭の回転がよくて、物事に不合理な点を見つける人
- 自分とは異なる価値観を持っている人
- 旅行をして、見聞したものに注意を払う人
- むさぼるように本を読む読書家

創造性を刺激してくれる友人や近所の人、親戚のリストを作って、その人たちと過ごす時間を増やすようにしよう。解決するべき課題について議論し、彼らからアイデアや意見を求めよう。

3. 偶然に出会う人から、クリエイティビティを引き出そう。誰でも少なくともひとつぐらい、あなたの役に立つアイデアを持っている。
4. 人の言うことをよく聴こう。

　大手モーテルチェーンの役員がゴミの集配人と自社事業について気軽な会話をかわしていた。その折に集配人は「もし俺があんただったら、モーテルでピザを売るね。モーテルやホテルで捨てられてるピザの箱の数といったら信じられないよ」と話した。役員はモーテルにピザのオーブンを備えつけ、大成功を収めた。集配人が「ピザ」と言ったとたん、彼は大きな市場を逃していることに気づいたのだ。

　フリーダ・キャップランは人の言うことをよく聴く人物だった。彼女は有名な優良企業フリーダズ・ファイネストの創業者。野菜販

売のビジネスで、彼女はブランドを確立し、何百万というアメリカ人に聞いたこともない果物や野菜を買わせてしまった。

どうやって？　他人の話をよく聴いたからだ。「ドアはいつでも広く開け放しておき、人の言うことはよく聴く」が彼女の基本ルール。彼女はある日、あるお客が「チャイニーズ・グースベリー」はないかと尋ねてきたのを、しっかり聴いていた。彼女はそんな果物は見たこともないので、あったら気をつけておくと約束した。6ヶ月後、全く偶然に、卸業者がチャイニーズ・グースベリーを売り込んできた。それは表面に薄い毛が生えていて、緑色で全体として見栄えのしない小さな果物だった。

この果物を売るためにはPRが必要だった。まず彼女は果物に「キウィフルーツ」と新しく名前をつけた。名前もまたある人から聞いたもので、ニュージーランドのキウィという鳥に由来していた。彼女は地元のレストランと話をして、キウィをデザートに出してもらった。また、キウィフルーツとは何か、どうやって食べればいいのかを説明するポスターも作った。

人の言うことを聴くことで、フリーダはアメリカの料理に一つの変化を与えることになった。

●よりよい聴き手になるための十箇条

よりよい聴き手になるための十箇条を紹介しよう。生涯を通して上手な聴き手になるための秘訣だ。

1. 関心のある分野を見つけよう。「自分にとって重要なものは何か」と問いかけよう。
2. 話し振りではなく、内容を判断する。話し手の誤りは気にしない。
3. すぐに判断をしない。すべてを聴き終わるまで判断するのを待つ。
4. アイデアに耳を傾ける。中心となるテーマを見分けよう。
5. 柔軟に。内容を記憶するための方法を、4つか5つ持とう。
6. 聴き方の訓練をする。全身を耳にして、一生懸命に。

7．気が散らないように。注意散漫と戦う。相手の悪い癖は大目に見て、集中する。
8．脳を鍛えよう。そのために、難解なものを教材として使ってみる。
9．心を聴く。言葉の真の意味を知り、表面的な表現にはこだわらない。
10．頭で考えるほうが話すスピードより速い。この事実を利用しよう。相手の話を聴きながら、質問を考える、先を予想する、要約してみる。言葉の裏にあるものを聴き取ろう。

たいていの人は聴き上手とはいえない。実験によると、10分間のプレゼンテーションを聞いた直後、平均的には聴いた内容の約半分しか理解せず、覚えていない。45分経過すると、さらにその半分に落ちて、25％しか記憶に残らない。聴く努力をしなければ、聞いた内容の4分の1しか保持できないということだ。

▶▶▶ サマリー

課題について話をする相手の数を増やすことによって、アイデアも増やせる。

専門分野以外の友人と話し合うことで、普段とは違うクリエイティビティを手に入れることもできる。

第 2 部　右脳型発想法

第21章

Chilling out

α波
「リラックス・テクニック」

「虞を以て不虞を待つは勝つ」 孫子

　昼間に星を見ることはできない。光が弱く、太陽に圧倒されてしまうからだ。同じように、アイデアが見つからないのは、そのかすかな光が脳の活発なベータ波に負けてしまっているためだ。

　図47のイラストが示す質問は「箱の外にいるカブトムシを中に入れてください」だ。とても解けそうには思えないが、1～2秒何も考えずリラックス、頭をすっきりさせて箱をのんびりと眺めていると不思議なことが起こり、問題が解けてしまう。

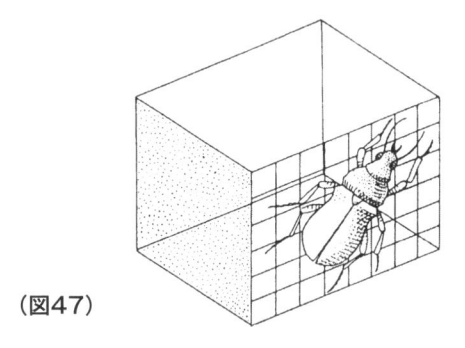

（図47）

　箱の内外が入れ替わり、カブトムシが格子模様の床にいるのが見えてくる。意識の持ち方が問題解決のポイントだ。

　自分自身がリラックスして瞑想することで「どんな」問題でも自ずと解決できる存在になる。この章で扱う発想法は、脳のα波（アルファ波：リラックスしているときの脳波）を発生させる方法だ。α波が出ていれば心が鎮まり、解決策が見えてくる。

> **【やってみよう！】Blue print**
>
> α波を発生させるためには、こんな状況に身を置いてみるのがいい。
>
> 1. 静かな環境
>   静かな部屋、あるいは静かで快適な屋外。
> 2. メンタル・テクニック
>   深くリラックスして瞑想状態に入る方法で気に入ったものがあれば、それを練習して頻繁に使ってみる。または本章で説明するテクニックから1つを選んで使ってみる。
> 3. 受動的な態度
>   頭を空にする。いろいろな想念が頭をよぎっても、止まって考えず、流れるままにする。
> 4. 快適な場所
>   少なくとも15分間は眠らずにじっとしていられる場所を選んでおく。

▶▶▶ 7つのリラックス・テクニック

● テクニック＃1：回想旅行

　最も深く、リラックスして心穏やかだったときのことをできるだけ詳しく思い出そう。例えばそれは、日溜まりの中でゆっくりできた休暇のことかもしれない。回想しながら太陽の光と砂を感じよう。暖かいそよ風に吹かれよう。カモメ、船……。あの日の状況や出来事を詳しく思い出せば、リラックスした状態は深くなる。

　山での静かな情景や暖炉の前で過ごした眠気を誘う午後、すがすがしい秋の夕べ、フロリダのキーウエストで見た夕暮れ……といった心地よい経験もあるだろう。最も楽しかった過去の経験を呼び覚ます練習をつむほど、心に浮かべるイメージとリラックスした状態

とを結ぶつながりを強めることができる。

　リラックスにつながるイメージを呼び覚ましたとき、感じた心地よさをはっきり口に出してみる。「気持ちがいい……心が満たされて、調和がとれて、私とすべてのものが……」。過去を回想する旅を楽しいと感じられる間ずっと続けてみよう。3分から30分位がいいと思う。毎日、あるいはできるだけ頻繁に繰り返し反復することが重要だ。回想旅行を重ねるほどに、リラックスできる楽しい経験をたくさん脳に刻み込むことになる。この旅の練習によって、ひっくり返した枕の裏側に触れたときのようにひんやりと頭を冷やし、リラックスすることができるようになる。

●テクニック＃2：ゼリー・シンドローム
　この方法は筋肉をリラックスさせるテクニック。まず身体を楽にする。爪先から頭皮に至る、一つひとつの筋肉を順番に弛緩させてゆき、身体全体を弛緩させるのが基本だ。筋肉が順番に緩んでいくにつれ、身体の緊張がほぐれていく様子を想像してみよう。特別に意識はせず、筋肉を順々に緩めていく。眉間にしわを寄せるのをやめ、手、腕、肩、顎……と少しずつ、少しずつ力を抜いていく。順番に筋肉を緩めることで意識が鎮められ、穏やかで深くリラックスした状態に達することができる。……すると無意識の底から、あの静かな"ささやき"が聞こえてくる。

　筋肉を徐々に緩めるのが難しいようであれば、自分の身体が膨らんだゴム風船でできているものと想像してみよう。脚にある2つのバルブを開くと脚がすぼんでいき、やがて空気が抜けてペシャンコになった2本のゴムになる。次いで胸のバルブを開けると、空気が抜けて胴体の全体がしなやかになる。腕、首、頭についても同じことを続けてみよう。

　身体の力が抜けてしなやかになったら、お腹からゆっくり深く呼

吸する。肺に空気を一杯入れ、息を吸いながら「リーーーー」と声を出し、いったん息を止める。そして「ラーーークス」と声を出しながら息を吐き出す。この動作を、完全にリラックスできるまで続ける。

身体がゼリー・シンドロームに至るには別の方法もある。まず身体を楽にして横になる。それから、録音したテープからの呼びかけを使って身体の筋肉を順番に緊張させる。特定の筋肉を緊張させてから、リラックスさせる。筋肉から力が抜けていく感覚をつかむことに集中してみよう。

録音する内容を整理しておこう。ガイドに従って何度も繰り返し、力が入る感覚と抜ける感覚に神経を集中させる。緊張させて……そのまましばらくキープ……そして力を抜く。このやり方を忘れないことだ。

目を閉じましょう。あなたの筋肉がすべてリラックスするところをじっくり思い浮かべてみてください……さあ手をぎゅっと握りしめます……力を抜いてください……両手を肩のほうへ曲げながら力を入れます……力を抜いてください……両手を肩にのせます……力こぶを作ります……さあ、腕の力を抜いて体の脇に下げましょう……肩をすくめます……力を抜きます……顔をしかめます……顔の力を抜きましょう……目をぎゅっと閉じてください……さあ力を抜きます。舌を口の中、上側に押しつけます……力を抜いてください……唇をきつく閉じます……力を抜きましょう……頭を後ろに倒します……頭を前に倒します……首の力を抜いてください……背中を丸めてください……力を抜きます……お腹をへこませて筋肉に力を入れてください……力を抜きます……お尻の筋肉を緊張させます……力を抜いてください……脚の筋肉を緊張させます……力を抜いてください……爪先をそらせます……力を抜いてください……

この練習を繰り返して、それぞれの筋肉の緊張をさらにほぐす。ゼリー・シンドロームのリラックス・テクニックで大切なことは、筋肉を緊張させてから、その緊張が解ける感覚を味わうことにある。

十分に筋肉をリラックスできたら、身体の中心から呼吸をしよう。鼻から息を出し入れして、意識的に呼吸をしてみる。ゆっくり、自然に空気が流れるように、息を吸い込んだときに「リーーー」、いちど息を止めて休み、また吐き出すときに「ラーーークス」と小さな声を出す。これを10分から20分間続けてみよう。

完全にリラックスできたなら、自分が穏やかでゆったりとした、より深い意識レベルへ運ばれていく感覚がわかるだろう。深いレベルのリラックス状態に上手に達したかどうかについて思い悩むことはない。流れに任せていればいい。いつの間にか、ゼリーのようにふにゃふにゃになって横たわれるようになる。

●テクニック＃3：トルーマン大統領の塹壕

トルーマン大統領は、戦時下の大統領であることから生まれるストレスと緊張状態を歴代の大統領よりも上手に耐え抜いた。問題が山積していたにもかかわらず、大統領は職務のために老け込んだり、活力を失うことはなかった。新聞記者が「どうやってご自身を管理されているのでしょうか？」と尋ねたところ、トルーマンは「私には心に塹壕があるんだよ」と答えた。兵士が身を守るために塹壕を掘っておくように、彼も自分の心に塹壕を用意して何にも煩わされることのない時間を過ごすようにしているのだ、と説明した。

人間は誰しも自分自身の秘密の楽園を、しかも自分の好きなやり方でつくることができる。

目を閉じ、できるだけゆったりとリラックスしよう。理想的な環境にいる自分の姿を想像する。森や海辺、山や草原、洞穴、塹壕、

砂漠など、好きな場所ならどこでも構わない。自分の心に楽園を鮮やかに思い描いてみよう。暖炉のある家や、海辺に建つ藁小屋、地球を回る宇宙船、柔らかい光に包まれた静かな場所……などが見えてくるだろう。

浮かんできたイメージがあなたにとっての特別な場所だ。その楽園へは目を閉じて願いさえすれば行ける。平和や静寂が欲しいときには、いつでも秘密の楽園に籠もることができる。

● テクニック♯4：熱気球

目を閉じ、10から1へ数を数えながらゆっくり深く息をして、徐々にゆったりとリラックスしよう。

リラックスできたら、巨大な青い熱気球が緑の草原の真ん中に置かれているシーンをできるだけ鮮明に思い浮かべてみる。そして心配事という荷物をすべて気球の吊り籠に詰め込み、籠が一杯になったら熱気球がふわふわと浮かんでいくと想像する。熱気球が心の重荷をみんな運び去ってくれるから、もうそれ以上何も心配することはない。

● テクニック♯5：手を放す

サルを捕まえるには、ナッツを入れた口の狭い瓶を地面に埋めておけばいい。サルが瓶に手を突っ込み、ナッツをひと握りつかむ。ところが瓶の口が狭いので握った拳を引っぱり出せない。しかしサルはナッツを放そうとせず、結局罠にかかって捕まってしまう。自分の思い込み、考え、悩み、心配を後生大事にして手放さずにいると、サルのように罠にかかってしまうかもしれない。

もし今、何らかの心理的な壁を感じているのであれば、この方法を試してみよう。その障害となるものが指輪のような、身につけているものに表されていると想像する。その指輪を外すことを思い描けば、解放され、リラックスした気持ちになれる。

●テクニック#6：温かい石

　ストレス緩和に効果があると言われている自律訓練法を行うと、意識の変化に呼応して身体を動かせるようになる。「リラックス」という抽象的な概念を考えることを難しいと感じる人でも、「温かさ」や「重さ」を想像するのは簡単だ。手が温かくなったり、腕や脚が重くなるのを想像することによって、リラックスすることを可能にする自己催眠状態に入ることができる。

　ベッドの上に身体を伸ばし、腕や脚が石のように重くなって横たわっている姿を思い浮かべる。マットレスはあなたの重く、動かない身体を受けて沈み込んでいる。マットレスは身体の重みでたわみ、床につきそうになっている。目を閉じて2～3分深呼吸をし、次の言葉を声には出さずに心の中で繰り返し唱える。「私の手は温かい。私の脚と腕は石のように重い」。手が温かくなり、腕と脚が重くなっていくのを感じよう。

●テクニック#7：アウム

　脳は生来おしゃべりである。このため、ゆったりとリラックスしようとしている最中にも雑念が入り込んで気が散ることが起こる。"意識のおしゃべり"を静かにさせるために、東洋の神秘主義者の中にはマントラを集中して聴く者もいる。マントラとは頭をすっきりさせるために、何度も繰り返される音や言葉だ。

「アウム」とはよく使われるマントラで、万物中に現れる宇宙のエネルギーの音を表している。まず口の奥で「アーーー」と音を出し、次に口全体で「ウーーー」の音、「ムーーー」の音は口を閉じたまま発する。どの音にも母音が含まれている。子音は母音をさえぎるもの、言葉はすべて「アウム」からの派生だと考えられている。

「アウム」とは人間を森羅万象に結びつけるシンボリックな音で、4音節からなると言われる。A－U－M－－－に続く4番目の音節は無音であるが、これをなくして「アウム」は成立しない。「アウム」と唱えるチベット僧の声を聞くと、その意味もわかると思う。

ハーバード大学の研究によれば、マントラには高血圧患者の血圧を下げる効果が非常にあったという。研究では伝統的マントラが持っている宗教色を排除するために、患者には１（one）、私（me）、サツマイモ（yam）、おー（oh）といった１音節の言葉を使ったとのことだ。

▶▶▶ サマリー

　リラックスする方法を身につけるには少々時間がかかるが、１週間のうち６日間神経をとがらせていても、７日目にリラックスしようと心がけてほしい。おそらく次の６日間は前週ほどのストレスを受けずに済むだろう。

　紹介したリラックス方法には、トレーニングをしっかり行えば緊張をほぐし、頭をすっきりさせる効果がある。この状態になれば、子どもが縄跳びをするように軽やかにアイデアを考え出すことができる。

第22章

Blue Roses

青い薔薇
「直感力」

「形に因りて勝を衆に錯くも、衆は知ること能わざるなり」　孫子

　その昔、「青い薔薇を最初に持参した者に娘との結婚を許す」と公言した皇帝がいた。才色兼備な娘のもとへ、多くの求婚者が"青い薔薇"を持ってきて彼女の心を動かそうとした。ある者は瑠璃色の薔薇を、ある者は着色した花を、またある者は青い薔薇が描かれた陶器の茶碗を持ってきた。ある晩のこと、彼女は城の外で吟遊詩人に出会い、恋に落ちた。次の日に再びやってきた彼が持参したのは、ごくありふれた白い薔薇だった。皇帝の娘はその薔薇を「青い薔薇」と呼び、そしてふたりは結婚した。

　皇帝の娘は直感を頼りに伴侶を選んだ。直感を使うとは、自分の感情に目を向け、その的確さを知り、感情をうまく活かすことだ。直感を使う際に重要となる前提は、すでに自分には答えがわかっている点にある。

　ジョージ・ワシントンは独立戦争中直面した最も困難な問題を直感で解決した大統領だ。彼は、リラックスした状態で直感を使って決定を下している間、当番兵にも近くに来ないようにとの指示を出していた。アメリカ合衆国の創設者たちは直感を重視し、子孫たちにもその力を忘れさせまいという願いを1ドル札の裏に残した。未完成のピラミッドの上には目がひとつ浮かんでいる。目が頂上に位置するまでピラミッドは未完成のままだ。直感がアイデア開発や決定を行う上で重要な役割を果たすまでは未完成、を意味しているのだろう。

成功する経営者の頭脳には直感力がぎっしりつまっている。彼らに企業の財務報告書を渡してみれば、その企業の長所、短所、将来性を実に的確に査定してくれるだろうし、人事に関する課題を相談したなら、その問題を把握し、解決策あるいはとるべき方針を直感的に示してくれるだろう。同じ問いを直感力のない経営者に投げかけても、経営学のテキストから寄せ集めたような、くだらない答えが返ってくるだけだろう。

●経営者が直感を使う５つの方法

　ハーバード・ビジネススクールの教授、ダニエル・イーセンバーグは大企業の経営層16人について研究調査を行った。数日間彼らの仕事を観察、インタビューを行い、成功の秘訣を探るために用意した課題に実際に取り組んでもらった。イーセンバーグは成功した経営者たちが直感を用いる理由を次の５つに分類している。

1．問題の発生を感じ取るため。
2．身につけた行動パターンを素早く実行するため。
3．別々のデータや経験をまとめて、全体を見通す"絵"を作りあげるため。
4．合理的な分析の結果を検討するため。感情と知性が"一致"するまで探求し続ける。
5．綿密な分析を飛ばして、ただちに解決策を見つけ出すため。

　ある映画会社の経営者は、生産性が落ちたのは社内の勤労意欲低下のためであることに気づいた。彼は直感の命じるがままに、社内でスポーツ・トトカルチョを始めることにした。社員同士が互いに掛け金を出しあい、管理することで社員たちの団結心は信じられないほど強まり、図書館の司書から管理職まで、すべての社員の気持ちがひとつになった。

　トトカルチョの結果に関してユーモアたっぷりの情報紙を毎週発行し、シーズンの終わりには必ずパーティーを開き、勝ったものが同僚に酒をおごることになっていた。勤労意欲と作業能率は一気に

上がった。うまくいったのは問題に気づき、どうしたら社内の結束を高められるかについて感じ取る能力が経営者にあったからだ。

　直感力のある人はロジックが突然飛躍したときでも状況全体を捉えることができ、優れた洞察力を発揮する。ニュージャージー科学技術研究所のジョン・ミハラスキーとE・ダグラス・ディーンの調査によれば、5年間で利益を倍にした最高経営責任者の80%は平均以上の直感力を持っているという。

> **【やってみよう！】Blue print**
>
> 直感には2つの基本原理がある。「直感は開発される」、そして「直感を理性と結びつける」ことだ。
>
> 1. 直感は開発される
>   日常的に直感を意識するよう努力する。どうやって直感的な衝動を感じるのか。それはいつ起こるのか。直感力を鍛えるには、もろもろの出来事について状況を分析する前に、推測する作業を行うことがよい。
>   直感力を鍛えるには、すでに答えがわかっている質問にイエス／ノーで答えてみる。
>   例えば生年月日、勤務先の会社名、兄弟姉妹の名前などだ。答えが出てくる様相をよく観察しよう。頭の中からイエス／ノーの声が聞こえてきたり、あるいはイエス／ノーが"見える"かもしれない。またイエスは緑に、ノーは赤という具合に一瞬ぱっと色が見えることもあるだろう。どのようなプロセスで答えがやってこようとも、同じやり方を続けて、答えを探してみることに集中してみよう。
>   何かを選ぶときにも同じことをしよう。まず、過去に選択した結果を思い出す。次に、その時に候補となった選択肢を思い浮かべてみる。

> 過去に選択した答えについて考えながら、その選択結果を特徴づける言葉、語句、イメージ、象徴をよく見てみる。どうやって答えを出したのかをよく振り返って、それ以降も同じように答えを出すように心がけよう。すでに行った選択についてもやり直してみて、答えがどのように現れるかをじっくり観察してみよう。まだ経験していないシンプルな選択をする機会を作ってみてもいいだろう。
>
> 2．直感を理性と結びつける
> ポリオワクチンを発見した科学者、ジョナス・ソークはインタビューでこう語っている。
> 「自分の直感を信じよ、と私は言い続けているのです。宇宙の原理は直感を通して明らかにされると信じています。またこんなふうにも考えています。直感と理性とを結びつけると、画期的な正しいやり方で問題に反応できるようになる、と。創造的な概念を効果的に作り出すには、理性と論理だけでなく、直感と感情を結びつける必要があるのです」

次に紹介するエクササイズが、直感力を取り戻すのに役立つに違いない。

●エクササイズ＃１：電話のベル

電話が鳴ったら受話器を取る前に次の質問をして、心の中で答えてから出てみよう。

- 電話は自分にかかってきたのか、それとも他の人にか？
- 相手は男性か女性か？
- いつもかかってくる相手からか？　長い間音信不通になっていた相手からか？
- 長距離電話か、それとも市内通話か？

また、その次にかかってくる電話に対してもこの質問の答えを直感で出しておき、その後実際にかかってきたら答えをチェックしてみよう。

◉エクササイズ＃２：仕事現場

販売の仕事に就いているのであれば、出かける前に次の質問を考えておく。

- 今日１日でいくつの取引がまとまるだろうか？　今週は？　今月は？
- 顧客の１人を選び、どんな色の服を着ているかを想像する。無地かプリント生地か？　暗い色か、それとも明るい色か？　相手はどんな気分でいるだろう？　明るい気分、それとも暗い気分？　今日契約が成立するか、後日になるのか？
- どこに車を止めるか？　取引先の近く？　どの通りか？　取引先のオフィスとの位置関係はどうだろう？
- 商談の間、顧客はどんな不満をもらすと思うか？
- 顧客は何を買い、何を買わないだろうか？

◉エクササイズ＃３：郵便物

郵便が届く前に、次の質問をしておく。

- 郵便は何通くるだろうか？　請求書は何通？　くずかご行きの郵便物はどれくらいある？　個人宛の手紙は何通か？　個人宛の手紙がきた場合、嬉しい知らせか、それとも悲しい知らせか？　仕事関係の手紙は何通あるか？
- 受賞の知らせのような、特別な手紙はくるだろうか？

◉エクササイズ＃４：会議

会議の前に、出席者の機嫌を予測してみよう。

- 楽しそうであるか、それとも沈んでいるか？
- どんな服を着ているか。何色の服で、身なりを整えているか、普段着か？

- 賛成する参加者は誰？　反対する者は？
- 一番準備を整えて会議に臨むのは誰か？

議題が提出される前に、それに対する各関係者の意見と会議の結果について直感で予測を立てておく。

▶▶▶ 直感力で問題を解決する

カリフォルニア大学バークレー校のジョージ・チュアリン教授は直感を使って問題を解く要素を挙げている。

1. よく知らない問題に、どう取り組むべきかがわかる能力。
2. ある分野の問題を、それとは無関係な分野と関連づける能力。アイデアと対象との間のつながりや関係性を見る能力。
3. 問題の核心部分を認識する能力。
4. 問題の最終解決をあらかじめ見通す能力。
5. 感覚で解決策がわかる能力。事実そのものよりも、たぶんこうではないかと推察する能力。

直感による問題解決の専門家は、どうやって解答を得たかを正確にきちんと説明できない。問題のどの点に焦点を当てているのかもはっきりしないことさえある。

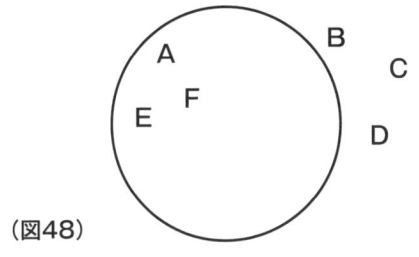

（図48）

図48について考えてみよう。アルファベットの文字を円の中に入れるか、外に置くかについて分類法があるのかどうか調べてみよう。Aは円の中、Bは外、Cは外、Dは外、Eは円の中、Fは中である。

残りの文字はどちらに入るだろうか。この分類法を見極めることができるだろうか？

アルファベットの間に複雑な分類があると想定したら、おそらく解けない。答えは文字自体の形状にある。曲線を持った文字は円の外、直線だけの文字が中に入る。強い直感力があれば、おそらく答えはすぐにわかっただろう。

▶▶▶ サマリー

諜報活動員（エージェント）には、危険な状況を詳細に分析する時間がないことがよくある。迅速に判断を下し、結果を受け入れなければならない。あるエージェントはコインを投げて決めるという。表が出たらイエス、裏だったらノー。結果に納得がいけば、それを自分の判断として採用する。結果に不安が残る場合には、反対の決定を下すことにするそうだ。これは時間の無駄ではない。コインの出目がどちらになろうと、最終決定は彼の直感に委ねられているからだ。このエージェントは「命が危険にさらされているときに頼れるものといったら、自分の本能しかないのです」と語っている。

第23章

The three B's

ユーリカ！
「インキュベーション」

「佚を以て労を待ち、飽を以て飢を待つ。此れ力を治むる者なり」　孫子

　科学上の偉大な発見はすべてBの文字で始まる場所――バス（自動車）、ベッド、バス（風呂）――で起こっている、と有名な物理学者が発言している。また、最高のアイデアが浮かぶのは課題解決について考えていないときである、と多くの発見者が報告している。いずれもインキュベーションの原理によるものだ。

　インキュベーション原理で最も有名なのはギリシアの数学者アルキメデスのケースだ。純金の王冠を作らせたものの、王冠には金よりも銀が多く含まれているのではないかと疑った王様が、アルキメデスに金の純度を測定する方法を考え出すようにと依頼した。アルキメデスは何日もの間、この問題にかかりっきりになって取り組んだ。しかし答えは見つからず、もうこの問題を考えるのをやめて風呂にでも浸かってリラックスしようと決めた。風呂に浸かって湯があふれているのを見つけ――突然独創的な解決方法が浮かんだ。混ぜ物で作られた王冠と純金の王冠とでは、押しのける水の量が異なるだろうという発見だった。
　伝説によれば、アルキメデスはこの発見で興奮のあまり「ユーリカ！」（わかった！）と叫びながら裸でシラクーザ通りに飛び出していったという。

　インキュベーションがうまく機能するのは、潜在意識が絶えず情報処理を行っているからだ。インキュベーションは問題を数時間、数日、あるいは数週間放置しておき、他の課題に取りかかっている

ときに起こる。潜在意識は当初の課題と取り組み続けていると考えられる。課題の解決に興味を持ち続けているほど、潜在意識がアイデアを生み出す確率は高くなる。

バートランド・ラッセルは『幸福論』で次のように述べている。

> 例えば私が気づいたことは次のようなことだった。もし何か非常に難解なテーマについて書かなければならないとしたら、一番よい方法は、可能な限り猛烈な集中力をもって数時間もしくは数日間考え続け、その後は仕事を潜在意識に任せるようにすることである。数ヶ月後にそのテーマを意識にのぼらせたときには、すでに仕事は終わっている。このテクニックを発見するまでは、何の進展もないためずいぶん長い時間思い悩んだものだった。だが、悩んだからといってそれだけ早く解決に到達できるわけではなかった。要するに悩んでいる間は、何ら解決を見ないまま時が過ぎているだけなのである。

コーネル大学工学部出身の25歳になるウィリアム・キャリアは、霧に包まれたピッツバーグ駅のプラットホームで電車を待っていた。彼はある印刷会社から依頼を受けて湿度調節の問題に取り組んでいたが、それを考えるのをやめてしばらく休暇をとることにした。電車は何と遅いのだろうと思いながら、キャリアは駅と線路のあたりに立ちこめる靄をぼんやりと眺めていた。すると突然、彼を悩ませていた難題の答えが霧の中に浮かび上がった。

答えは冷却と電気、２つのテクノロジーを結びつけたエアコンで、核となるアイデアは「冷却器の働きをする細かい冷媒のそばに空気を送り込み、空気を乾燥させる」だった。空気の湿度は温度によって変化するので（冷たい空気は暖かい空気よりも乾燥している）、冷媒の温度が変化すると湿度も変化する。彼の発明によって、世界各地の高温多湿な地帯に繁栄と成長をもたらす産業が生まれた。

彼は課題に向き合うことを中断して休暇を取ったことで締め切り

という人為的な限界を忘れ、問題を解決することができた。インキュベーションは自分に課した限界を打ち壊すのに有効だ。死に物狂いで取りかからなくても、コンセプトやパターン、ときには途方もない要素の組み合わせを扱う能力が高まり、創造性を発揮することができる。

【やってみよう！】Blue print

1. **明確化する**
   取り組む価値のある課題とは何であるかを明確にし、問題解決の結果について考える。課題が解決された世界を思い描くことで、建設的で創造的な答えに向かって潜在意識は引き寄せられていく。

2. **準備をする**
   課題に役立つ情報や文献を集めておくこと。他人に読んで聞かせたり質問するなど、できるだけ多くの調査を行う。徹底的に準備ができたと自分で納得がいくまで、できるだけ集中力をもって意識的に課題に取り組むこと。

3. **指示する**
   自らの脳に問題の解決策を見つけるようにと指示を出す。「よろしい、この問題の解決策を見つけなさい。私は２、３日したら答えを聞きに戻って来る」あるいは「解決できたらすぐに教えてくれ」などと言って、問題を考えることを中断する。

4. **孵化させる**
   問題を放っておく。考えてはいけない。しばらくの間、忘れてしまうこと。期間は短いことも長いこともある。散歩、シャワーを浴びる、映画を見る、あるいは一晩寝る。アイデアが孵化するのは間違いない。いつか必ずやってくる。

5. **ユリーカ！（わかった！）**

> この瞬間がやってくるまでに５分かかるかもしれない。５時間かかるかもしれない。５日、５週間、どれくらいかかろうとも、発見は必ずやってくる。

雷鳴には迫力があるが、実際に落ちるのは稲妻だ。意識的な思考である雷鳴が頭から消えてしばらくすると、発見とクリエイティブなアイデアが稲妻のごとくやってくる。

●インキュベーションの恩恵

インキュベーションは解決すべき課題を大局観から捉えることを可能にする。潜在意識に課題を考えさせよう。問題を一度放置し、再び戻って来たときには別の視点が出てくる可能性が大いにある。ニューヨーク州北部に住むボランティアがチャリティへの資金集めをどうするか、悩んでいた。最初はごく普通の募金活動を考えてみたが、それから数週間、問題を放っておいた。ある日ジェニシー川で釣りをしながら、課題を思い出し、資金集めと楽しみとが結びつかないものかと考えた。この２つが結びついたことで、これまでにない熱狂的な募金活動が生まれた。

アイデア　プラスチック製アヒルのレース。長さ３インチのプラスチックのアヒルに番号をつけ、１マイル下流のゴールに向かって一斉に川に放り投げるレースを開催する。ギャラリーは５ドルを支払ってアヒルに賭ける。１等になったアヒルには賞も出る趣向だ。ボランティアたちは船に乗ってアヒルの後を追い、はぐれたアヒルを手に持った網ですくい取る。ゴールには網を張って、アヒルがそのまま流されてしまって川を汚さないよう配慮もしている。

インキュベーションは個人的な目標を把握するのにも役立つ。自分にとって大事な目標を書き留めておく。目標達成までの期間は短いものから長いものまであるだろう。次に、目標が達成されたとき、

こうあって欲しいと願う「理想の状況」を詳しく書いてみる。できるだけ詳しく、現在形で書く。すでに達成されていることのように書いてみよう。

できあがったら、紙の下側に「今、現実のものとなった。これから先は、もっともっとよくなるだろう」と追記する。この後は静かに座り直して目標が達成された姿を想像し、書いた紙は片づけて忘れてしまおう。数ヶ月あるいは数年後に書き付けた紙を読んでみると、目標が何らかの形で実現していることに気づいて驚くかもしれない。

▶▶▶ サマリー

ある著名なフランスの科学者によると、自分によいアイデアが浮かぶのはたいてい問題に取り組んでいないときや考えてもいないときであり、同時代の人たちの発見も全く同じように行われているということだ。アインシュタインは行き詰まったら横になって長い昼寝をしたという。

課題解決がうまくいかなくなったら、一度放っておくインキュベーション期間を設けよう。答えは、予期せぬときに鳥の群が一斉に飛び立つように出てくるものだ。

第24章

Rattlesnakes and Roses

類推する
「アナロジー」発想法

「故に善く軍を用うる者は、譬うれば率然の如し。率然とは、恒山の蛇なり。其の首を撃たば則ち尾至り、其の尾を撃たば則ち首至り、其の中身を撃たば則ち首尾倶に至る」　孫子

　孫子は戦闘中の兵士が取る行動のアナロジーとして「率然」と呼ばれるヘビの動きを引き合いに出している。戦いに勝利するにはねばり強さと団結と、何よりも協調性が肝要であると彼は述べている。「アナロジー（類推）」発想法とは、2つの事物の間にある、類似した特徴を比較することであり、また心の中の望遠鏡を使ってアイデアを探し出そうとする行為でもある。次に挙げるイノベーションと自然界に存在する、似ているものとを比べてみよう。

　ヘリコプター　：蜂鳥は旋回することも後ろに飛ぶこともできる。
　皮下注射針　　：サソリは尖った尻尾の先を使って毒を刺す。
　ソナー　　　　：コウモリは人類よりずっと以前からソナーを使っていた。人間の耳には聞こえない音を出し、行く手にあるものを反射させる。
　麻酔　　　　　：多くのヘビは、獲物を食べる前に毒液を使って相手の感覚を麻痺させる。
　戦車　　　　　：亀は難攻不落の装甲車といえる。
　飛行機　　　　：飛行機がフラップ（下げ翼）を使ってブレーキをかけるのは、鳥が尾翼を使ってブレーキをかけるのと同じ原理である。

　鳥だけに与えられた才能とは飛ぶことであるが、私たち人間の才

能とは2つの異なった経験領域を関連づけられる想像力である。

　ごく普通の懐中電灯を改良する課題に直面していると仮定してみよう。全く異なる経験領域である医学を取り上げ、アナロジーを引き出していく。

「懐中電灯の改良は、外科手術を学びに医学部へ通うようなものである」とする。

　手術を学ぶために必要なことを書き出してみると、
　1．テキストやマニュアルが必要になる。
　2．授業に出席して教授たちと議論しなければならない。
　3．麻酔の方法を習得しなければならない。
　4．医学部在学中は遊びの誘いから身を遠ざけなければならない。
　5．献体を使って手術の練習をする。

　各項目を検討し、そこからどんなアイデアが生まれる可能性があるか考えてみる。
　1．懐中電灯と一緒に救急用のパンフレットもパッケージに入れる（「テキストとマニュアル」から）
　2．ラジオを組み込む（「教授と議論する」から）
　3．護身用の神経麻痺剤スプレーを入れる（「麻酔をする」から）
　4．異常気温から電池を保護するために懐中電灯に断熱処理をする（「誘いから遠ざかる」から）
　5．小型の工具一式を同梱する（「献体で練習する」から）

　懐中電灯と手術の習得とをアナロジーで結びつけたことで、ごく普通の懐中電灯を改良する思いがけないアイデアがすぐにいくつも思い浮かんだ。

　アイデアを生み出すために「アナロジー」発想法を使うと、まるで草や木、子どもや愛のように類推が成長することに気づくだろう。

アナロジーは段階を経ながら、最終的には豊かなアイデアへと成熟していく。

▶▶▶ 馴質異化

ほとんどの人は奇妙に見えるもの、見慣れぬものに不安を感じる。しかし同時にそれは何だろうかと興味を持つ。何か見知らぬものに出会ったときには詳細に分解、分析して理解できるものにしようとする。あるいは見慣れたものに変えることができないかと検討してみる。「これはどういうことだろうか」と問い、アナロジーによって一般化もしてみる。また頭の中で見慣れないものを既知のものと比較して、奇妙に見えるものを見慣れたものに変えることができる。

目の前にある課題とは全く関係のなさそうな未知の領域に足を踏み入れることは、新しい視点から課題を見直す機会を増やすことになるだろう。そのためにも「アナロジー」発想法を使えばいい。

アナロジーの対象が離れている（課題や事例との距離がある）ほど、ユニークなアイデアを生み出せるようになる。薔薇の木の耐久性を改良しようとするならば、他の花や植物の耐久性ではなくヘビの体力について考えてみると、課題をユニークな視点から見る可能性が高くなる。

新しいナイトクラブがグランドオープンを控えていた。オーナーたちは気の利いたおもしろい招待状を送りたいと考えていた。そこで「招待状はアスピリンのようなものだ」とするアナロジーを持ち出した。馴質異化を行ったわけだ。さて、どうしたら招待状がアスピリンのようになり得るのだろう？

このアナロジー発想によって、アスピリンとの間に何らかのつながりや類似点を探さざるを得なくなったが、その追求によってユニークな招待状ができ上がった。

アイデア 招待状を錠剤状に作成する。そのナイトクラブは青い錠剤を黒いベルベットの指輪ケースに入れて送った。箱には「お湯に入れてかき回し、溶けるのを待つこと」と注意書きがあった。錠剤はお湯に浸かると溶け出して、日時と場所が記された1枚のセロファンが浮かび上がってくる仕掛けになっていた。この招待状1枚にかかった費用は1ドル10セント。グランドオープンは大成功だった。

空腹を満たすには、何らかの行動に出なくてはならない。ただ座っていてもひもじさは消えない。自分で料理をするか、レストランに食べに行くかだ。同様にアイデアも待っていれば自然に浮かんでくるものでもなく、行動が必要になる。ひとつの方法が馴質異化だ。その際には4種類のアナロジー、「ダイレクト・アナロジー」発想法、「パーソナル・アナロジー」発想法、「シンボリック・アナロジー」発想法、「ファンタジー・アナロジー」発想法、このいずれかを使うといい。
「ダイレクト・アナロジー」発想法は4つの中で最も強力なアイデア発想法だが、きちんとした取り組みを必要とする。残り3つは簡単に理解して使うことができるだろう。

1)「ダイレクト・アナロジー」発想法
「ダイレクト・アナロジー」発想法は、最も生産性の高いアイデア発想法だ。この発想法を使えば、異なる分野や「パラレルワールド」(227ページ)の中で、事実や出来事の間にある対照点や類似点を想像してみることができる。
「もしXが望ましい形で作用しているとすれば、なぜYも同じように作用しないわけがあるだろう?」と考える。

アレクサンダー・グレアム・ベルは、内耳の働きと鼓膜の丈夫な断片の動きを比較して、電話のアイデアを思いついた。エジソンは玩具のじょうご、紙人形の動き、音の振動に関するアナロジーを突

きつめて、ある日蓄音機を発明した。水中での建設工事が可能になったのは、まず管を作ってから木材に穴を開けるフナクイムシの生態が観察されたからだ。

アナロジーは数が多かったり、複雑である必要はない。切手収集は趣向性の強い趣味だが、その構成要素は多くのビジネスの要素と比較ができる。需要と供給、情報の必要性、調査方法、珍しい一品、アイテムの実用性や有効性、品質の等級、マーケティング、口コミ、価値、付加価値、などの点だ。

「どんな方法で仕事をもっとクリエイティブにできるだろうか？」という課題を考えてみよう。アナロジーの対象に全く無縁の家庭用品を持ってくる。仕事がクリエイティブに行われているとはトースターのようである、としてみよう。

次に列挙したものはトースターとは何か、を示すワードだ。
トースターは、
- レバーやバーを下げると動き出す。
- 電源にプラグを差し込む。
- パンを完全に中に入れる。
- パンの表面に熱エネルギーを集中させる。
- フォークやナイフでいじると、感電することがある。
- トーストパンをつくる。もっとおいしくするために、トーストにバターやジャムを塗ることがある。

それぞれのワードを検討し、仕事がより一層クリエイティブになるためにアイデアを出してみる。
- 自分のクリエイティビティに関する否定的な考えを押し下げるべきだ（「トースターのバーを下げる」から）。
- クリエイティブになると実際にどんな利点があるかを明確にしておく必要がある（「電源」から）。

- クリエイティブな課題を完全に受け入れる必要がある（「パンを完全に中に入れる」から）。
- アイデアを考えなければいけない理由を探るよりは、アイデアそのものにエネルギーを集中すべきだ（「パンの表面にエネルギーを集中させる」から）。
- リスクを負ってでも、劇的なアイデアを探す努力をすべきだ（「感電するかもしれない」から）。
- クリエイティブな発想法をつなぎ合わせるべきだ（「バターとジャム」から）。

想像力を働かせれば、ごく普通の家庭用トースターから仕事でのクリエイティビティ向上のためのプランがポンと飛び出してくる。

【やってみよう！】Blue print

「ダイレクト・アナロジー」発想法を使う手順はこうなる。

1. 解決するべき課題を詳しく書く。
2. 課題中の重要なワード、もしくはフレーズを選ぶ。
3. 関係のない、あるいは遠く離れた分野「パラレルワールド」（227ページ参照）を選ぶ。
   選んだ分野と課題との距離が隔たっているほど、新しいアイデアが生まれる可能性が高くなる。ビジネスの課題に対してビジネス上のアナロジーを考えるのは距離が近すぎる。テレビや調理室から類推するのであれば、クリエイティビティに刺激を与えることだろう。
4. 選んだ分野で連想したイメージをリストアップし、その中から特に豊かなイメージを1つ以上選ぶ。
   具体的にリストアップすることで詳細な比較対照を行うことができる。
5. 類推をしたものと課題との間に見られる類似点とつながりを探す。

> つながりを探すことを大変な作業と思ってはいけない。不愉快なことも我慢してやることが自分のためだなどと思ってもいけない。気楽に考えること。自由に考えが浮かんだり消えたりするに任せておくことだ。

ある材木店のオーナーが「どんな方法でもっと多くの材木を売ることができるだろうか？」と考えた。彼は大事な単語として「売る」を選び、「パラレルワールド」を「コンピュータ」と想定した。「コンピュータ」から、科学、マルチプル、ユーザーフレンドリー、ハードウェア、ソフトウェア、周辺機器、CAD（コンピュータ援用設計）、学校、ビジネスでの使用、娯楽的な使い方……が引き出されてきた。

彼は浮かんできたイメージと「売る」とのつながりを見た。最後まで残したのは、「CAD」「周辺機器」「娯楽的な使い方」の３つ。この３つを課題に結びつけてみると、アイデアがひらめいた。

アイデア　裏庭のテラスをデザインするのにCADを使う。自社にCADを導入し、店員が顧客の注文に合わせてテラスのデザインを行う。大きなスクリーンと、店員が扱う周辺機器がそろった接客用の店舗を作る。顧客はテラスの大きさや必要な階段の数を指定したり、手すりのデザインや部材を自由に選ぶことができる。そしてテラス全体のデザインへと進み、費用の計算を行う。コストが高すぎる場合にはテラスのサイズなどを変更できる。価格に折り合いがつけば入力したすべての指示をコンピュータがプリントアウトしてくれる。この無料サービスの導入でテラス工事を行う人が増え、材木の売れ行きもよくなる企画である。

「ダイレクト・アナロジー」発想法で課題と無関係な分野、「パラレルワールド」を選ぶときは、自分がよく知っている分野を選ぶといい。できるだけ具体的な物、状況、出来事、例を引き合いに出し

て利用すべきだ。例えば「全米フットボール連盟（NFL）チャンピオンのサンフランシスコフォーティーナイナーズ」は「アメリカンフットボール」よりも、もっと実りの多いアナロジーを生み出してくれるだろう。思い出せるイメージは詳しければ詳しいほどいい。「レストラン」分野を使うことにしたのならば、特になじみのあるレストランを選ぶようにしよう。

　ビジネスの世界と無関係で「パラレル」な世界、分野、学問をリストアップしてみた。このリストを使ってアナロジーを始めよう。ただし、自分がよく知っている分野からにする。「パラレルワールド」を決めるときには4つか5つの選択肢を残しておこう。課題の本質にぴったりの分野を選ぶためだ。

【パラレルワールド】
　会計学　鍼療法　動物界　建築学　芸術　占星術　天文学
　バレエ　野球　バスケットボール　伝記　生物学　鳥　癌
　ボーリング　計算法　風刺画　心臓学　カリブ海
　カイロプラクター　化学　中国　作曲家　市民権運動
　マンガ　歯科学　ダンス　経済学　南北戦争　砂漠
　エンタテインメント　コンピュータ　イングランド
　ファストフード産業　デパート　農業　釣り　教育
　おいしい料理　葬儀場　進化　サッカー　地質学　財政学
　地理学　政府　飛行すること　ゴルフ　食料雑貨店
　ゴミ収集　大恐慌　狩猟　ドイツ　歴史　国税庁　名著
　インド　発明品　ハワイ　室内装飾（インテリア）
　ジャングル　催眠術　ジャーナリズム　昆虫　日本　韓国
　法律　文学　マフィア　法の執行　数学　医学　製造業
　軍隊　鉱山業　気象学　記念碑　月　修道院　音楽　神話
　映画　栄養　大海原　原子物理学　オリンピック　薬物学
　旧西部　写真　フィットネス　哲学　物理学　惑星

理学療法　政治学　政治　配管工事　印刷　精神医学
ポルノグラフィ　出版　宗教　心理学　レストラン　独立
戦争　リゾート　彫刻　セミナー　セーリング　スキー
ソープオペラ　シェイクスピアの演劇　南アメリカ　空間
社会学　星　居酒屋　特別教育　テレビニュース　鉄鋼業
テレビ　ラジオのトークショー　テニス　太陽　輸送
テロリズム　劇場　ソビエト社会主義共和国連邦（ソ連）
旅行業　労働組合　ウォールストリート　ヴァチカン宮殿
ベトナム戦争　第一次世界大戦　卸売業者　ワイン
第二次世界大戦　ユーコン川

「パラレルワールド」から、課題のアナロジーにつながるディテールや情報を検討しよう。どの部分も捨てることなくアヒルを丸ごと調理する中華料理のコック長のように、アナロジーを徹底的に追求してみることだ。

　コピー機の販売、が課題なら、コピー機の販売をフルサービスのレストランと比較してみよう。メニュー（商品ラインナップ）は豊富だが制約が多すぎ、顧客の心を曇らせていることに気づくだろう。会社側がセールスパーソン（ウエイター）をそれぞれ専門化した仕事に割り振りすぎたかもしれない。顧客は1人のセールスパーソン（ウエイター）で注文を完結することができず、飲み物は飲み物、サラダはサラダ、ポテトはポテト、魚は魚、肉は肉の担当……と注文しなくてはならない。この場合、商品の種目数と注文の手続きを簡素化するという解決方法が考えられる。

2）「パーソナル・アナロジー」発想法

「パーソナル・アナロジー」発想法とは、課題のある一部分に感情移入して「自分ごと」化し、その視点から課題を捉える方法だ。
　新しい時計のデザインに取り組んでいるとする。時計の針はどう

いう形がよいのか、自問してみよう。
「パーソナル・アナロジー」発想法は課題対象に没頭することを必要とする。その課題の"服"を着て"言葉"を話し、"食べ物"を食し、"歌"を歌い、"スローガン"や"モットー"を暗唱することが必要だ。課題と親戚のようになるまでだ。

自問するべき基本的な問いとは、「もし私が●●ならば、どんな気持ちがするだろうか？」「立場が逆転したら、私は●●から何を言われるだろうか？」「●●が私と同じように考えたり、しゃべったりできるとしたら、●●は私に何と言うだろうか？」である。

アインシュタインは、自分が空間の中を猛スピードで動く光線であると想像した。そのセルフイメージが相対性理論へと彼を導いた。

壁紙の販売を手がけるある零細企業は大企業との競争に直面していた。幸いなことに、零細企業には改革的な体制ができていた。お金では買えない数少ない貴重な財産だ。最高のアイデアとはいつだって、ナプキンの裏に走り書きされたような単純なものだ。このことをCEO自身がよくわかっていた。
彼は自問し続けた。「壁紙に話ができたら、私に何と言うだろうか？」「壁紙の関心事とはいったい何だろうか？」「壁紙は何を心配しているだろうか？」「私が壁紙であったら、どんな気がするだろうか？」
彼は毎日問い続け、ついに壁紙の気持ちになることができた。
壁紙が心配しているだろうと想像したことは、火事だ。壁紙の材料は、ほとんどがビニールやポリプロピレンなどの燃えるとかなり有害な織布。大手の壁紙企業はこうした潜在的に危険性のある製品を売っていた。

彼の企業は毒性がなく、耐火性のあるグラスファイバー素材を独自に開発した。続いて新素材に関する説明資料を卸売業者や建築家

など壁紙を選んだり購入したりする人たちへ送った。資料では大企業が販売するビニールやポリプロピレン製壁紙の有毒性を詳しく説明し、訴訟の危険性を強調した。火事が起こった場合、被害者や遺族は、危険な壁紙の使用を決めた施主や建築家、土木技師、あるいは販売者やメーカーを相手どって集団訴訟を起こす可能性がある。

　この小さな会社に老人ホーム、ホテル、カジノ、刑務所、病院、学校、大手ホテルチェーンから突然注文が舞い込んだ。大企業は慌てふためいた。長年共に仕事をしてきた販売業者やデザイナーが大企業の製品に疑問を持ち、仕事先として小さいが安全性を考える会社を選んだからだ。

3）「シンボリック・アナロジー」発想法

　「シンボリック・アナロジー」発想法は、課題の重要な要素を目に見えるイメージとして表す。この発想法は課題を名前や言葉から完全に切り離し、心の中でイメージだけを思い描けたときに最も効果を発揮する。この発想法の最も有名なケースはフリードリッヒ・フォン・ケクレの例で、ベンゼンなどの有機分子は閉じた輪や環状の構造をしているという発見だ。それは自分の尾を飲み込むヘビの姿を見たときに行ったシンボリック・アナロジー発想から引き出された結果だった。

　この方法を試してみるときは、目を閉じて課題をイメージとして脳裏に思い描いてみる。言葉による思考はシャットアウトする（それができるようになるには、「アウム」「ワン」といった単純な言葉を無意識になるまで何度もひたすら繰り返すことも一つの方法だ）。その結果として、視覚的なアイデアが出てくる。このアイデアは後から言葉で言い表すことも、図で示すことも、書き留めることもできる。

　あるエンジニアたちが「シンボリック・アナロジー」発想法を使って、１メートルほど伸びて５トンまでの重量を支えられるコンパ

クトなジャッキを開発しようとした。彼らが思い描いたイメージは次のようなものだった。

- インド人の縄芸。最初は巻いてある柔らかいロープが伸びるにつれて固くなる。
- 男性器が勃起するのと同じ水圧式の原理。
- スティール製の巻き尺。
- 自転車のチェーン。しなやかな鎖の輪もジャッキ装置からはずれると固くなる。

これらのイメージが結びついて、小型ジャッキのデザインの基となるコンセプトが出てきた。

「シンボリック・アナロジー」発想法は、無意識から立ち上る、想像上のキノコ雲と考えるといい。何も壊さず、何も作り出さない雲に意味や価値を与えるのは、そのイメージをどう注意深く読み取るか、見る人の側にかかっている。

4）「ファンタジー・アナロジー」発想法

「ファンタジー・アナロジー」発想法は、客観的現実とかけ離れたことを想像する力だ。ある課題に直面した場合、考えうる最高の世界——課題解決として最も満足のいく状態——を想像するのもひとつである。またファンタジー・アナロジー発想によって、全く無関係な言葉やコンセプトを課題と関係ある事物や出来事と結びつけることもできる。その結果、連想という貴重な宝が生まれてくる。アイデアのたくさん詰まった山が崩れ、イメージが雪崩のごとく押し寄せてくることになる。

芸術家は世界を好きなように描くことができるが、ビジネスパーソンは習慣に縛られるため想像力に限界がある。「ファンタジー・アナロジー」発想法を使い、課題にとって最もよいと思われる解決策を想像する。そのためには、すべての判断を一時止めておく必要

がある。それならばビジネスパーソンも芸術家と同じようにアイデアを考え出すことができる。

創造主のように、突拍子もないアイデアも含め、何でもイメージすることは可能だ。昆虫にちょっとした仕事ができるようなトレーニングを仕込む、なんてアイデアでもいい。新しい星空を考え出すようなものだ。

慣習的な思考をいったん脇へどければ、思っていた以上に理路整然とした仮説が見えてくる。ビジネス上の習慣を押しのけ、戻ってくるまでに"向こう側"を垣間見ることだ。

ある女性の販売員が抱えていた課題は「どんな方法で商品に対する潜在顧客の不満に気づくことができるだろうか？」だった。彼女は本当の問題が何であるかわかってしまえば、解決できると思っていた。

彼女の「ファンタジー・アナロジー」発想は、異議を唱えるたびに小槌をドンドンとたたく裁判官に顧客を見立てることだった。そしてあるアイデアがひらめいた。

> **アイデア** 見込み客に小槌を渡し、「どうか裁判官になってください。質問なり不満なりがございましたら、小槌をドンドンとたたいてください！」と伝える。続いて商品プレゼンテーションを行い、見込み客が商品を買うべき理由を説明する。彼女の成約率は80％まで上がった。この方法は見込み客を引きつけ、喜んでもらうことができた。

▶▶▶ サマリー

ベストなアイデアは、いろんなタイプのアナロジーを結合することで生まれる。法律書を専門家に直接販売し、より効率的な販売を行う方法を考えてみることにしよう。ファンタジー・アナロジー発想でスタートだ。

「法律家たちがドアの前に列をなし、本を買いたいと待ち望んでいる。どの法律家に専門書を買える恩恵を与えるかをこちらが選べる世界」を想像しよう。

そこからダイレクト・アナロジー発想に行くこともできるし、パーソナル・アナロジー発想に切り替えることもできる。このファンタジーからダイレクト・アナロジー発想をするならば、患者が診察時間まで部屋で待ち続ける、から医療の分野にアイデアを求めることができる。パーソナル・アナロジー発想なら、法律家や患者と自分を重ね合わせて考えてみることになるだろう。

ファンタジー・アナロジー発想を実践して思いついた、法律家たちを買いに来させるための可能性あるアイデアは……

> **アイデア** 顧客を選ぶ。優先顧客向けのサービスを数多く用意する。取引が長くなればより多くのサービスがある。例えば「限られた法律家の方々」向けに割安な旅行手配サービスを行うために旅行代理店とチームを組む。同じように大口の顧客に対して劇場チケットやレストランの無料予約サービスを提供することもできるだろう。

> **アイデア** プレステージ。多くの法律家は個人として評価されることを重視している。彼らに対して書評家、著者、共著者、マーケティングコンサルタントとして一緒に仕事をすることを持ちかけてみたらどうだろうか。

> **アイデア** 利便性。人が医者を訪れる理由の1つは医療上の処置が1ヶ所に集中しているからでもある。書籍、ビデオ、データバンク、オンラインサービス、リファレンスサービス、セクレタリーサービス、専門書など、法律上のサービスを自分のオフィスに集約し、法律家たちが訪れたくなるようにする。

第24章

土が肥沃になるための成分を必要とするように、またビタミン不足の船乗りがレモンを欲するように、想像力もまた栄養素を必要とする。「アナロジー」発想法は想像力に滋養を与える。空間を歩いても飛んでも、あるいはその場に留まっていても構わない移動の自由を与えてくれるし、自分の周囲を飛び交う解決すべき課題の構成要素を把握できるようになる。オブザーバー、観察者になることで課題から離れ、物理的にも心理的にも距離を取ることが可能になる。火星ほど遠くから見ることができたら、課題の核心はどのように捉えられることだろうか？

　現代文明を支える基盤の1つは、上水道から水が出ることだ。すなわち水が必要なとき供給され、配分され、不必要なら止めることができる点にある。このシステム全体は考え抜いてつくられている。脳内の水道設備も同じように設計する必要がある。
　「アナロジー」発想法は便利で有効な方法だ。いわば脳の水道設備である。ハンドルを回すとイメージや経験を分配できる蛇口でもある。しかし水道と同じようにシステムの基本は思考が流れることにある。思考も凍ってしまうと、どこへも流れないのだから。

第25章

Stone soup

もしも話
「フィクションストーリー」発想法

「故に其の疾きこと風の如く、其の徐なること林の如く、
　侵掠すること火の如く、動かざること山の如く、
　知り難きこと陰の如く、動くこと雷の震うが如く」　孫子

　ライオンは一生ライオンのまま、犬は犬のままだ。しかし人間は実にさまざまなものになる。いろんな人や動物に思いを馳せ、空想をすることによってだ。最終的に"変身"するときは理性でも常識でもなく、想像力を使う。

　続くエピソードに登場する物乞いが持っていた想像力がどんな役割を果たしているかを考えてみよう。東ヨーロッパに伝わる子ども向けの昔話に基づいたストーリーだ。

　寒くなり、木々は一気に色づき始めた。まるで葉が秋の光を飲み込んでしまい、少しずつ放出しているかのように赤や黄色に輝いていた。畑には金色のカボチャや朽葉色のつぶれたものが山積みになっていた。甘い汁の匂いまで漂ってきそうなリンゴの木も見えた。
　裸足の物乞いはぼろぼろの服をまとい、その髪はぼさぼさだった。村の台所から肉を焼く匂いが漂ってくると、口の中に生唾があふれた。彼は2日間何も食べていなかった。仕方なく彼は村のはずれで火をおこした。鍋を火に掛け、その中に石を入れた。
「そうだ、ちょっと待てよ。この石がうまいスープになったらどうだろうか」。彼は心の中でつぶやいた。箱の上に座り、実際にスープを作っているところを想像してみた。

　村人たちが物珍しそうにやってきて、ぱちぱちと音を立てている火の周りを囲んだ。何を作っているのかと尋ねられると、この魔法

の石でおいしいスープができるんだ、と語った。「石のスープに霜が入りゃ、味はもう申し分ないんだよ」と。村人たちはこのスープの虜になり、そのすばらしい香りのことを口々に言い始めた。物乞いは一緒に作るように誘った。興奮した村人たちは、このグルメスープに入れる物を持ってこようと申し出た。

　野菜や果物、七面鳥、ハム、卵、ソーセージが運ばれた。「さあ祈りましょう」と村の司祭が言うと、物乞いは心の中で「祈りが終わる前に食べ物が冷めませんように」と願った。祈りが終わると、物乞いはむさぼるように食べ始めた。まるで明日という日がやってこないかのように、食べられる物はすべて平らげた。4つの目玉焼きをフォークの先で崩し、焼いたハムと一緒に食べた。七面鳥を2切れフォークに刺して口に運び、それからゆでたジャガイモに豆。お次はバターを塗ったパンの厚切り。これもちぎって食べた。彼が手当たり次第に、苺パイまでも口に入れている間、村人たちは「おいしいスープ」を何杯も次から次へと飲んでいたが、そんなことなど気にもしなかった。

　食べ終わると物乞いはしばらく呆然としていたが、やがて立ち上がると石をしまい、立ち去った。彼は振り返りもしなかった。

　想像力を使った方向づけをすることで、物乞いは「おいしいスープ」の錯覚を創り出すことに成功した。村人たちに「本当においしいスープだ」と思いこませたことでごちそうにありつき、腹一杯食べる願いを実現した。想像力が彼の腹を満腹にしたわけだ。「もし●●だったらどうなるだろうか？」「ちょっと想像してみたら……？」と問いかけてみるだけで、想像力はビジネスという空腹も満たすこともできる。

　E・L・ドクトロウが3ヶ月の間、執筆ができなくなった頃の話を紹介しよう。当時彼は次作へのアイデアを血眼になって探していた。ある日、ぼんやりと壁紙を眺めていると壁紙の古さ、家の古さ

に、そしてその家が1900年代の初頭に建てられていたことに気がついた。「そうだ、家が建てられた時代にちょっとさかのぼってみよう」と彼は考えた。

ドクトロウは想像力によって当時に戻り、傑作『ラグタイム』を書き始めた。この作品は当時の光景、音、匂い、感情を驚くほど正確に再現している。「ちょっと想像してみよう」がベストセラーを生んだのである。

アインシュタインも同じく、想像ならどんなことでも可能だと考えていた人物だ。彼が初期の理論を発展させることができたのは、「物体が運動しつつ、同時に休止することがあり得るとしたら」と想像し、「そうしたら……それはどういうことだろう？」と疑問を呈したからだ。

図49を見て、4つの白い矢印を探してほしい。

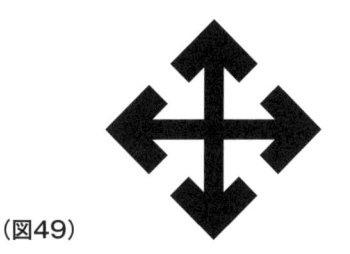

(図49)

見えただろうか。今度は黒い矢印を見てほしい。背景がひっくり返るだろう。黒い矢印を想像すれば、それが現実となる。目に見える矢印とは想像の産物だ。

想像力とは、これまで経験してきた全ての集まりだ。多くの人が自分には想像力がないと勘違いしている。しかし想像力は人間が持つ知覚の核心だ。時間、空間、歴史の感覚そして明日の計画を練る感覚、すべては想像力が生み出したものだ。想像力がなければ周囲のことに何も気づかなくなるだろう。魚が水のことに気づかないように。

「フィクションストーリー」発想法は、目標に向かって想像力をどう方向づけしてみるのかを学ぶのに優れた方法だ。思いついたアイデアを楽しむことによって、自由にもなれる。

例えば、セックスと食べ物に対する私たちの良識をひっくり返したらどうなるだろうか？　レストランでは堂々と性行為が行われ、ファストセックスストアなるものが町のあちこちにお目見えする状況になるだろう。反対に、人前で食べることが憚られ、子どもたちにとって「ナイフ」「フォーク」は禁句になる。食べる行為はすべて閉じたドアの内側でこっそりと行われるようになる。食べ物をレインコートの下に隠して映画館に持ち込む"変態"のために、ポルノ映画ならぬ"食べ物映画"が目玉の映画館も登場する……。

ユーモアとは、想像上の可能性を使って新しい洞察を創造する試みだ。こんな小話がある。

ある自慢好きのテキサス人がメイン州で休暇を過ごしていた。ちっぽけな農場を見渡しながら、テキサス人は「自分の牧場に帰れば、一日中車に乗っても自分の土地の境界線を越えることがない」と言った。言われた側の農夫、しばらく黙り込んだ後に歯をせせりながら、こう答えた。「あぁ、そうそう。わしにも昔そんな車があったな」

土地と自動車、２つの思考の流れが接するところで意表を突く方向づけをされ、全く新しく現実を捉える視点が生まれた。「フィクションストーリー」発想法は新しい何かを生み出せるように後押ししてくれる。ジョークなら何かおもしろいことを、ビジネスならば大きな仕事を作り出す。

非凡なアイデアは、全くのフィクションの一部から誕生することがある。「もしも話」が画期的な解決策へつながる洞察を与えてくれる。こうした発見と巡りあうためには、ありきたりな視点を捨て想像力が動き出すチャンスを捉えること、できることを超えて不可

能を目指すことが肝要だ。

想像力を駆り立てるのに役立つ質問を挙げてみる。
- もし目が顔だけでなく頭の後ろにもついていたらどうなるだろうか？
- もし人が死ななかったらどうなるだろうか？　我々の個人的な生活、ビジネス、宗教上の生活にどのような影響をもたらすだろうか？
- もし5年おきに性別が変わるとしたら（男性が女性になり、女性が男性になるとしたら）、どうなるだろうか？
- もし木から突然大量の石油が出始めたらどうなるだろうか？
- もし毎日23時間眠り、起きている時間が1時間だけになったらどうなるだろうか？
- もしアメリカ合衆国の労働者がみな1人ずつホームレスを養子にして一生面倒をみるとしたら、どうなるだろうか？
- 流行を廃止して、どんな立場、生活をしていても全員が同じユニフォームを着なければいけないとなったら、どうなるだろうか？
- 歳をとるにつれて、美貌も知性も増すとなったら、どうなるだろうか？
- 世界を一番大笑いさせた国が勝つという取り決めで、国際紛争が解決されたら、どうなるだろうか？
- 性器が額についていたらどうなるだろうか？
- 朝食に雲を食べることができたら、どうなるだろうか？

それぞれの質問に、自分なりの答えを出してみよう。

　答えを考えることとは、実は新しいアイデアを導き出す洞察力を開発していることでもある。「人がスカンクのようになって、攻撃してくる者を臭いで追い払うことができたらどうだろうか？」。答えを出そうするとアイデアがひらめく。「人工のスカンクオイルを

入れたプラスチックのカプセルを服に留めておく」。攻撃を受けた場合にカプセルを潰して強烈な臭いを発し、攻撃者を追い払うアイデアだ。相手が逃げてしまえば、強力な消臭剤を出して臭いを消すこともできる。

「フィクションストーリー」発想法をゲームのように毎日行えば退屈しのぎになるし、これまで関連があるとは思わなかったことや経験をつなげられるようになる。
　想像力をどの方向へ向ければいいのかがわかれば、想像は厳しい現実からの逃避ではなく、しっかりとした、まぎれもない現実となる。

> 【やってみよう！】Blue print
>
> 「フィクションストーリー」発想法の一番簡単な始め方は自らにこう言うことだ。「課題を解くには斬新なアイデアが必要だ。いつものやり方で判断してしまうのをいったん止めてしまえば、自由で気ままなアイデアを考え出す力が生まれてくる。アイデアがどれほど風変わりで奇抜なものでも気にすることはない。他人にはわからないのだから」。現実世界の観点から自分のアイデアに判断を下さず、想像する自由を自分に与えること。
>
> 1. 課題を明記する。
>   もうすでに満杯状態のゴミ処理場に古い陶器の便器を今まさに投げ捨てようとしている。この便器の処分を巡っては環境問題のジレンマがある。課題は「どんな方法ならば、便器を処分できるだろうか？」である。
> 2. できるだけ多くの「もしも話」のシナリオを作り、リストアップする。
>   例えば「古い便器はすべて海に捨ててよいとなったらどうなるだろうか？」といった「もしも話」だ。
> 3. 「もしも話」から提起される質問に答えを出してみる。

> 便器は魚にとって理想的な人工礁になるだろう。陶器製品は魚にとっては岩と同じだ。変わった形をしていて、魚が隠れる場所がたくさんあるから。ゴミ処理場では厄介物となる便器が、海ではすばらしい人工礁の役目をすることになる。便器は永遠なり、だ。

　根本的な解決策を見つけるには想像力を飛躍させてイメージや比喩を引き出すことが極めて重要だ。イメージや比喩を捉えることができれば、新しいアイデアを作り上げることができる。

　自分が経営者だとして、「どんな方法で売上を伸ばせるだろうか？」を課題だとしてみよう。いくつぐらい「もしも話」のシナリオを考えつくだろうか？　これは私の例だが、

- 政府によって個人へのセールス活動が法的に禁止されたら、顧客が自社を訪問し、買いたいと言ってもらうためにどんな方法が見つかるだろうか？
- トラピスト修道院の僧侶に電話を売っているとしたらどうだろう？　彼は沈黙の戒律を守らなければならないが、買ってくれることもありうる。どうやって売ろうか？
- たったの8時間で1年分の売上を上げなければならないとしたらどうする？
- 顧客のオフィスを訪問する前に、彼または彼女の心を読めるだろうか？
- 犬を訓練して、自社商品を売らせることができるだろうか？
- プレゼンテーションにおいて、決まった単語数で話さなければならないとしたら？　例えばちょうど45語で。
- すべての商品、グッズ、サービスが全く同じ値段だとしたら？　自動車と鉛筆が同じ価格、住宅とハンバーガーとが一緒だったら？
- もし口がきけなくなってしまったら？　どうやって営業する？

これらの「もしも話」の中から、「犬を訓練して、自社商品を売らせることができるだろうか？」を取り上げて考えてみよう。犬の特徴はなんだろう？ そしてセールスとの間に関係性はあるだろうか？

犬の特徴はいくつかある。飼い主は犬がよい行いをしたらちょっと褒めてやる方法を繰り返して犬を躾ける。脅かすと吠える。忠実で縄張り意識がある。飼い主と友達であり、人を楽しませるのが大好きだ。そして骨を埋め、猫を追いかける。犬を怖がる人もいる。

セールスと犬との間を結びつけられるか？ 「もしも話」からどんなアイデアが生まれるだろう？ 犬がセールスすることができたらどうなるだろう？

実現可能なアイデアとして、こんな想像が浮かぶ。

> **アイデア**

- よい行いをしたらちょっと褒められることで犬は躾けられる。
  商品が売れた直後に報酬として提供するインセンティブ。売れたらすぐに手数料を支払ったり、手数料の一部を割り当てる。
- 犬は脅かすと吠える。
  セールスパーソンが顧客から聞いた不良品、サービスへの不満が自社へ報告される早期警告の仕組み。新しい問題を指摘してくれたセールスパーソンにはご褒美を与える。
- 犬は忠実。
  優れた、そして継続的に売上を上げているセールスパーソンを大々的に表彰することでロイヤリティを形成する。わかりやすい認定の証を与える。ロイヤルカスタマーにはサプライズギフトやディスカウントをプレゼントしてお礼の気持ちを伝える。
- 犬には縄張り意識がある。
  会社の規定を見直し、セールスパーソンの担当地域内での決裁権を増やす。担当地域に関するすべてを決定し、社長のように運営する。現場に関わるすべての決裁についてセールスパーソンを関与させる。
- 犬は友達。人を楽しませてくれる。
  顧客視点でのキャンペーンを立ち上げる。何を買ったかがわか

り、さらなる提案ができるように定期的に顧客へ電話できるシステムを構築する。すべての顧客に対して一筆をしたためたバースデイカードを贈る。

- 犬は骨を埋める。

  顧客向けのオプション企画を作る。顧客には内緒にしてある特典を用意し、年間を通じて特典が当たるチャンスがあるようにする。セールスパーソンが利用できる投資計画の資金に、取引ごとに手数料の一部を充てられるコミッションプランを考える。

- 犬は猫を追いかける。

  プレゼンテーションを行うときの課題、難点を特定し、意欲的に克服していくことに集中する研修プログラムを開発する。自分自身や他の参加者が課題点を洗い出し、コントロールするスキルを訓練で身につける。"捕まえた"課題点は集計しておき、1週間で誰が一番多く課題を見つけ、克服したかを競うコンテストを行う。

- 犬を怖がる人がいる。

  犬がフレンドリーだとわかれば、この種の恐怖心は小さくなる。押しかけ型の営業電話を掛ける際に使える、ギフトあるいは好意の印として顧客へ差し上げる褒賞金制度をつくる。自社のセールスパーソンを差別化し、セールスに入るまでに他社とは違うフレンドリーな関係を構築し、顧客にとっての課題解決役となる。

　数年前、スイスにある製薬会社の社長が「うちの顧客が犬だったらどうなるだろう？　もっと儲かるだろうか？」と、ため息混じりにもらしていた。数ヶ月後、1人の獣医から抗生物質の注文が届いた。人体用に開発された抗生物質の中に動物に効くものがあることを調査から知ったのだが、獣医が探している薬を開発した企業は獣医に卸すのを拒んでいるという。動物用に薬の包装と処方を変える手間を嫌がったのだ。その上、多くの人は人体用の薬が動物にも使われていることに戸惑うと思ったからだった。

しかしこの会社は他のメーカーをあたり、くだんの薬を獣医が使用する認可を取りつけた。その後、人間用の医薬品は価格抑制や厳しい規制を受けているため、業界では獣医用薬剤が最も高収益のセグメントになった。中でも高い利益を上げているのは「顧客が犬だったらどうなるだろうか？」と考えた会社だ。自社では一つも製薬開発をしていないにもかかわらず、今日では獣医用薬剤で世界のトップに君臨している。

▶▶▶ サマリー

想像力を活用してチャンスを捕まえるには、想像力を使った質問を発することだ。スペンサー・シルバーは想像力を武器にして、３M社のポスト・イットを開発するチャンスをものにした。彼は粘着性のある物質を発見し、メモに使うことを考えてはいたが、５年間は使い方がわからずに「〇〇の代わりに使ったら？」「△△の代わりは？」とぶつぶつ言いながら、社内を歩き回っていた。最後にようやく、この商品の価値を正しく認めてくれる人物であったアーサー・フライの目にとまった。誰も必要とはしなかった「シルバーの糊」が、世界中の注目を浴びることになった。

パーシー・スペンサーも「フィクションストーリー」発想法を使える人だった。1943年、レイセオン社の中でマイクロ波を出す器具の前に立っていたらポケットのキャンディーバーが溶けてしまったことに気がついた。さらに実験を重ねてみると、マイクロ波でポップコーンが作れることも発見した。実験がすべて終わって電子レンジが発明され、彼はアメリカの料理習慣を一変させてしまった。

太陽を単なる黄色の点と思ってしまう人たちがいる一方で、シルバーやスペンサーのような人たちはマスタードのシミを見て太陽を想像できる人間なのだ。

第26章

True and false

論理を超える
「パラドックス」発想法

「夫れ衆は害に陥りて、然る後に能く敗を為す」　孫子

　クレタ島出身のある男が言った。「クレタ人はみな嘘つきだ」。彼は真実を話しているのか？　それとも嘘をついているのだろうか？
　真実を語ったのなら彼は嘘つきとなり、その発言はインチキなわけで結果としてクレタ人は真実を話すと言える。しかし、もし彼が嘘をついたのなら実はあらゆるクレタ人が真実しか話さないことになり、彼の発言は真実なわけだから、クレタ人というものは本当に嘘つきだとなってしまう。
　別の言い方をすると、彼が真実を語った場合は彼は嘘つきだとなり、彼が嘘をついた場合は真実を語ったことになる。矛盾しているが彼の言葉は真実であり、虚偽でもあるわけだ。

　こんな逆説（パラドックス）を聞くと、なんだか曖昧な気分になり、落ち着かない気持ちになる。人間は物事をはっきりと分け、原因と結果とを考えるようにと教えられているからだ。

　矛盾やパラドックスといった観点からアイデアを考えることは、クリエイティブな思考の顕著な特徴だ。ルイ・パスツールがコレラ菌に感染しても生き残った鶏がいることを発見したおかげで、医学に免疫学の基礎が生まれた。コレラ菌に感染した鶏と感染しなかった鶏に悪性のコレラ菌を新たに接種すると、もともと感染していなかった鶏は死亡し、感染していた鶏は生き残った。病気には病気を防ぐ性質があるという逆説的なこの発見により、何百万人もの命が救われた。

互いに相反するものを一つにまとめられれば、創造性が一段階高まる。ロジカルな考え方をひとまず保留すると、それを超えた知性が働き、新しい形のアイデアが生まれる。正反対のもの同士がかき混ぜられて、新しい視点が自由に浮かび上がってくるはずだ。

クリエイティブな人たちは、何かに両面性があって調和がとれていなくてもあまり気にしない。成功と失敗を同時に味わう状況を想像してみよう。起こったことに両面性があると、感じ方や視点が変化し、異なる思考プロセスが可能になる。成功と失敗とが同時に起こるパラドックスのおかげで、成功への途上で失敗を学ぶ考え方が刺激される。

トーマス・エジソンの助手が「5000回も失敗したのに、完璧な電球のフィラメントを作ることにこだわるのはなぜですか」と尋ねたことがあった。"失敗"の意味がわからない、とエジソンは答えた。「わたしはうまくいかない5000通りの方法を発見しただけだよ」と彼は言ったのだ。

正反対のことを同時に考えるには、考える対象のパラドックスを作ってから役立ちそうなアナロジーを見つけるのがお勧めだ。見つけたアナロジーの中にアイデアへのヒントがある。「パラドックス」発想法と呼ぼう。

> **【やってみよう！】** Blue print
>
> 1. 課題を明確にする。
>   あるハイテク企業のCEOは、まだ自社が小さかった頃は従業員たちが何気なくよく集まっていたものだと気づいていた。顔を合わせて話すことで、最高のアイデアが生まれていたのだ。同社が急成長するにつれて、フランクなミーティングと優れたアイデアの数は少なくなっていった。CEOは創造性を刺激するための代表的な方法（会議手法やディナーやパーティーの開催、

円卓の導入など）を試してみたが、斬新なアイデアが生まれることはなかった。CEOは自発的に従業員が集まってくる、クリエイティブな職場を取り戻したいと思った。

2. パラドックスへ転換する。

課題をパラドックスに転換してみよう。創造的な人々が凡人と違う点の１つは、正反対のものに対する寛容さだ。物理学者のニールス・ボーアは、光が粒子であり波でもあるというパラドックスを発見して喜んだ。この矛盾が相補性の理論へとつながり、ボーアはノーベル賞を獲得した。

自分自身に尋ねてみよう。この問題と正反対のもの、あるいは矛盾するものは何だろう？ そして正反対なものが同時に存在するところを想像してほしい。

ハイテク企業の例で言うなら、パラドックスとは「自発的に行われた集まりでなければ、斬新なアイデアが生まれない」になる。

3. エッセンスをまとめる。

課題の要点は何か？ 課題の要点と矛盾点を捉えて、書籍名（タイトル）のような言葉にまとめてみよう。パラドックスを単純化して書籍風にすると扱いやすいし、理解しやすくなる。

- 課題「次に顧客にしたい相手」のエッセンス
  =「フォーカスされた欲望」
- 課題「従業員間の資質差」のエッセンス
  =「バランスの取れた混乱状態」
- 課題「売上サイクルの季節性」のエッセンス
  =「中止が続く状態」
- 課題「自然」のエッセンス
  =「理性的かつ衝動的な態度」

CEOは自分のパラドックスをこんなタイトルにした。

「組織化されていない集団」
4. アナロジーを見つける。
パラドックスの要点を反映させたアナロジーを見つけよう。できるだけ多くのアナロジーを思い浮かべ、最も適切なものを選ぶ。
CEOは自然の中にぴったりのアナロジーを発見した。彼が思いついた「組織化されていない集団」はセグロカモメの群れだった。全く組織化されない状態でゴミをあさっているが、生き残る能力が優れているからだ。
5. アナロジーのユニークネスを抽出する。
こうしたアナロジーにはどんなユニークな特徴や機能、働きを発見できるだろうか？ 創造的なアイデアには、発見したアナロジーからユニークな特徴を引き出し、それを別の課題に当てはめてみることが多くある。
CEOは思いついたアナロジーのユニークネスを「ゴミあさり」だと分析した。カモメたちは漁師が海に投げ込むいらなくなった魚や魚の切れ端など手に入りやすい餌を求めて集まってくる。
6. 同じユニークネスを持つアイテムを探す。
アナロジーの持つユニークさと同じようなアイテムやパターンを探そう。
CEOにとって、カモメのアナロジーが示すユニークネスに等しいアイテムとは、魅力的な（手に入れやすい）値段で便利に食事を提供し、従業員を集めることだ。
7. 新しいアイデアが生まれる。
この会社は安価ながらも、おいしい料理を社員食堂で出すようになるだろう。CEOは料理を提供するためのコストを補助して、社員食堂に従業員が集まり（漁師がくれる餌にセグロカモメが引きつけられるように）、気軽に顔を合わせたり、話をしたりしてアイデ

アを交換し合う雰囲気になることを狙っている。

▶▶▶ アインシュタインのパラドックス

　アルベルト・アインシュタインの特殊相対性理論は、時間と空間が絶対的なものではないと提唱した。彼はニュートンの重力理論も含めて自分の理論を一般化させたいと考えた。

1）課題を明確にする
　特殊相対性理論の一般化に向けて鍵となるのは、一方向に物を引っ張る重力が、反対方向への加速度と完全に等しいということである。上方向へ加速するエレベーターに乗っている人は、重力によって床のほうへ押されているように感じる。

2）パラドックスへ転換する
　ある物体が動くのと同時に静止することができるのは可能か、という矛盾が生じた。

3）エッセンスをまとめる
　「静止しながらも動いている」

4）アナロジーを見つける
　このパラドックスの性質をもっとよく理解するために、アインシュタインはパラドックスのエッセンス、「静止しながらも動いている」を反映させたアナロジーを考えついた。
　ある観察者が家の屋根から飛び降りるのと同時に、何かの物体を投下するとしよう。その飛び降りている最中の観察者にとって、投下された物体は静止状態に見えるはずだ。屋根から飛び降りる観察者が重力場を自分のまわりに即座に感じることはないとアインシュタインは気がついた。重力に従って急速に落下しても、観察者が重

力を感じないのは明らかである。

5）アナロジーのユニークネスを抽出する

　このアナロジーのユニークな点は、観察者が重力によって急速に落下しても重力場が明らかに感じられない状態が起こることだ。このアナロジーを発見できたことが生涯で最も幸運なことだった、とアインシュタインは語っている。この発見が、より大きな一般相対性理論へとつながったからである。

6）同じユニークネスを持つアイテムを探す

　このアナロジーのユニークネスに触発されて、運動に対するのと同様に重力が時間と空間のゆがみに影響するのでは、と考える洞察が発見できた。

7）新しいアイデアが生まれる

　一連の発見が、アインシュタインが一般相対性理論を構築するきっかけとなった。

　正反対の2つのアイデアからパラドックスや矛盾を作り出すことで発想が生まれる。ビジネスに関する例をいくつか挙げよう。
- 従うことによって導く。
- 負けることによって勝つ。
- 危険を冒すが、慎重である。
- 多様性を求めるが、共通のビジョンを設定する。
- 創造性を促すが、実際的になる。
- 団結したチーム作りをするが、対立も歓迎する。
- 現実的ではあるが、挑戦的でもある目標を設定する。
- チームの努力に見返りを与えるが、個人に高い能力を求める環境を作り出す。

「最高のコントロールとは、コントロールしないことから生まれ

る」パラドックスを考えてみよう。ウォルマートの伝説的な創業者であるサム・ウォルトンは、まさにこの言葉のお手本だ。ウォルトンが自分のオフィスにいるのは金曜日と土曜日の午前中だけなのが通常だった。それでもウォルマートは小売業界で最も経営が堅実な組織の1つだと見なされている。

「ほとんどオフィスにいないのに、あなたはどうしてウォルマートを経営できるのですか」とウォルトンに尋ねた人がいた。顧客中心の組織を経営するにはこの方法しかない、と彼はあっさりと答えた。ウォルトンは月曜から木曜までは顧客や従業員と直接やり取りできる現場で過ごしたり、競合他社が何を計画しているかを観察したりしていた。実際、同様の理由でウォルトンの存命中、ウォルマートの店舗に店長用のオフィスはなかった。店長の仕事は外に出て顧客や従業員と触れ合うことだったのだ。

　何年か前に、あるエンジニアのグループとワークショップを行ったことがある。彼らは鋳物工場で働いており、鋳造した金属部品をサンドブラスト（砂の吹き付け）によって洗浄していた。部品をきれいにするのに砂を使うのだが、砂が空洞部分に入り込んでしまうため、砂の除去に時間も費用もかかっていた。この課題上のパラドックスは「部品を洗浄するための粒子は"堅く"なければならないのに、容易に除去するには"堅くない"状態でなければならない」ことだ。

　このエッセンスを表現するためにエンジニアたちが用いた書籍タイトルは「堅さを消滅させる」になった。ここから彼らは氷のアナロジーを思いついた。氷のユニークネスは"溶ける"ことである。生まれたのは、ドライアイスで粒子を作るアイデアだった。氷の堅い粒子は部品を洗浄したあと、気体に変化して蒸発してしまう。

　「パラドックス」発想法は普通用いられる論理的思考の一般的なルールにとらわれない、すばらしい発想プロセスである。論理ではうまく説明しきれない性質だが、波動でもあり粒子でもある、2つの

側面を両立して持つ光子のようなものだ。実験から、光子は連続的なものでも非連続的なものでもないと証明されている。論理を超えて"どちらか1つ（either/or）"ではなく"両方とも（both/and）"が適用される存在があることは間違いない。

▶▶▶ 社会起業

「お金を儲ける」と「社会にとって善いことをする」。相反する2つの概念を考えてほしい。"どちらか1つ（either/or）"ではなく"両方とも（both/and）"を用いて、新しいビジネスのコンセプトを作り出してみよう。

1）課題を明確にする
　ビジネスを社会的な活動と一体化させるにはどうしたらいいだろうか？

2）パラドックスへ転換する
　企業と社会活動家の活動領域は別々であり、目標も異なる。企業は利益を求める一方、社会活動家は社会の改善を志向している。

3）エッセンスをまとめる
「社会起業」コンセプト（社会活動とビジネスとの両立）。

4）アナロジーを見つける
「イエズス会（カトリックの修道会）」。世界的規模で効果的な奉仕活動を行っている唯一の組織。

5）アナロジーのユニークネスを抽出する
　イエズス会は大衆への奉仕活動と教会のための活動とを統合することに価値を見出している。世界のどこかで、ある問題に関するイノベーティブな解決法が見つかったら、別の場所で起こっている問

題にも解決策を適用している。

6）同じユニークネスを持つアイテムを探す

　イエズス会が行っている活動を模せば、社会活動とビジネスとが統合できそうだ。ビジネスを「教会」に、社会活動を「奉仕活動」と置き換えてみよう。結果として、社会起業家とビジネスパーソンとの間で生まれる広範なパートナーシップによって価値観の統合が起こるだろう。

7）新しいアイデアが生まれる

　社会活動とビジネスとを結ぶ新しい組織を作り、影響力を強化する。そして地方レベルから世界レベルまで通じるような方法で体制を固めていく。

　メキシコのセメント会社セメックス社はエイズ活動家と提携してメキシコ中で性教育を行い、エイズ予防について学ばせるためのネットワークづくりを行っている。セメックス社の戦略には、彼らが持つ流通機能を活用することも含まれていた。セーフセックスの指導者に手数料を払い、顧客になりそうな人にセメントの話をしてもらう仕組みだ。

　このパートナーシップによって、エイズ活動家は多くの人々の生活向上を実現させる成果をあげる一方、プロジェクト運営に必要な資金を新しい方法で作れるようになっている。

　セメックス社はメキシコ、および他地域にセメントを流通させるため、同じように社会活動家のネットワークとパートナーシップを組む構想を持っている。一方、エイズ活動家はネットワークを利用して人々の生活を向上させ、自分たちの理念のために収入を生み出せるように、セメント以外の製品についても支援するつもりでいる。

▶▶▶ サマリー

　なぜ、鏡は左右を逆に映すのに上下を反転させないのだろうか？ 1冊の本を鏡に映せば、文字は逆さになるが上下がひっくり返ることはない。左手を鏡に映せば、それは右手になるし、右手を映せば、左手になってしまう。なぜだろうか？　鏡を覗くとき、人は鏡の向こう側に回り込んでこちらを見ているかのように、左と右をひっくり返している。そうした見方をしてきたゆえに、鏡に何が起きているかを説明できない。

　鏡に映る像を理解するため、自分だと認識するイメージを心の中で逆さまにしてみよう。鼻と後頭部の向きが逆になったと想像する。鼻が北を向けば、鏡に映った像の鼻は南を向く。問題は鏡の中を通る軸の方向にある。身体を裏返しにするか、"鏡に押し込められた"有り様を思い描かなければならない。鏡の前に立って片手で東を指し、もう一方の手で西を指してみよう。東を指した手を振ったとすると、鏡像も東を指した手を振るだろう。西を指した手に対応する鏡像の手は西の方角に伸びているはずだ。鏡像の頭は上にあり、足は下にある。逆説的な視点でひとたび鏡を見れば、鏡の対称軸について理解できるだろう（左右ではなく、南北＝前後の軸）。

　像を見る視点を心の中で逆にすれば、鏡を理解する助けになる。同じように物事を逆に考えてみれば、これまでと異なった発見や画期的なアイデアにたどりつけるかもしれない。

第27章

Dreamscape

アイデアの宝庫
「夢日記」発想法

「戦わずして人の兵を屈するは、善の善なる者なり」　孫子

　夢はアイデアの宝庫だ。物事や課題、事件などが、目が覚めている状態ではとても思いつかないような形で結合したり編成されている。数多くのアイデアが靄の中に瞬く自転車のライトのように夢の中で光っている。

　夢にはあまりに荒唐無稽な部分が多く、解釈を拒んでいるように思える。また詩がそうであるように、不思議なほどうまい具合に無駄を取り除いて核心部を抽出して見せてくれることもある。

　1619年1月10日、ドイツの凍てつく冬、ある貴族の青年は一晩中夢を見ていた。目覚めると、夢を記録した。今や有名となっているその夢日記には新しい思想の体系が詳細に記されていた。彼が見た、その夜の夢が科学と西欧文明の方向を変えてしまった。現代の科学的方法論の多くは、この貴族青年ルネ・デカルトの夢日記に依拠している。

　ロバート・ルイス・スチーブンソンは小説を書く前に、夢の中ですでにシナリオを見ていた。物理学者ニールス・ボーアは夢で原子モデルを見た。ドミトリー・メンデレーエフは元素の配列に関する解決法を夢に見た。

　心理学者によれば人は一晩におよそ6つの夢を見るというが、そのほとんどは忘れられてしまう。しかし訓練によって夢を見ている状態を作ることはできるし、夢の主題を設定し、夢を正確に覚えておくこともできる。

【やってみよう！】Blue print

1. 課題に関する質問を１つ作る。
   質問を何回か書いてみて、眠りに入る前にも繰り返してつぶやく。幾晩か同じことを続けて行う。脳が課題に対して働きかけると、潜在意識が動き出す。
2. 夢を思い出すことができなければ、30分前に起きる。
   見ている夢が終わってしまう前に目覚める可能性が高くなる。目が覚めても、じっと横になったままで。夢について思いを巡らしながら、できる限りその時間を引き延ばそう。
3. 夢日記を作り、夢を記録する。
   ベッド脇に日記を常に用意しておいて、思い出せる限り細部までを記録する。鮮明な部分をスケッチしよう。夢を思い出せなければ、心に浮かんだことを何であっても記載しておく。そのとき心に浮かんできたことは夢からやってきた場合が多く、夢を思い出す手掛かりとなる。
4. 夢を記録したら、こんな質問をしてみる。
   - 夢に出てきた人や場所や事件は、どのように課題に関連しているだろうか？
   - 誰が主要人物だろうか？
   - 自分の課題と夢は、どのように関連しているのか？
   - この夢が課題の性質を変えるだろうか？
   - この夢のどんな要素が課題解決に役立つだろうか？
   - 見た夢から課題解決に役立つ連想を思いつけるか？
   - 夢から得た「解答」はあるか？
5. 夢に出てきたイメージから１つか２つを選び、自由連想を行う。
   自由連想で思いついたものはすべて書き出す。この作業は毎日繰り返す。すぐに次の夢が現れて、夢はさらに進んで行くことになる。

> **6．夢日記を毎日欠かさずつける。**
> 毎日、夢を記録する。夢を書き付けるようになると、もっとたくさんの夢を、より細部まで覚えられるようになる。パターンやテーマが広がり、繰り返されるのがわかるだろう。夢が次第に豊かなものになってくる。

「夢日記」発想法を使って夢を書き続けていると、夢が自分自身や課題に何らかの影響のある過去、あるいは現在の経験に根差していることに気づく。図50の白黒模様が全体として何を表しているかわかるだろうか？

（図50）

いったん牛の頭部と背中であるとわかると、もう混乱することはない。牛の頭は絵の左側、下の黒い部分が口になる。まだ見えてこなければ、遠いところから絵を見てみよう。

夢の中にあるアイデアはこの絵の牛のようなもので、捉えどころがないのにわかった途端に現実感がある。

趣味用品店の店主はそれなりの収入を得ていたが、さらに利益を拡大しようとした。課題は経済的にもっと豊かになることだった。クリエイティブな夢を見ようと努めた結果、彼は荒れた海に囲まれた岩にひとりで立っている夢を何回も見た。風がいつもびゅうびゅうと吹いていて、彼の探し求めているお金が岩の奥底に埋もれている。そのとき雷が落ちて岩を砕き、何枚もの金の円盤が漂い出てきて空を旋回した。円盤はやがて降りてきて、ひとりでに岩のてっぺ

んに積み重なった。

彼は見た夢をこう解釈した。同じような店を開いているのは自分ひとりではない。街中に趣味の店や日曜大工店があった。岩の中に封じ込められた金とは、似たような店舗全ての潜在的な利益可能性を意味していた。金の円盤が稲妻で岩の中から解放されて岩の上に積み重なったのは、１つの場所にまとまって手に入りやすくなったことだ。この解釈は次のようなアイデアを導き出した。

アイデア　１つのテーマを持ったビルディング。彼は７階建てのビルディングを購入し、日曜大工や趣味、おもちゃの巨大センターにした。彼は他店に話を持ちかけ、フロアスペースを貸し出した。このビルには日曜大工や趣味人をひきつける何千を超える商品が集まった。さらには絵画、本の装丁、ステンドグラスの製作、陶磁器、家庭用品の修理、配管工事、改築などの分野で常時教室を開設している。このビルは趣味やおもちゃ、家庭用品の修繕、大工仕事などを目指して人がやってくる場所になった。

心の奥底に芽生えた自分だけのアイデアは夢の種のようなもので、迎えてくれる場所、根を張れるところを探し求めている。

夢日記に記載されるクリエイティブな夢には適切な解釈が大事になる。夢から現れた予期せぬイメージは、自分にとっての意味を考えていくきっかけだ。夢は現在と過去の体験を織り合わせて、新しい物語を創り上げる。硬貨の中に、インディアンの頭部の絵がついた５ドル硬貨が交じっているのを見つけたときのように、夢は忘れさっていた昔を思い出させてくれることがある。

ある引退した歯科医が髪の毛の生えた、１本の巨大な歯の夢を見た。目覚めてから、その歯が１軒の古めかしい床屋に入って行き、散髪してもらうところを瞑想した。そのとき彼は突然立ち上がった。

新しい事業のアイデアを思いついたのだ。

アイデア　予約なしで立ち寄れる歯のクリーニング・サービス。忙しい患者に散髪のような手軽さで提供する。歯垢を取り除いて、歯を磨く。料金は20ドル、かかる時間は30分程度だ。何か歯に異常が見つかれば、患者のかかりつけの歯科医に引き継いでもらうことにする。

ささいな夢でも、見た当人にとっての緊急課題を発見するのに役立つことがある。場合によっては見た夢が解決の鍵を提供してくれることもある。

私の甥っ子であるカールは進学先の大学を決める際に夢を効果的に使った。

彼は家族で使っている夏の別荘にいる夢を見た。潮が満ちてきて、押し寄せる高波が小屋にまで迫った。ボートは海の下に消えていた。そのとき、遠くに細長い物体が浮いているのが見えた。「それがおまえを救う唯一のものだ。そこにたどり着けば何も恐れることはない」と声がした。よく見ると、それは野球のバットだった。

この夢は、自立した生活を始めようとする若者の感情を象徴していると解釈できる。しかしバットは純粋に個人的な何かを意味していた。カールは夏の別荘から何の気兼ねもない夏休みと責任の欠如、そして経済的な安定性を連想した。

彼にバットから浮かぶ連想は、と尋ねると「自分の部屋にあるバットだ」と答えた。なぜ夢は部屋にある物の中でバットを特別に選んだのだろうと聞くと、彼は当惑した。それからハッと、そのバットは自分のお金で買った唯一のものだと気がついた。

夢は「少額でも自分で学費の一部を負担できる大学を選ぶべきだ」とアドバイスしていた。さらに「最も信頼できる物は、自分の持ち物だけだ」とも付け加えている。

▶▶▶ **サマリー**

　夢は、本当は知っているのにそれと気づかなかったものを教えてくれる。イーリアス・ハウはミシンのデザインに取り組んでいて、先端に穴のあいた槍を持つ狩猟民に捕らえられた夢を見た。目覚めたとき、ハウは頭でも真ん中でもなく、針の先端に糸通しの穴を開けるアイデアに気がついた。このちょっとした修正によってミシンが現実のものとなったのである。
　人間の持つ、最も初歩的な思考スタイルは象徴的なイメージによるものだろう。それは詩がイメージで人の心を動かすことに似ている。夢の中では、詩よりも強くみなぎる力が幻の都市のようにゆらぎながら夢みる人の心に思いうかんでくる。

第28章

Da Vinci's technique

潜在意識からのメッセージ
「ダ・ヴィンチ・スケッチ」発想法

「是の故に軍政に曰く、言うも相い聞こえず、故に鼓金(こきん)を為(つく)る。
視(しめ)すも相い見えず、故に旌旗(せいき)を為ると」　孫子

　アクティブな脳の働きは仕入れた情報を新しい塊にまとめあげ、新しい視点と新しいアイデアをもたらしてくれる。

　情報を新しいまとまりとして構成するよい方法は、絵を描くことだ。原始時代、人類は絵を使ってコミュニケーションしていた。アルファベットは各種の絵文字から発展して生まれたものだが、文字を使って考えることが"より進化した"ことにはならない。

　アルベルト・アインシュタインはこう述べている。
「言語体系を形成している言葉は、書き言葉にせよ、話し言葉にせよ、私の思考メカニズムに何らかの役割を果たしているとは思えない。思考の単位として働いているのは記号やイメージであり、それは自発的に増殖し、結合していく」

　レオナルド・ダ・ヴィンチがアイデアを得た方法は、目を閉じ、全身をリラックスさせて筆のおもむくままに紙に線を描いたり、走り描きをしたりすることだった。描いた後に目を開き、絵の中に像や模様、物、顔、出来事などを探し求めた。彼がなした発明の多くは、こうしたランダムなメモ描きから始まった。

　描くことによって、抽象的なアイデアを明確な姿にまとめることができる。課題の全体をはっきりと見るために、飛行機に乗って上から見下ろすところを想像してみよう。

空中から下に見えるものを見たままに、できる限りたくさんいろいろなコンセプトをスケッチする。見ているのは自分だけ。人の目は気にせず、好きなように描こう。スケッチは自己と語り合う方法だ。トーマス・エジソンはアイデアを考え始める前に、何百というスケッチや落書きをした。ゼネラル・エレクトリック社は、エジソンの電球に関する落書きのコレクションを所有している。しかしそのほとんどはエジソン以外には解読できない。

絵を使ってイメージを描くこと（スケッチ、落書き、描画）は言語による活動を補い、アイデア同士を取りまとめて、新しいアイデアを作るのに役立つ。

【やってみよう！】Blue print

1. 取り組んでいる課題を点検する。
   課題をあらゆる角度から見る。紙に課題を書き、数分間熟考する。どこかしっくりこない点はないか？　何が主な障害か？　未知の点はないか？　自分は何を理解したがっているのか？　この時点で、私にわかっている解決法は？
2. リラックスする。
   リラックスすると直感が鋭くなり、イメージやシンボルをもっと自由に操れるようになる（第21章「ゼリー・シンドローム」の項を参照）。
3. 直感のままに、イメージや場面、象徴を描く。
   どんな絵になるのか、描いてみるまでわからなくて構わない。気持ちのおもむくままに、絵を描く。意識が絵を支配しないで描けるように練習しよう（意識がイメージを制御してしまうのを避けるために利き手と反対の手を使う人もいる）。線や走り描き自体に任せる。検閲などしないように。描いたスケッチを人に見せる必要はない。描く絵が自分から紙へ自然に流れ出すようにしよう。

「たまたま」や「ランダムさ」が、描く絵に深みをもたらす。まだ解読はされていないけれども、偶然や無作為には秩序と意味性があり、非常に有効だ。潜在意識からの秘密のメッセージかもしれない。

4. 境界線を引いて、描いたスケッチを囲む。

   好きなサイズ、形でよいし、丁寧でも適当でもかまわない。周辺部分から切り離して、スケッチそのものに焦点を当てるために行う。

   境界線を引くことがスケッチに趣きや深みを与える。それ自体が有意義な全体感を作ることになり、スケッチに意味を加えてくれる。

5. もし1回だけで足りなければ、もう1枚描く。

   必要に応じて何回でも。できる限りたくさん描いてみよう。

6. 描いたスケッチを調べる。

   目の前にあるスケッチは潜在意識からやってきたメッセージだ。全体像をイメージとして見る。それから部分を。予想しなかった信号や新たな情報が探し出せるはずだ。

7. スケッチの中にあったイメージ、シンボル、走り描き、線、形から最初に思い浮かんだ言葉を一つひとつ書き留める。

8. 言葉を全部まとめて、文章にする。

   自由連想を行い、心に浮かんだものをすべて書き出す。書いた文章と描いたスケッチとを比べてみる。言葉と絵画、2つの言語で同じ考えを表すことができたと満足できるまで、書いた文章を推敲する。

9. 書きあげた文章が課題とどう関連しているか考える。

   課題の見方は変わっただろうか？　新しいアイデアが浮かんだか？　新たなひらめきは？　潜在意識から上ってきたことで、びっくりしたことはないか？　どん

> な部分に当惑したか？　何が場違いだと感じたか？
> とりわけ心に浮かんだ次のような質問に注意を向けよう。これは何だろう？　どこから来たのだろう？　どこにあるのだろう？　どういう意味だろう？　こうした問いかけに答えを見出す必要を感じれば、それは課題解決に一歩近づいた証拠だ。

　一つひとつのスケッチは、アーティチョークと同じだ。実や葉だけでなく、背骨のような芯までまるごと食べられる。
　もし「ダ・ヴィンチ・スケッチ」発想法を使ってもすぐにアイデアが出なかったり、新しいひらめきが出なかった場合でも、毎日繰り返し続けてみよう。リラックスした後に「さて、今日の課題の具合はどうだろう？」と自分に問いかけてみることだ。

　私のケースを紹介しよう。大学の教科書は通常、大学構内の書店で売られている。教科書といえば学習の手引きや科目の要点、副読本、その他の関連商品があるが、書店としては置く場所もなく利益も薄い、こういう余計な商品を売るのを嫌がる。教科書会社は広告に頼るしかないが、最小限の効果しか期待できない。克服すべき最大の難関は販売を書店に依存している点である。
　とすれば、課題は「どんな方法で大学の教科書に付属する品物を売る、新たな流通経路を作れるだろうか？」と設定できる。

　私は2〜3日この課題を考えた末、心に浮かぶイメージをすべて描き始めた。意識の命令を無視し、イメージが主役で、イメージそのものが指示してくるものを描こうとした。数点を描いた中で、1つのスケッチ（図51）が私の想像力を奮い立たせた。
　私は描いたスケッチを調べ、パーツであるそれぞれのイメージから浮かぶ最初の言葉を書き留めた。そして言葉を結びつけイメージと課題との間に強引に関係を結び、心に湧き出てくるすべての疑問

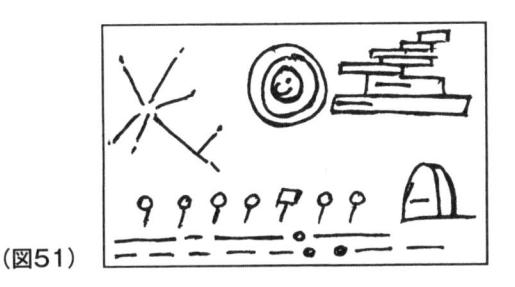

（図51）

に注意を払った。その結果、次のようなヒントが生まれた。

- 異なる経路
- コンピュータ・プログラム
- CD-ROM
- 積み上げられた硬貨
- 機械の前に列を作る人たち
- 1つの場所に集まる人たち
- 墓石
- コインで動くスロットマシーン
- 6個の丸い頭とひとつの四角い頭

私の直感的なイメージ解釈は、新しい流通チャネルのアイデアを暗示していた。

アイデア 大学キャンパスにソフトウェアの自動販売機を設置する。学生はＣＤをここで買うこともできるし、自分のディスクを持参することもできる。そして硬貨を入れ、次のようなソフトウェアを購入し、ディスクに落とすことができる。

- さまざまなテキストの「学習の手引き」
- 各クラスの講義ノート
- 各クラスに課される試験のサンプル
- 副読本
- 図書目録
- ゲーム

ソフトウェア自動販売機は書店という流通経路を省き、需要に応じた"出版"を可能にする。販売機はOSに関係なく使えるものでなくてはならない。

いったん潜在意識をスケッチとして表現できれば、意識的に考えたアイデア、アナロジー、比喩を付け足していくことができる。こうなれば本質的に異なるアイデアをまとめて、新たな可能性や解決法を探ることができる。

時として、答えることはできないが解決にとても重要と思われる疑問が出てくることがある（その形は何を意味するのだろう？　とても重要そうだ、など）。脳は答えを見つけるまで落ち着かずに、見かけの世界の下に眠っている本当の意味を探り出してくれるだろう。時間はかかるかもしれないが、最終的には自分自身が答えを見つけてくれる。

▶▶▶ 自然界の「手描き」に学ぶ

ダ・ヴィンチはどこにでも見られる自然が描いた「手描き」——例えば、翼、卵の殻、雲、雪、氷、水晶、その他の偶然が生み出した事物——から多くを学んだ。彼は新しいアイデアや課題解決を探求するにあたって、自然がもたらす本質の把握を活用した。レオナルドなら、セールスパーソンが履く靴の片方からでもアイデアをひねり出すことができただろう。ロバート・マッキムの『視覚的思考体験』（原題 *Experience in Visual Thinking*　未邦訳）には、ダ・ヴィンチのノートからの引用がある。

「つまらなかったりバカげたことであっても、心をさまざまな発見にかき立ててくれるし、研究や工夫に有用であると言いたい。壁のしみを見ても、山や川や岩、木々などのあらゆる美しい風景に似たものを発見できるのである。また、壁のしみから、戦争や動いている人や奇妙な顔や衣装など、完璧に描いた絵のように無限の事物が見えてくるのである」

ダ・ヴィンチはまた、エッセイの中でボッティチェリに賛意を示している。ボッティチェリは絵の具を浸したスポンジを壁に投げつけて、絵の具が飛び散ったあり様の中にさまざまなイメージを見つけるのだという。このイメージがアイデアの始まりである。脳がそのイメージに意味を付け足していく。

　図52の絵は、紙にインクをはねかけたときにできたものだ。よく見てみよう。この模様からの自由連想で新しい製品、新しいサービス、新しいプロセスなどを考えつくだろうか？

（図52）

ある友人がこの絵を観察して、こんな連想をした。
- ひも
- クモの巣
- 敷物にこぼれたコーヒー
- マクドナルドのロゴ

こうしたイメージが新しいアイデアへと集約される。飲食店やファストフード店のトレイ代わりになるアイデアがパッとひらめいた。

> **アイデア**　プラスチック製の網でできたカップホルダー。一度に4つのカップを引っかけて持ち運べる。液体がこぼれるのを防ぐので、ふたの必要もない。この容器はトレイよりコストが安く、場所もとらない。

▶▶▶ **サマリー**

　自分で描いたスケッチやイメージを理解するのは、結び目を解くことに似ている。結び目を解くには、結び目を作った過程を逆にたどらなければならない。アイデアを探しながら描いたスケッチを検討するときには、無意識の世界にもどっていく。イメージが最初に発生したところだからだ。

　アイデアは潜在意識の最も深いところから現れる。潜在意識とは生まれたときから魂に保存されている古書であり、見たことも聞いたこともないものを創り出し、想像する力を備えている。

第29章

Dali's technique

入眠時幻視
「ダリ・テクニック」発想法

「鷙鳥の撃ちて毀折に至る者は、節なり」　孫子

　コンパスを使えば、円周上のどの点であっても中心点との間を結ぶことができる。同じように、どこを出発点にしても潜在意識の世界に到達できる。

　潜在意識への入り口の1つが「ダリ・テクニック」発想法。入眠時に幻視体験を発生させる方法だ。眠りに落ちようとする寸前に脳の中に生成されるイメージを捕まえる発想法で、マスターするのが難しいと感じるかもしれない。しかしいったんモノにすれば強烈なイメージ、アイデアへのヒントを提供してくれる。

　図53は何を表しているだろう？

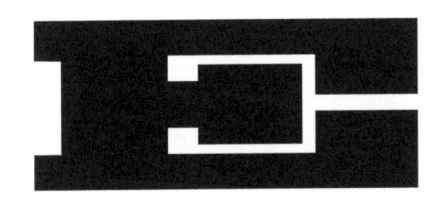

（図53）

　アルファベットの「E」だ。太く濃く描いてあるため見にくくなっている。
「ダリ・テクニック」発想法で得たイメージはこの「Eの字」に似ていて、他の発想法で得るイメージよりも深く強烈なので理解しにくい。幻視する体験は視覚的か聴覚的のいずれかであるが、どちらになるかはコントロールも指示することもできない。人によっては最初に思ったよりもずっと深くて華やかな、幻想的でシュールなカラーのイメージを見ることもある。

サルバドール・ダリはこの発想法を使って非凡なイメージを呼び出し、絵画として表現した。ダリは床の上にブリキの皿を置いて椅子に座り、スプーンをお皿の上にくるように持った。そして身体の力を抜いて眠りに入る。睡眠状態に陥るとスプーンが手から抜けて皿の上に落ちる。カチンと音をたてたらダリは即座に目覚め、浮かんだシュールなイメージを捉えるのである。

入眠時に浮かぶイメージは、どこからともなく現れるように思われるが、それなりの理由がある。潜在意識は動的エネルギーの流れであり、思いつきやイメージは深層から表層の顕在意識へ昇り、明確な形となって現れる。潜在意識は庭にある水道の元栓であり、顕在意識は２階にある蛇口だ。元栓の開け方を覚えれば、２階の蛇口からイメージがいつでも思うままに流れてくるようになる。

溢れ出てくるイメージの不思議な結びつきや偶然のつながりを解きさえすれば、新しいアイデアへと発展していく。

【やってみよう！】 Blue print

1. 課題について考える。
   進捗具合、邪魔になる障害、他の可能性などを検討しよう。それからすべてを忘れ、リラックスする。
2. 身体を完全にリラックスさせる。
   筋肉を弛緩させよう。第21章の「ゼリー・シンドローム」の方法を使ってもいい。
3. 心を鎮める。
   その日に起こったことや課題そのもの、その他の問題について考えるのをやめる。頭の中から雑念を追い出そう。
4. 「なすがまま」で幻視体験をする。
   イメージを探そうとしないで受動的に「なすがまま」にする。意志を持って何かを見ようとしないで。脱力し、意志を持たず、目的をなくす。片手にスプーン

をゆるく握って、眠りに入るのを待つ。こうして「入眠時幻視体験」へ入っていく。睡眠状態になればスプーンが落ちる。浮かんだイメージを忘れないうちに捉えてしまおう。

5．幻視したイメージを記録する。
浮かんできたイメージは、いろんな種類が混ざり合っていて予想もつかないものだからアッという間に消えてしまう。イメージは模様であったり、色彩が雲になっていたり、物体であったりもする。

6．イメージと課題との関連性を探す。
幻視体験をした後すぐに、思いついた最初の言葉を書き出しておく。解決すべき課題とのつながりや関連性を探そう。こんな質問をするのもいい。
- 私を驚かせたものは何か？
- 課題と何か関係があるのか？
- 新しい発見はないか？
- 場違いなものはないか？
- 私を混乱させるのは何が原因か？
- イメージから何を思い出すか？
- 共通点は何か？
- 類推できたものがあるか？
- どんな関連づけができるか？
- イメージは何に似ているか？

あるレストランのオーナーが販売促進の新しいアイデアを得るために「ダリ・テクニック」発想法を使ってみた。彼はいろんな食品が巨大なネオンとなっているイメージを見続けた。ネオンのアイスクリーム、ネオンのピクルス、ネオンのポテトチップス、ネオンのコーヒーなどだ。幻視した食品と課題との間に見つけた関連性は、食品そのものを販促物に見立てることだった。

アイデア　彼は曜日や時間帯、季節によって異なる無料メニューを販売した。月曜日にはピクルスが無料、14時から16時まではアイスクリームが無料、水曜の夜はコーヒーが、春にはロールケーキが……。彼はネオンサインで無料になるメニューを掲示、宣伝したが、実際にお店に足を運んでみるまでは何が無料になるかはわからないようにしておいた。無料メニューにバラエティがあり、宣伝の仕方が好奇心をそそるものであったことで、このレストランには人が集まった。

このオーナーが食品の幻視イメージを見て始めた販売促進企画には、利用頻度に応じて特典を進呈するプログラムもある。1ヶ月間に5回の食事をした人には50ドル分、無料で食事ができる企画だ。1回あたりの代金は20ドル以上でなければならないとしたが、平均単価は1人当たり30ドルだったそうだ。この2つの販売促進企画は彼に成功をもたらした。

この発想法を使って自分の心にだけ呼び起こせるイメージは、潜在的なアイデアやテーマを示唆している。潜在意識は、すぐには理解できないけれども自分にしかわからない何かを伝えようとしている。イメージは磁石のように新しい関係性や連想を吸い寄せるために使われる。

ミックスメディア・アート(複数のメディアを使うアート)のクラスを持っている教授は最初の授業で生徒に課していた「自画像を描く」講義に飽き飽きしてしまった。彼は空間と知覚領域を探検するような課題を出したいと思っていた。インスピレーションを得るために、「ダリ・テクニック」発想法で入眠時幻視を試し、「人間のように歩き回って喋る、衣服をまとった鮮やかな色彩の樹木」の幻を見た。彼はこのイメージについて何日もの間考え続け、ある日新しいアイデアが思い浮かんだ。

アイデア　彼は学生に5センチ×10センチのボードを渡し、「自分たちの個性を示し、どこにでもつけて行けるようなもの

をつくる」課題を出した。学生たちは自分の体験や人格や関心事を表すためにボードの形を変えたり、デザインしたりした。このボードは学生たちが周囲の環境とどう関わっているかの尺度を示す機能を果たし、普段は使おうとしない素材を使わせることができた。

　ある学生は自分のボードを青と黒に塗り、木の枝や山火事に関する新聞切り抜きなどを貼りつけ、ボードの一部を焦がして環境問題を主張した。別の学生は自分がメキシコ系であることを強調した。彼はワシ、ヘビ、サボテンなどの彫り物でボードをメキシコ民芸品のように飾りたてた。家系図を描き、布製のポインセチアやロザリオ、ピナータと呼ばれるキャンデーの容器まで貼りつけていた。

▶▶▶ サマリー

　イメージを現実として扱おう。ただし実感できたり納得がいくまではイメージが示す寓意を決めつけてはいけない。
　あるワークショップで環境を浄化する方法について模索していた。参加者の1人が「ダリ・テクニック」発想法をつかって、図54のようなイメージが思い浮かんだと報告した。

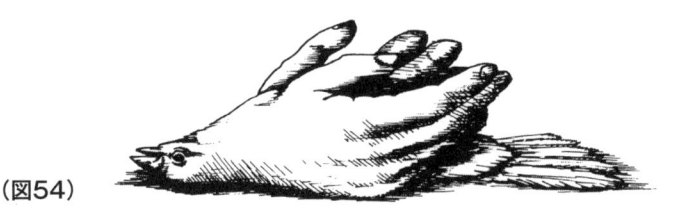

（図54）

　どのように解釈できるだろうか？　イメージと課題との関連性は何だろうか？　このイメージを使って環境浄化のアイデアを思いつくだろうか？

第29章

ワークショップのメンバーは、こんな連想をした。
- 汚染された浜辺で見つかった、死んだ鳥。
- 浜を汚した手が、鳥を殺した。
- その同じ手が、やさしく鳥を包んでいる。
- 手は鳥を殺すつもりではなかった。
- 手は、団体の手である。

生まれてきた連想が、石油会社や化学薬品会社に対して環境浄化に手を貸すよう呼びかけるアイデアへと発展した。エクソン・ケミカル社に働きかけ、回収したゴミでフジツボなどが付着しないプラスチック製のビーチベンチを作るよう依頼をすることになった。

第30章

Not Kansas

幻視の旅
「シナリオ・ジャーニー」発想法

「トト　ここはカンザスじゃないみたいよ」『オズの魔法使』

　現代人に唯一残された冒険の場は、もはや潜在意識と呼ばれる内的な領域だけだと言われている。この章では、潜在意識の旅へと誘うために、知性と意志との案内で想像力を駆使する発想法を教えよう。潜在意識からのメッセージを引き出すのにきっと役立つだろう。

　この「シナリオ・ジャーニー」発想法の効き目がどのくらいあるのか、頭で納得する前に、まず体験しなければならない。初めてこの発想法を試す人を見ると、私はいつも心配になる。古めかしい戦争映画の中で看護師が兵隊の目から包帯の最後のひと巻きを取り除いているシーンを見ているような気持ちになる。彼の目は見えるようになったのだろうか？

【やってみよう！】Blue print

1. リラックスする。
   第21章の「ゼリー・シンドローム」の方法などを使ってみよう。
2. 潜在意識に対して課題の答えを求める。
   課題を紙に書き出し、課題の解き方に関するイメージや象徴を教えてくれるように潜在意識に対して問いかける。
3. シナリオ・ジャーニー、幻視の旅をする。
   旅のガイドとして２つのモデルを用意してある。「ダコタ」と「嵐」だ。
4. 現れたメッセージを受け入れる。

> ダメ出しをしてはいけない。メッセージを信頼する。信頼を置くほどイメージは自由になり、その中に真実がもっとたくさん埋もれていることに気づくだろう。
> 5. 想像力を駆使してイメージをできる限り明確に、鮮やかにする。
> シナリオ・ジャーニーが終わったら、すぐに文章として記録するか、スケッチを描こう。
> 6. 曖昧なイメージが現れたら、他のイメージを思い描く。
> 私立探偵サム・スペード（ハメットの『マルタの鷹』に出てくる名探偵だ）になりきって浮かぶイメージを追跡し、課題解決に使えるようにする。
> 7. 現れたイメージの中からエッセンス、原型、関係性、ヒントなどを探す。
> 感じたメッセージやイメージ、シンボルを自由連想の出発点にする。

　シナリオ・ジャーニーのガイド、「ダコタ」を読んだら、目を閉じて２〜３分、旅の場面を視覚的に思い起こしてみよう。そして課題を解くために視覚イメージを使ってみる。これは読むだけで理解できるものではない。体験してみなければわからないものだ。

　いま取り組んでいる課題について考えよう。自分の課題について簡略な記事を書いている新聞記者だと思って、できる限り客観的に課題を書き表す。書き終えたら、課題について数分間、黙想する。そして潜在意識に答えを求める。

　目を閉じて５分から10分、たっぷりとくつろぐ。心を空っぽにしよう。あなただけの、心が安らぐ場所に行って、深く息を吸い込み、リラックスした気持ちになる。さあ、リラックスできたら、ダコタへの旅に出よう……

●ガイド#1 ダコタ

　ダコタ州（アメリカ中央部の州）の山奥、廃墟となった炭坑のそばでキャンプをしている。日は暮れかけて、寒くなり始めている。太陽が沈むにしたがって、平原にぽつんと高く聳えた山や峡谷、崖や彫刻を施したような丘や渓谷は赤く焼けたような午後の色を失って、今や黄や強烈な茶色、赤から銀灰色へとうつろう。百通りもあるかのような微妙な色彩の変化で燃えるように輝き、墨のように黒い夜空で縁どられ、際立って見える。

　あなたは風で発育を妨げられ湾曲した杉やビャクシンの雑木林に向かう。林に着くと、光の色とその清澄さに驚き、立ち止まる。

　沈みゆく太陽のせいで岩は黒く、輪郭がくっきりと浮かび上がって見える。その一方で、東側の景色は強烈な色彩で輝いている。夜の帳が下りようとしている。たとえようもないほど美しい。星が無数に輝いていて、月が出ていないのに、空は銀色の光を放っているようだ。

　凍てつく空気が鼻孔からしみ入り、北風が冬の訪れを告げている。あなたは乾いた杉の枯れ枝を拾って積み上げ、身体を暖める焚き火を作る。ほのかに燃える木の香りがし、ぱちぱちと火がはねる。焚き火はあなたの頭上に黄色い光のドームを作り上げる。近くでフクロウの甲高い鳴き声やコヨーテの遠吠えが聞こえる。

　焚き火に当たりながら、ニジマスにトウモロコシ粉をはたいて、油でかりっとするまで揚げる。ニジマスの頭としっぽを持って背骨のほうからかじり始め、香ばしいしっぽまで食べる。バターをたっぷり塗った手作りビスケットとコーヒーで食事が終わる。

第30章

　身体が暖まり、すっかりくつろいで、いい気分だ。雑木林でカサコソと音がする。音が近づいてくる。危険ではない。それは何だろうか？　確認してみよう。

　確認したら、近づいてきた何かと対話してみよう。相手にも、自分に話しかけてくれるように、あなたの課題解決に相手がどんな役割を果たしてくれるのか尋ねてみよう。対話が終わったなら、ヒントをくれた相手に感謝をする。そのまま彼が林の中に戻っていき、姿を消すにまかせておく。

　コーヒーを飲み終わり、さくさくとした甘いりんごを食べる。ひと口かじると、果汁が弾けるような気がする。焚き火の炎がふと小さくなり、神秘的な気分をかきたてる不思議な風が立って木々がざわざわと揺らぐ。

　夜も更けて、冷え込み始める。防寒服を着込むと、暖かさがもどって恍惚とするような心地よさだ。石油ランプを取り出して芯を切り、火をつけると、黄金の蝶のように炎が羽ばたき始める。ランプは光と同時に暖かみを与えてくれる。これほど気持ちのよい明かりはこれまで灯されたことがなかったとさえ思う。アメリカに最初に移住した人たちが使ったランプもこうだったに違いない。

　あなたはランプを手に、今はもう使われていない採掘坑に足を向けてみる。地面に腹這いになって、坑道の底までじっと見下ろしてみる。目が暗闇に慣れると、底のほうに何かが見える。何だろう？　確かめてみよう。じっくり観察してから、そのまま去るにまかせておく。しかし見たものはしっかり覚えて。

　起き上がって採掘場を去ろうとしていると、草の上に風雨に晒されたブリーフケースが落ちているのに気づく。それを拾っ

> て開けると、中に4つに折った紙が見つかった。紙を開いてみると、あなたの課題に対するメッセージが書かれていた。あなたはそのメッセージを読んだ。何と書いてあっただろうか？ そのメッセージが課題の解決にどう役立つのか考えてみよう。
>
> 読み終わったら、キャンプへ戻ろう。深く深呼吸をして、潜在意識の中から得たイメージをしっかりと焼きつける。

それから目を開いて、忘れないうちに感じた印象やイメージを書き留めたり、絵として描いてみる。

イメージが自由に、生き生きと現れ始めるまで何回でも旅の練習を行おう。思い起こしたイメージが解決へのヒントになる。浮かんだイメージや、それが指し示す意味がはっきりするまでには時間がかかるかもしれない。時には他のイメージが現れて、前後の関係を補ってくれるのを待つ必要があるかもしれないが、最後には明確になるだろう。

地方で新聞を発行している人が、自社の新聞をもっと個性的にして他紙との違いを打ち出そうとしていた。彼は「ダコタへの旅」を行ってみた。記録したイメージや印象は「慰め、犬、友情、餓え、チキン、寒さ、死、暖かさ、暗闇を近づいてくる複数の動物、動物には危険がないこと、冷たくなること、過去の新大陸入植者たち、楽しい記憶」だった。そして彼がブリーフケースの中で見つけたメッセージは「死んだ犬もまた、慰めなり」。彼は「死んだ犬が、私の課題とどんなつながりがあるのか？」といぶかしく思いながらも、「ペット、死、悲しみにくれる飼い主」と思いつき、そしてアイデアが浮かんだ。

> **アイデア** ペットの死を追悼する記事。読者に受けそうな記事で、大手の新聞社が取り扱わなかった企画だ。ペット愛好者はこんな記事が好きだし、多くの人がペットを飼っている。部数も増えるだろう。

ペットの追悼記事は人と動物との関係を扱う。典型的な例をあげれば、

> ジャズという私の愛犬は、あらゆる点でパッとしなかった。私たちと同じで、夜は背もたれのついた椅子に座ってテレビを見るのが好きだった。彼女の大好きな番組は、「マイアミ・バイス」。ワイズのポテトチップスが好物だった。他の者が背もたれ椅子を使おうとすると癇癪を爆発させるのが彼女の癖。みんなが知っていた癖だった。ジャズは、生きている間にたった１回しか旅行に行けなかった。

潜在意識の旅に出るのに、必ずしも「ダコタ」のガイドを使う必要はない。海辺や休暇、船旅、宇宙旅行、ミステリーなどを主題としたシナリオを使うほうがしっくり来る人もいる。旅のシナリオで押さえておくべきポイントは、できる限り多彩な感覚を架空の場面で使うことで想像力を導き、潜在意識からのメッセージやイメージを活発に探し求められるようにしておくことだ。

続いて、私好みのシナリオ・ジャーニー「嵐」を紹介しよう。ここでも「ダコタ」で使ったのと同じ手続きを踏んで旅にでる。リラックスして課題を書き留め、課題の解決の糸口になるようなシンボルやイメージが現れるように、潜在意識に要求をする。

●ガイド＃2　嵐

　こんな夕日は見たことがなかった。太陽は地平線に近づくずっと前から、消えていく炭火のように暗闇に取り巻かれている。太陽が沈むと、地平線が数分間血のように赤くなり、やがて赤は黒に塗りこめられていく。
　薄気味悪い空を見上げると、世界は逆さまになったようで足元にあるはずの道が頭上にあった。そして空は真っ暗になった。西の方で稲妻が瞬いているのに驚かされる。あまりに素早い閃光で、稲妻とわからないほどだ。しかし何度も稲妻が落ち、ま

もなくほとんど絶え間なく光るようになった。

　それから頭上に巨石が転がり落ちてくるように雷鳴が轟いた。稲妻は柱のように太く、大音響を立てて大地に突き刺さる。

　雨が降り始め、大きな粒になってぱらぱらと地を叩いた。最初は気持ちよかったが雨粒は次第に大きくなり、まもなく土砂降りとなって突風が吹きはじめた。

　ピカッと光る稲妻の光で、何かが目の前を走っていくのが見える。それは何だろうか？　しっかりと見よう。行ってしまって後でも、よく覚えておくんだ。

　雨は以前にも増して激しく打ちつけ、あなたの身体を叩き、帽子の縁から滝のように流れていく。あまりの雨足の凄さに溺れるのではないかと思う。帽子から水が流れ、顔の前を落ちていき、背中にも川のように流れていく。すっかり冷えきってしまった。ずぶ濡れで、もう二度と暖まることはないような気がしてくる。

　地面は水浸しになり、ただ水しぶきをあげて進むしかない。しかし突然身体がずるずると滑り始め、穴に落ちてしまった。腰まで水に浸かっているのが感じられる。這い上がって、またビチャビチャと進んでいく。

　あまりに疲れて、もう何も考えられなくなり、ただひたすら朝が来るのが待ち遠しい。しかし夜はどんどん深まるばかりだ。しばらくすると稲妻は止み、強い雨は霧雨に変わっていく。立ち止まって、靴から水を出す。片方の靴を落としてしまったので、拾おうとかがむと、1枚の紙の入った瓶を見つける。瓶を拾ってポケットに入れる。

しばらくすると夜が明け、雨は完全に上がった。空には雲ひとつない。太陽の光が濡れた木々や茂み、何百と散らばるあちこちの水たまりを輝かす。身体は冷えきってじっとり濡れているが、水たまりにかがんで服についた泥を洗い流す。

太陽がすべてを暖め始めた。あまり湿っていない草地の丘を探して、小さな焚き火を炊く。お腹が空いていたので卵と厚切りにしたベーコンを焼く。ナイフで目玉焼きを切り、ベーコンといっしょに食べながら、火で身体を暖める。

ポケットに入れた瓶のことを思い出し、紙切れを取り出してゆっくりと読んでみる。紙には何が書いてあっただろうか？確認しておこう。

それから目を開いて、忘れないうちに感じた印象やイメージを書き留め、絵を描く。脳裏に浮かんだものはすべて記録しておこう。

イメージが鮮明になるまで、毎日この練習を繰り返す。イメージが送り込んでくれる大発見を、必ず体験するのだと想像しよう。

新しい事業の可能性を探していた弁護士が、このガイドに沿って「嵐」の旅を何回か試してみた。彼は、嵐の中を襤褸をまとった医師が誰かの追跡から逃れてくるイメージを繰り返して幻視した。

どうしてこの医者はこんなに惨めで恐がっているんだろうと、彼は考えた。「医療ミス訴訟だ」と彼は思いつき、医者を訴訟から守るサービスを提供することに決めた。

アイデア　訴訟好きの患者を先に調べておくことで、医者が医療ミスの賠償請求を避けられるようなサービス。彼は医療ミス訴訟を起こす人の35％がこれまで民事訴訟の原告になったことがあると発見した。彼のアイデアは、ある都市で起こった民

事訴訟の全記録を一定の日付まで遡ってコンピュータに入力することだ。医師へは年間料契約で情報提供を行う。それ以外にも検索するごとに料金がかかる仕組みだ。

このサービスを逆に利用すれば、医療ミス事件を扱う弁護士のための医師の訴訟履歴情報検索サービスも展開できる。

潜在意識の領域にアイデアを求めることの価値を否定する人は、食わず嫌いに過ぎない。長いことアスパラガスの塩ゆでばかりを食べているがために、インド料理のレストランが存在していること自体を否定する人のようだ。

▶▶▶ ただ、潜在意識に尋ねるだけ

いったん意識的に潜在意識からイメージを引き出せるようになったら、潜在意識から解答を求めさえすればいい。基本的なステップはこうだ。

1. 課題を明確にする。
2. 潜在意識にそれを伝える。
3. 答えがイメージとして現れるのを待つ。

イメージを簡単に得られるようになれば、課題への解答は自然に、苦もなく現れるだろう。数珠つなぎにつながったイメージの群れが現れたなら、最初に浮かんだイメージが最も重要になることが多い。しばらくその意味について考えてみるべきだ。

「ダコタ」や「嵐」のような想像力をかき立てる旅へのガイドは、潜在意識とやり取りするきっかけを作り、潜在意識そのものを表現する機会を与えてくれる。「シナリオ・ジャーニー」発想法は、顕在意識が痙攣してしまうこと（顕在意識を使いすぎたために起こる心の過労）を克服するのにも役立つ。そしていつでも潜在意識に内

在しているイメージやメッセージを顕在意識に昇らせることができる。取り出されてきた潜在意識は孤立していてミステリアスな詩のように見えるけれども、隠されていた課題解決のアイデアや本質に導く道を示してくれる。

▶▶▶ サマリー

　潜在意識とは純粋で本質的な存在だ。大自然と同様に、その恵みの探し方を知っている人に、すばらしい贈物をくれる。ジョン・レノンは潜在意識の中に釣り針を沈め、イメージを釣り上げる方法を体得して、それを音楽活動に取り入れていた。彼は釣り上げたイメージやメッセージを、作曲に結びつけたのだ。

　アイデアを潜在意識から釣り上げる方法は、宝探しに似ている。宝物が暗い川の底にあると想定して底をさらう道具を前後に何度も何度も動かして宝物を探していき、何かをつかんだら手繰って水面の上に引き揚げる。それが宝探しだ。

　アイデアの宝探し。それは誰にでもできる行動だ。

第31章

The shadow

潜在意識の人格化
「メンターズ・トーク」発想法

「微なるかな微なるかな、無形に至る。
神なるかな神なるかな、無声に至る」 孫子

　私たちは顕在する意識に執着をしている。顕在意識こそが世界の支配者であると教えられてきたからだ。アイデアを探すとき、この顕在意識の役割に誇大な期待を抱いて潜在意識を無視するのはクジラに乗って雑魚を捕っている漁師のようなものだ。

　ではどうしたら潜在意識とコンタクトできるのだろうか？　答えのひとつは「堰を切って流れ落ちる水のように、潜在意識からアイデアが流れ出るようにしよう」だ。言い換えれば、潜在意識からアイデアという水を汲み出す灌漑の仕組みを作ること。そのためには「メンターズ・トーク」発想法の手助けが必要だ。

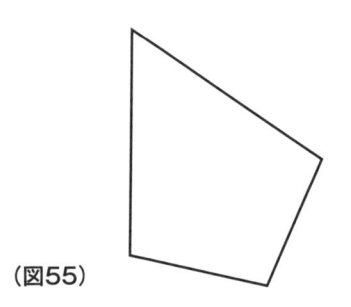

（図55）

　図55の形を見て、何だと思うだろうか？　最初は見当がつかないかもしれないが、これは凧で頭の部分が右下を向いていると対象に名称を貼りつけてしまえば認識が変わり、形状に意味が生まれる。名前がつくと固定観念が生じて、感覚は変わってしまう。名づけることで意味を与えられると、もう最初の感覚に戻ることはできない。

第31章

＊サイコシンセシス：統合心理学。従来の精神分析と東洋哲学や宗教の瞑想法などを結びつけたトランスパーソナル心理学の体系。イタリアの精神科医、ロベルト・アサジョーリが創始者。

　潜在意識を人格化することで、潜在意識からやってくる型破りの形も見慣れた形に変換することができる。自分の潜在意識を1人の人間と考える方法だ。この手法はサイコシンセシス＊として知られている。深層の潜在意識の能力は無限で、信じられないほどのポテンシャルがある。サイコシンセシスは、もともと天才や神秘家、芸術家、発明家などによって何世紀もの間、使われてきた方法を使う。

　ダグラス・マッカーサーは英雄であった父と、心の中で数えきれないほど会話を交わしていた。彼は父親像を呼び出しては太平洋上での戦略について相談していた。モーツァルトは粗野でナルシスティックな無作法者だったが、人格化した内的自己とのコミュニケーションを通じて、それまでにない繊細な音楽を生み出した。

　バックミンスター・フラーは、かつて彼の魂を導く者と会話を交わした。その人物は「あなたは、あなたのものではない。世界に属しているのだ」と語った。フラーは建築家兼エンジニア兼詩人兼未来学者となって、技術上のイノベーションと宇宙船地球号のビジョンで世界を驚かせた。ミルトンは、自分の心を導く存在について「天上の女神で、願わなくても今まで聴いたこともない詩句を口述してくれる」と述べている。

　マッカーサーもモーツァルトもフラーもミルトンも皆、想像力を用いて顕在意識と潜在意識とを行き来する道を作っていた。心の内部に助言者を作りだし、コミュニケーションすることによって潜在意識から情報を集め、難問を解決するのに用いたのだ。

　サイコシンセシスの権威スチュアート・ミラーは、心の中での対話を始める方法を次のように説いている。

「まず次のように考える。古来からの言い伝えにあるように、自分が何者か、過去の自分は何であったか、そして未来はどうなるのかを知っている思慮と叡智の源が心の中にある。この源は成長に伴いさらに充実していく。そして自らの活力を振り向けて、自己の統合

と生命の調和と統一に向かっていくのである」

　この引用にあるような想定をしたら、目を閉じ、数回深呼吸して、助言者である師（メンター）の顔を想像しよう。その人はあなたに対する深い愛情をその眼差しにたたえている。もし視覚化するのが難しければ、まずは静かに燃えるロウソクの炎を想像してみる。それから、炎の中心に師の顔を見つけてみよう。
　そして目の前にいる師と対話する。師の存在と導きで自分が今取り組んでいる課題をより深く理解できるように、必要なだけ対話を続けていく。対話を終えたら、起こったことを書き出してどのような洞察を得られたかも書き、さらに発見した洞察を発展させてその価値を判断しよう。

　イメージを浮かべやすいメンターの候補として、具体的な個人を決めてしまおう。現代の人でも過去の人でも、また現実でも架空でも構わない。好きな人物を選ぶ。
　例えば、孫子、マリー・キュリー、ソクラテス、バットマン、ワンダー・ウーマン、アメリア・エアハート、ナポレオン・ボナパルト、レオナルド・ダ・ヴィンチ、インディラ・ガンジー、トーマス・エジソン、コーネリアス・ヴァンダービルト、釈迦、エレノア・ルーズベルト、ヘンリー・フォード、その他想像上の人、みんながよく知っている人、神話上の人物、教祖的存在でもいい。自分自身の問いや課題の助けになるような人物を選ぶ。

　たくさんの候補者の中から選択して、助言してくれる人をはっきりと心に描くのがいいだろう。またメンターとの関係を明確にしておくことで、どんな分野で意義深いアイデアやアドバイスを受けたいのかを決めておくといい。

【やってみよう！】Blue print

自分だけの師（メンター）を呼び出すための手順だ。

1. 緊張をほぐす。

   意図的に身体を深いリラックス状態におく。第21章が参考になる。

   深くリラックスしたかどうかをあまり気にかける必要はない。ただ受動的な態度で安らぎが自然と湧き起こってくるようにしよう。

2. 自分の身体が白く輝く柔らかな光で包まれていると想像する。

   その光に心地よく身をまかせ、柔らかな、まばゆい光の中に浸ったままにする。

3. 自分の好きな場所（家、ボート、山、森、部屋……など）に歩いて行く自分を想像する。

   詳細な様子も描き出してみる。どんな風景が見える？ どんな匂いがする？ どんな気分？ どんな音が聞こえる？

4. 師がこちらへ向かってくる様子を思い描く。

   師の顔を見てみよう。何が見えるだろう？ 自分の感情や反応を意識する。「私の導き手となってください。解決や新しいアイデアを教えてください。私の課題を解決へと導いてください」と師に向かって伝える。心の中でシーンを豊かに描くことができれば、潜在意識とより強力なコミュニケーションをとることができる。短い対話から始めて、師に答えを求めよう。自己紹介の後、課題や問題について詳細に、できるだけ実践的に説明する。すぐに答えが得られるだろう。もしそうでなくてもがっかりすることはない。答えは後に別の形で現れるかもしれないから。

   この方法を使うのに、1つ重要なことがある。現実の

> 世界でのことと同じように、師の言葉や行動に十分な注意を向けることだ。この経験を単に"いい話"を聴いただけに終わらせないためにも。
>
> 5．対話を終わりにする。
> 「私はあなたのために存在しているのです。必要なときにはいつでも、私を呼びなさい。あなたが必要としているときには、いつでも私が助けに来ると思いなさい」と、師から言ってもらおう。そしてその言葉を信じよう。それから目を開けて現実の世界に戻る。
>
> 師との出逢いは、それぞれに違う体験だ。師がエキセントリックであったり、ユーモアたっぷりだったり、芝居っ気があっても驚いてはいけない。

フィル・パイアスは心の指導者についてこんな話をしてくれた。彼は自分の師を「影」と呼んでいた。フィルは恵まれない人に教育の機会を与えたいと考えていた。しかし一人きりでいったい何ができるだろう？ フィルは「影」を呼んだ。「影」はブルドッグを連れていた。彼は「影」に、「高い学費が払えず大学に行けない学生に、どうやったら奨学金を支給できるでしょうか？」と尋ねた。

「お金を使う前、人は何を使っていた？」と「影」

「物々交換や、労働することを交換していたと思います」とフィルは答えた。

「影」は微笑んで言った。「その通り」

フィルはこの対話を何日も考え続けた。どうやったら、恵まれない人々の教育に交換のシステムが使えるのだろうか？ そしてアイデアが浮かんだ。

アイデア 非営利の交換団体。コンセプトは簡単で、企業から商品（過剰在庫や棚卸し資産など）をこの団体に寄付する同意を取りつける。そして、この団体が寄付を受けた品物と学費を交換したい大学を探す。交換が成り立つと、大学は非営利団体

に奨学金の貸付を許可する。恵まれない学生が資金援助を申し込むと、団体が学生と大学とを結びつける。学生は寄付をした企業の名前がついた奨学金の貸し付けを受ける。過剰在庫やコンピュータなどがすべて恵まれない学生の教育に使われるので、誰もが得をする。企業は減税措置のある寄付を行うことで、費用として計上できる。

最初に「メンターズ・トーク」発想法を使うときは、師（メンター）の言うことがひどく理解しにくいこともあるし、メンターのことを好きになれないこともあるかもしれない。もし発言がわからなければ、もう少し理解しやすい他の人を選んでもいい。うまくいったら、新しいメンターとの関係を続けよう。メンターは何回交代しても構わないし、同じ人と長年共に歩んでいくのもいい。

この発想法は神秘的な手法ではない。葛藤するアイデア、感情を特別なイメージとして人格化し、集中することで潜在意識を活性化する方法だ。ただ、この方法に長じてくると、畏怖の念を覚えたり、魔法、神秘的と感じる人がいるかもしれない。

殺人を捜査している刑事が凶器の発見という難問にぶつかった。心の師に質問をすると、彼は「ティロ（Tilo）」とだけ答えた。何回聞いても同じ答えしか返ってこない。とうとう彼はその答えを書き出して自由連想を行い、「ロティ（Loti）」と逆さにして、そこから「引き潮（Low tide）」と解釈をしてみた。彼は引き潮の浜辺を調査するように命じた。はたして凶器は見つかったのである。

メンターからのメッセージは個人の経験そのものに根差したもので、課題を解釈する重要な意味が含まれていた。しかし、彼はその重要性に最初は気づかなかったのだ。

トレーニング次第で信じられないほどバラエティに富んだ、斬新な答えや連想に出会えるようになるだろう。即座に課題との関連性が見えることもあるし、後になってからでないと容易には理解でき

ないものもある。

　ある大企業のCEOが深刻な財政危機に直面していた。彼は問題に向き合うことを恐れて逃避し、社員と問題を話し合うことを拒否していた。彼は他人に問題を転嫁し始めたが最後には友人に対する裏切り行為だと悟り、責任転嫁を止めようとした。
　CEOは壁に向かって「同志」と呼ぶメンターを招いた。「同志」は言った。「あなたは問題に直面するのを恐れて従業員のことを忘れてしまった。しかし今、強大な敵から攻撃を受けている。あなたが従業員を忘れなければ、彼らから助けを受けられる。彼らの助けがなければ、会社が救われる見込みはない」
　彼は、この助言を何度も噛みしめるようによく考えた。数日してもまだ問題は解決できない。そしてようやく、自分が会社を失うかもしれない不安から、刻々と悪化する状況をごまかそうとしていたのだと理解した。"強大な敵"とは潜在意識の罪悪感、恨み、怒りなどで、彼は圧迫され、働くことができなくなっていたのだ。
　CEOは社員全員に対して、財政状況が混乱をきたしている最悪の局面をさらけ出した。その結果、社員からの助けを得て会社を救うことができたのだった。

▶▶▶ サマリー

　心の師、メンターとは、潜在意識の中でも次元の高い部分が顕在化したものであり、課題を解決するのを助けてくれる人物として現れる。
　あなたのメンターは、以下に挙げるような点で助けの手をさしのべてくれるだろう。

1. 潜在意識にある情報にアクセスする機会が増える。
2. よりスムーズに自由連想を使える。使えるようになるにしたがって仮説や比喩、関係性などを自由に操れる能力を磨くこ

とができる。
3. 視覚的なイメージを使う能力が伸びる。
4. 抑制してしまうことが少なくなり、否定的な考え方をする傾向を減らすことができる。
5. モチベーションを高めることができる。
6. より深い次元の理解力をもって、いろいろな形で潜在意識にある自己存在を体験できる。

　課題に対するクリエイティブなインスピレーションや解決法が必要なときなど、望んだときにはいつでもメンターを呼ぶことができる。メンターとの間により深い関係を結んだ者は、毎日行う瞑想の中でその人に出会っていることが多い。中には、そうそうたるメンターの一団を抱えていて、問題解決のために一度に4〜5人を呼び出し、それぞれの役割を演じてもらうという人までいる。

　ほとんどの人は、心の中に実際に住んでいるメンターをぼんやりとしか確認できない。もっと理解するためには潜在意識の次元を正しく知る必要がある。一度この次元を認識できると、思考が自立的で自由になる。自分自身の中に光を見出し、恒星となった人間は、もはや他人の周りをぐるぐる回る衛星でいる必要はなくなるのだ。

第32章

The book of the dead

象形文字
「死者の書」発想法

「凡そ戦いは、正を以て合い、奇を以て勝つ。故に善く奇を出だす者は、窮まり無きこと天地の如く、竭(つ)くる无(な)きこと河海の如し」　孫子

「死者の書」発想法はすばらしい方法で、マイケル・レイ教授がスタンフォード大学経営大学院で使っていた創造性をテーマにした演習に基づいている。この演習では、想像力を刺激し、自由連想によるアイデアを生み出すための素材としてエジプトの象形文字を用いている。

この章で用いる象形文字は、古代エジプトの「死者の書」に記されていた象形文字の写本から採ったものだ。この重要な書には、魔法、呪文、祈りの文言、魔力のある言葉などが書かれている。王から召使に至るまでの古代エジプト人が、人生のさまざまな問題を解決するとき、啓示を受けたとされる難解な暗示的言葉、象徴、文章などに学者たちは今でも魅了されている。エジプトの民はその教えとともに生き、その指示にしたがって葬られ、その魔力に満ちた言葉に希望を託した。学者たちの間では、今もこの書が文学なのか形而上学なのか、宗教なのか神秘学なのか議論が続いている。

【やってみよう！】Blue print

1. 解決したいと思っている課題を書き表す。
2. 3種類の象形文字文書から1つを選ぶ（図57）。
3. 象形文字の模様をざっと見てから、もう一度課題を文章として書いてみる。
4. 心から雑念を追い払って、課題に集中する。
   目を閉じて、2～3分課題について瞑想する。

5. 目を開けて、象形文字の一行一行を"翻訳"してみる。「死者の書」は課題を解決するためにあり、それぞれの行が自分のために書かれているのだと想定する。いま抱えている、ビジネス上の課題解決法の秘密が象形文字のイメージ解釈に隠されているのだ。
6. それぞれの象形文字について解釈をするごとに自由連想を行う。
　象形文字の1つが星（スター）のように見えるかもしれない。そこで陸上競技のスターだった友人を連想する。そして、ジョン・スタインベックを引用するのが好きだったその友人の父親を思い出し、スタインベックから犬と旅行することを連想し、自転車によく乗っている近所の獣医を思い出し、折り畳み式自転車を連想し……。それがヒントになって課題を解くアイデアを思いつくかもしれない。すべての行、形、構造などがなんらかのメッセージを伝えている。
　象形文字を解釈するときには、驚いた部分、何か抜けているような気がした部分、視点を変えたら見えてきた部分に注意をする。
「これは何だろう？」
「どうして彼らは、この形を使ったのだろう？」
「これはどういう意味だろう？」
「この形が頻繁に現れるのはなぜ？」
「どの形が、私の課題と最も密接なかかわりがある？」
「これは誰だ？」
「これから何を思い出すだろう？」
　こういった問いかけを繰り返していく中に、課題を解決する鍵が見えてくる。
7. 自分なりの解釈を書く。
　ヒントや新しいアイデア、ひらめき、新しい方向性などがないかを探そう。各行の解釈を結びつけて全体を

> まとめた解釈を書いてみる。すべての解釈を合わせて、物語を作ることができるかどうか試してみよう。そのストーリーには課題解決の方法が含まれているかもしれない。

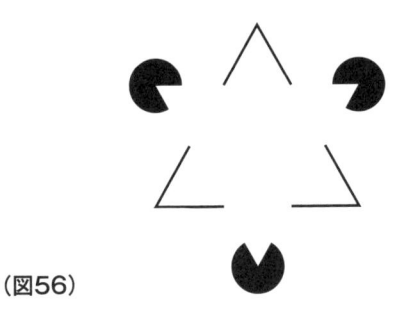

（図56）

　図56の中には三角形がいくつ含まれているだろうか？
　三角形を見るときには、全体と同時にパーツにあたる部分も眺めることだろう。想像力は空白を補おうとする。大きな白い三角形とＶ字形の三角形を結びつけると、六角形の星形と８つの三角形が見えると思う。しかし現実には正確に３辺が揃った三角形は一つもない。人間は与えられた情報を超えて、存在しないものを見ている。
　この認識の仕組みが自由連想を生む。人間はイメージを全体として眺めるが、同時に部分も見ている。想像力が空白を埋めて、既知の情報を超え、新しい何かを創造したり見えるように作用している。

　図57は、ネクトのパピルスから引用した３種類の象形文字である。装飾模様には神への賛歌をはじめとする、さまざまな素材が含まれている。何らかのメッセージを求めて、象形文字を見つめてみよう。

　ある教授が収入を増やすための副業として事業を始めようとした。彼は図57-②の１行目にイメージを探し求めた。そして「水、２本線に挟まれた３つの円、何かを捧げている人物」を見て、円と水から牡蠣を思いついた。２本線の間の３つの円からは包装された牡蠣

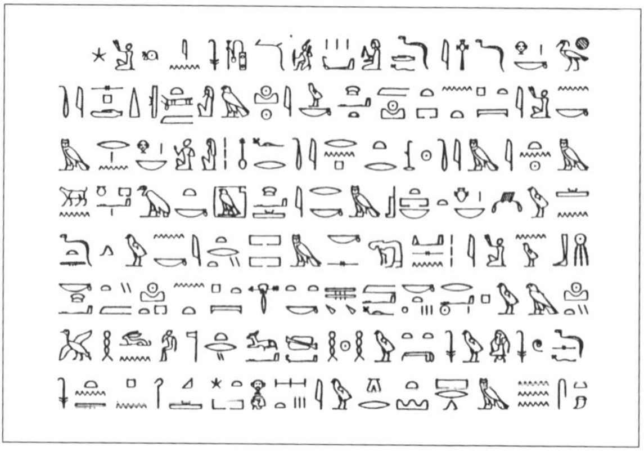

(図57-①)

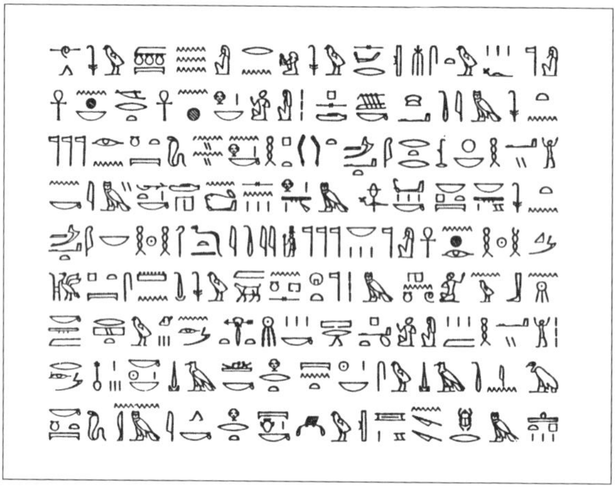

(図57-②)

(図57-③)

を、何かを捧げもっている人物からは贈り物や休日を思いついた。
　さらに牡蠣から求愛、求愛からヴァレンタイン・デイを連想してアイデアが生まれた。教授はヴァレンタイン・デイに恋人へ１ダースの新鮮な牡蠣を贈る通信販売事業を始めたのだ。

　象形文字からは課題を解く単純明快なストーリーやアイデアを思いつくかもしれないし、ちょっとした解釈のヒントから永遠の謎に存在する本質を理解するかもしれない。象形文字の絵を見て課題に関連づけたり謎を解いたりしながら、絵の意味を理解することだ。

　ある経営コンサルタントが有能なセールスマネジャーたちを集めた会合で、会議の極意について話すよう求められた。インスピレーションを求めて、彼は図57-①の象形文字、第１行を見てみた。彼にとって鍵となるイメージは、「魚、釣り針、３本の線、人の顔」だった。このイメージから連想したものは、

　釣り針　：会議は釣ったりつかんだりするものを必要とする。
　魚　　　：魚を捕らえるには魚がいなければならないように、成功を収める会議には、出席者の積極的な参加が必要だ。
　人の顔　：プレゼンテーションの内容は、出席者と密接なかかわりがなければならない。
　３本の線：成功を収める会議には３つの段階がある。注意を引くもの、参加すること、関連性。

　彼の解釈は、「成功を収める会議、３つの鉄則」に焦点を当てることを暗示していた。コンサルタントは会議に出てきたセールスマネジャー全員に封筒を渡し、封筒を開けてくださいと言ってプレゼンテーションを始めた。封筒の中にはナイロンの紐が入っていて、その先端に釣り針がついていた。彼は「よい会議には、まず最初にコレが肝心です」と説明した。
　それから会場の聴衆の間を歩きながら、釣り針が何を意味すると思うかを尋ねた。いくつか回答が出た後に立ち止まって、よい会議

における第1の要点は、釣り針によって象徴されるもの、すなわち注目を引くものであると話をした。

　しかしもっと重要なことは、みなさんに何について考えてもらいたかったのかを推測してもらうことによって、自分が話し出す前に積極的に参加して欲しかったのだと説明を続けた。コンサルタントは出席者の注意を引きつけ、参加させ、伝えたい内容をセールスマネジャー全員に他人事ではなく、「自分ごと」として考えさせることができた。彼は開始後の数分で、よい会議のための3つの鉄則を聴衆の頭にしっかりと叩き込んでいた。

　もう1つケーススタディを紹介しよう。生命保険会社の人事部長がホワイトカラーの労働条件改善に悩んでいた。図57-①の解釈は次のようなものだった。
　　1行目：ストレス過剰。
　　2行目：ストレスのかかる活動を測定する方法が必要。
　　3行目：リラックスする必要がある。
　　4行目：経費がかからない。
　　5行目：安全ベルトをするのに似たもの。
　　6行目：人は遊びでリラックスするものである。
　　7行目：全体計画。
　　8行目：士気を上げる。

　盛りだくさんのヒントが浮かんだが、いろいろ検討してみた結果、1つのアイデアにたどり着いた。彼はストレスの程度を測ると同時に安価でストレスを和らげ、しかもおもしろく遊べるものを見つけ出すことに焦点を絞った。市場調査を行い、うまくいきそうなアイテムを見つけた。ストレス・コントロール・カードだった。

　アイデア　人事部長はストレス・コントロール・カードを購入して社員全員に配った。このカードはストレスがあると手足の先端が冷たくなる原理に基づくもので、親指の体温を測定し、黒（ストレスを受けている）から青（リラックスしている）ま

で色の変化で体温とストレス具合を表示した。

　カードの裏には、ストレスで疲れきっている人向けに「10秒でできるリラックス体操」が掲載されている。カードは自動車のシートベルト・メッセージのようにストレスを管理し、注意を促す働きをしていた。カードは人事部長が進めるストレス解消計画の第一歩となった。

象形文字の解釈によって、効果があり低コストで楽しめる、しかもストレスを減らすアイデアまで生み出したのである。このアイデアは職場でストレス管理を行う全体計画の一部となった。

▶▶▶ サマリー

　誰であっても、想像力はしばらく使わないと新鮮さを失ってしまう。日常には存在しない外的なイメージを与えられると、想像力は息を吹き返す。「死者の書」発想法を使って象形文字を解釈すれば、銀の拍車のように太陽の光を手中に収められるアイデアを生み出すことができる。

第3部　コイノニア型発想法

古代ギリシアの時代、ソクラテスと友人たちは長きにわたって制約のない自由な話し合いの場を設け、意見を交換して対話を重ねた。意見交換の場では、相手の考え方を変えさせようとしたり激しく反論したりすることはなかった。自分の心に浮かんだことをそのまま何のためらいもなく話し、常にお互いの意見によく耳を傾け、友情の絆を深めていた。

　ソクラテスたちは基本となる原則を自らに課し、議論の協調性を重んじていた。「コイノニア／交わり、分かち合い、交友の精神」として知られている。対話を成立させること、協調的になること、自分の考えを明らかにすること、そして正直になることだ。

1）対話を成立させること

　ギリシア語の「対話（ダイアローグ）」は「議論し尽くすこと」を意味する。ギリシア人たちによれば、対話を成立させる鍵とは相手に意見を変えさせようとせずに意見を交換し合うことだった。「ディスカッション」とは異なる考え方だ。ラテン語を語源とする「ディスカッション」には「粉砕する」という意味がある。ギリシア流の対話には「反論しない」「話の腰を折らない」そして「よく聴く」の原則があった。

2）協調的になること

　たとえ共通点が何もなくても、その場にいるすべての参加者はお互いを対等な仲間と見なさなければならない。自由な意見交換の場にいるにもかかわらず、他の参加者と自分とが対等でないと感じる人がいれば、グループとしての創造性、クリエイティビティを阻害してしまうだろう。

　思考は共有される。他人を仲間と考えることは重要だ。相手を意識的に仲間と見なそうとするだけでも、協調性は高まっていく。友人が相手なら、他人と話すのとは口調も違えば、話の内容ももっと率直になる。

　場を支配する権限を持っている人は、どれほど慎重に振る舞って

いても、意見交換の自由さを制限してしまいがちだ。もし最年長であることを理由に自分の考えを押し通すことに慣れている人がいるなら、そんな特権はすぐに捨てるべきだ。反対に若輩だからと言葉を控えがちな人は、沈黙は安全だと考えることをを放棄するべきでもある。

3）自分の考えを明らかにすること

　自分の思考を明快にするためには、あらゆる先入観は邪魔になる。先入観に左右されていると自由に考えることはできない。ある人たちを創造性に欠けると思っているとしたら、彼らが出す意見を正当に評価できないに違いない。自分のどこかに思い込みがないか、公平なものの見方ができているかを確認してほしい。

4）正直になること

　ソクラテスと弟子たちは「コイノニア／交友の精神」によって、1人だけでは得られない豊かなアイデアを共同体として蓄えることができると信じていた。コイノニアを通じて一緒になって考えることによって、全く新しいアイデアが生まれ始める。人々はもはや対立する関係にあるのではなく、絶えず発展して変化することが可能な、豊富なアイデアの蓄積という共有財産を利用している。

　集団で考えるほうが1人だけで考えるよりも効果的だとの認識は、狩猟民族が共通の問題を協議し、解決していた太古の時代まで遡ることができるだろう。この認識は一般的には理解され、慣例として受け入れられている。しかしその反面、人間の共同体とはそう簡単には率直に、あるいは生産的に意見を出し合えないものでもある。

　ギリシアの先人たちにならって、「コイノニア／交友の精神」をベースにした協働型の発想法を紹介していこう。

第33章

Warming up

アイスブレイク

「越人(えつひと)と呉人(ごひと)の相(あ)い悪(にく)むも、其の舟を同じゅうして済(わた)るに当たりては、相い救うこと左右の手の若(ごと)し」 孫子

　岩のように固い大地に種を蒔いても、根を張って元気に育つことはほとんどない。しかし大地に鋤を入れて耕し、かちかちの状態をゆるやかにしてやれば、大半の種子は柔らかい土の中から芽を出す可能性が大きくなるだろう。

　冷えた気持ちでブレーンストーミングが始まり、きまじめで頭の堅い司会役が、これまた堅苦しくて保守的な参加者に質問や課題を投げかけても、いいアイデアが生まれる確率はきわめて低い。

▶▶▶ アイスブレイク・アクティビティ

　ブレーンストーミングの参加者が肩の力を抜いて楽な気持ちになれるように、アイスブレイクの時間を設けて頭をほぐしてあげよう。全員が新しいアイデアに対して心を開けば、種を蒔き、育てることができるだろう。

●アイスブレイク＃1　「これは誰？（ベイビー・ピクチャー）」
　参加者に、赤ん坊の頃の自分の写真を持ってくるよう依頼する。名前は明かさずに写真を壁に並べて貼る。そしてそれぞれの写真が誰なのかをみんなで当てっこをしよう。

●アイスブレイク＃2　「クリエイティビティのシンボルは？」
　参加者全員に創造性やクリエイティビティについてどう思うのか、見解を表すシンボルを描いてもらう。鷲、コンパス、絵筆、月……

なんでもいい。その後で一人ひとりが描いたシンボルを披露しあって、それが自分の見解をどのように表現したか、なぜそうなのかを説明しあう。

●アイスブレイク＃3 「我が社をたとえると？」

動物、鳥、昆虫、魚など生物の中から、自社のシンボルとして何が当てはまるのかを参加者に選んでもらう。選んだ理由を説明してもらおう。その生物が自社の強みと弱みの両方を持っているかどうかも尋ねてみる。

●アイスブレイク＃4 「きみはクビだ！」

目覚まし時計のベルを5回は鳴らさないと、現状に満足しきった人の目を覚ませない場合がある。ミーティングを始める前に、「もし会社をクビになったら」とする状況を参加者にイメージしてもらう。その上で、同じ仕事にもう一度就きたいかどうかを尋ねる。

参加者には相当なショックを与えるはずだし、自分の知識や能力、そして最も重要なことだが、もっと自分を高めるのに何が必要かを考えさせることになるだろう。

または会社の倒産を伝える、架空の新聞記事を作ってみる。参加者には倒産することになった理由を思い浮かべてもらう。こうしたショック療法でみな目を覚まし、耳も聞こえるようになる。これまでと違う世界を実感するだろう。

●アイスブレイク＃5 「誰もがコンサルタント！」

参加者に今の仕事で困っていることや心配なことなどを紙に書いてもらう。「どうすれば、在庫管理の担当者がもっと協力的になって期日通りに商品を発注してくれるだろう」「ライバル会社の値下げや割引セールに勝つにはどうしたらいいか」といったことだ。

数分間で困っている問題を書いてもらったら、書いた紙を自分の右隣にいる人に渡す。受け取った人は書かれた問題を読み、それに対する自分の考えを書く。制限時間は60秒。次々と紙を回して自分

が書いた紙が戻ってくるまで続ける。それから紙に書かれたアイデアを全員で読んで話し合う。

●アイスブレイク＃6　「他はどうしている？」

このアイスブレイクは、自分とは無関係な世界にアイデアを求めて、さまざまな考え方や解決策を見つけるものだ。

プロフットボールリーグ（NFL）の特別観戦室を法人向けに販売することになったセールスパーソンは、マーケティングやセールス戦略を議論する前に、ファッションブランドやソフトウェアの販売店、ファストフード、本屋など、全く畑違いの小売業界での実態を見学してくることになった。彼はアイデアや提案を山のように持ち帰り、自社ビジネスに活用した。

●アイスブレイク＃7　「顧客を疑似体験」

立場が変わると実際にどんな印象を受けるのかを体験してみる方法だ。ある不動産会社では、営業力を向上させるために自動車ディーラーに営業担当者を派遣している。見込み客のふりをして、営業プロセスをひととおり体験させるのが目的だ。その際に特に注意を引かれたディーラーの態度や言葉、また顧客の視点から感心した対応などを持ち帰る。後日会議を開き、各自の経験を全員で共有して営業力を向上させられないかを話し合う。この経験はセールスパーソンを開眼させるだろう。他人の立場になるといっても、ただ「話を聞く」のと実際に「経験する」では違うことがわかるはずだ。

●アイスブレイク＃8　「他人の靴を履く」

参加者がテーブルについたら、まずは靴を脱いでもらう。そして重要なビジネス上の会議で靴を脱いだままで座るとどんな気持ちがするのか、感想を述べあう。自宅にいるときや休日には靴を脱いでいても自然なのに、ビジネスシーンでは違う事実についても話し合っておく。それから、ちょっと変わったアイスブレイクに挑戦してもらおう。

1. 互いに靴を取り換える。
    他の参加者の靴を借りて履く。さらに男性に女性の靴を履いてもらったりすることにもトライしてみる。やってみたことについて、どんな感じがしたか参加者同士で話し合ってみる。社会的な規範についても意見を出してもらい、そうした枠から少しはみ出すとはどういうことかに関しても話し合おう。

2. 取り換えた靴を机の上に置く。
    全員が席についたまま、しばらく靴を眺める。そのストレスを観察してみよう。非常に居心地の悪い、異様な光景となるのが普通で、反社会的な経験である。他人の靴が目の前のテーブルに置かれている状態をどう感じるか、みんなで話し合おう。その不快さを減らそうとしたとき、一般的にどのように対処するのかを話し合ってみる。
    進歩には変化が含まれ、変化には不快さが伴う場合がほとんどだと指摘しよう。革新的な変化とは枠からはみ出すことにほかならず、それはかなり不快感をもたらすだろう。

3. 靴を使って最も高い「建築」を作るコンテストを開催する。
    テーブルの天板から一番高いところにある靴の先までの高さを測って、優勝チームを決定する。コンテストの説明に長々と時間をかけないこと。作業時間を4分と決めて始める。
    ひょっとするとチームの中で最も背の高い人をテーブルの上に立たせ、頭に靴を載せる「建築」が出るかもしれない。電気回路のように途切れなく、靴同士が触れていなければならないことをルールにしてもいいだろう。

    コンテストを行っている間は、参加者の行動をよく観察しよう。感想を聞きながらいろいろ話し合うこともできる。各チームが考え出したクリエイティブな解決法にきっと驚くだろう。課題への取り組みが早いチームと遅いチームを見つけ

てほしい。生まれながらのリーダータイプの人が現れていないかも探す。「靴の建築」の完成、解体、再建などのサイクルを観察してほしい。ただ観察だけをすること。次に話し合うべきテーマがいくつも出てくるだろう。

- 靴をいじっているうちに仲間との間に絆が生まれる。
- 参加者は靴で「建築」を作らされると知らなかったが、次第にその考えを受け入れていった。革新的なアイデアを一般化していく場合、これはいい戦略かもしれない。
- 物事は考えすぎるときわめて不快になる。とにかく始めてみれば、不快感はかなり消えてしまう。
- 他チームを見てアイデアを得るのは泥棒ではない。業務改善におけるベンチマーキングの基本である。
- 意外なものを使うとうまくいくことがよくある。私が以前見たことがあるのは、あるチームが勉強などに使うバインダーを煙突のような形にして、靴の底に詰めて立たせた「建築」だ。何か結びつけるために自分のベルトを外す羽目になる人がいつもいる。他にもいろいろなケースがあった。
- イノベーションは何かにトライして失敗し……の繰り返しから生まれてくる。ただ座って頭の中で考えているだけでイノベーションが生まれてくることはめったにない。身体を動かせば、発想が刺激される。
- 最もクリエイティブな発想法に必要とされる思考のプロセスとは、いくつかのアイデアやコンセプトを組み合わせたものである場合が多い。

●アイスブレイク#9 「例えば質問」

ある問題を全く馴染みのないものと比較するとき、人間は比較するものの間に何らかの意味を見出そうとする傾向がある。異なった物事の比較や分析をして、問題を理解しやすく、少しでも近くに引き寄せようとする。その結果として、ブレイクスルーとなるアイデ

アに導いてくれそうな、新たなつながりや関連性を形作っていく。

　あるデザイナーのチームが新しい照明器具のアイデアを探していたことがあった。彼らは照明器具とサルを対比させ、明かりのついた家の中を走り回るサルをイメージした。このイメージからレール式の可動照明を思いついたのである。

　チームの想像力を高めるために比喩的な質問をしよう。その例を挙げる。

- 課題を動物にたとえると何か？　それはなぜ？
- 冷めた食べかけのピザと掛けて、この問題の解決策と解く。その心は？
- この問題はどこが懐中電灯の電池に似ているのか？　その類似点から新しいアイデアがどのようにかきたてられるだろう？
- 目前にある問題を芝生にたとえるなら、どんな草が生えている？

◉アイスブレイク＃10　「黄色の質問？　それとも青色の質問？」

　コンサルタント、ジェリー・ローズの仕事を基にした「色の質問」を用いて、自分の知りたいことを明確な形にしよう。

　ローズは多くの経営者や多様な経営スタイルについて、広範囲にわたった調査を行った。彼は誰もが尋ねそうな各種の質問をきわめて広範囲に応用できる基本形にまとめた。その分類の核になるのが「心の色」と呼ばれる4種類の質問だ。

- 黄色の質問

　　黄色は中立的もしくは客観的な質問になる。表面的なことを聞くもので、尋ね方としては「〜は何ですか」の形をとる。

　　「私たちが直面している最も重要な問題、または心配事は何ですか？」

- 緑色の質問

　　緑は建設的もしくは創造的な質問だ。想像力を必要とする独創的な質問で、「もし〜だったら」または「〜してみたらどう

だろう」と聞く。考えつく限りの独創的な質問をしてみよう。

● 青色の質問

　青は希望的でポジティブ。何らかの価値や必要性を認める、あるいは評価した上での質問になる。なすべきこと、またはこれからすべきことを考えよう。

　「私たちに何ができますか？」「何をしたらいいでしょうか？」

● 黒色の質問

　黒はネガティブな質問だ。

　「できないことは何ですか？」「何が不可能ですか？」

　アイデアや解決策を話し合っているときに質問を黄、緑、青、黒の4種類に分けるためのシートを用意しておく。チーム全員で話し合っている課題について、黄、緑、青、黒、各色の質問をできるだけ多く考えて、それぞれのシートに記入する。

　集まった質問は大きな紙に並べて壁などに貼り出す。1問ずつ名刺サイズのカードに書き出し、壁をそれぞれの色ごとに仕分けしてテープで貼り付けてもいい。ネガティブな質問が浮かんだら、黒色の質問に分類する。次の段階では黒の質問を見直し、克服する方法を探してみよう。

　できるだけ多くの質問を挙げたあとで、まずどれから答えるべきか、優先順位を決定する。

● **アイスブレイク#11　「自分がチャップリンだったら？」**

　まず、黒板にアルファベットを1文字ずつ縦に書いていこう。そして各アルファベットから始まる有名人（実在でも架空でもよい）の名前を挙げていってもらう。

　Aならニール・アームストロング（Neil Armstrong）、Bはアレクサンダー・グレアム・ベル（Alexander Graham Bell）、Cはチャーリー・チャップリン（Charlie Chaplin）、Dはレオナルド・ダ・

ヴィンチ（Leonardo da Vinci）、Eはアルベルト・アインシュタイン（Albert Einstein）、Fはフレッド・フリントストーン*（Fred Flintstone）、Gはボーイ・ジョージ（Boy George）というように。

そしてグループのメンバー全員に、黒板に描かれた中から自分の苗字と同じ頭文字の人を選んでもらう。アインシュタインかもしれないし、デイヴィッド・レターマン*になるかもしれない。選んだ有名人なら問題をどう解決しようとするか考えてもらう。

「より多くのアイデアを出してもらうために、社員のやる気をどう引き出すか」に対して、チャーリー・チャップリンだったら、どうやって社員をやる気にさせるだろう？ アレクサンダー・グレアム・ベルなら？ 最後に、出てきた意見をグループで共有する。

*フレッド・フリントストーン：アメリカのテレビアニメの主人公

*デイヴィッド・レターマン：アメリカの人気トーク番組の司会者

●アイスブレイク#12 「1＋1＝1（！）」

1滴の雨が別の滴とくっついても、1滴になり、2滴にはならない。科学的な裏づけはないが、2つのコンセプトを合体させても、やはり2つではなく1つになる。新しいコンセプトとは2つの既存コンセプトを1つにまとめることによって、あるいはつなげることによってできたものだとわかる。

クリエイティブなアイデアのほとんどは、それまで関わりのなかったアイデア、商品、サービスを組み合わせて新しい何かに変換する作業だ。いろんなアイデアや要素を組み合わせるプロセスを「統合／synthesis」と呼ぶ。「統合」をクリエイティビティの核心であると考えている人は多い。

チームのメンバーに、苗字の頭文字と同じアルファベットで始まるものの名前を考えてもらおう。Mならミール（meal：食事）、Aならアップル（apple）、Cはクレジットカード（credit card）、Dはダイヤモンド（diamond）、Eはエネルギー・バー（energy bar：バランス栄養食のブランド名）。考えた名前を付箋紙に書き、自分の額に貼る。

名前を貼ったままで部屋を歩きまわって他のメンバーと"出会

い"、相手の額に貼られたアイテムと自分の額にあるそれとを「統合」して新しいアイデアを考え出してみる。

- 「岩」+「椅子」＝スポンジマット
  これを置けば、どんな岩も椅子に変身だ。
- 「デッキ」+「レゴブロック」＝組立自在の可動型木製デッキ
  解体も組立も自由自在に。
- 「机」+「ランニングマシン」＝ランニング・デスク
  コンピュータに向かいながら時速３キロで歩くことが可能。食事制限なくダイエットできる。
- 「爆弾」+「お風呂」＝犬用シャンプー爆弾
  この爆弾はシャンプーでできており、使用前は固体になっている。それを湯の中に投げ込むとぶくぶく泡が立つので、つるつる滑るシャンプー・ボトルと湯の中でもがく犬を同時に押さえなければならない飼い主の苦労が軽減される。
- 「犬」+「シャベル」＝新しいペット・ビジネス
  さまざまな施設や企業、ゴルフコース、私有地内で、有料で犬の糞を片づける。

こんな簡単なことを実行するだけで新しいアイデアや製品、ビジネスチャンスが次々と出てくるのは驚きではないだろうか？

◉アイスブレイク#13 「アイ・アム・ア・カメラ！」

先入観を持たずにアイデアを考えるためのアイスブレイクを紹介しよう。あなたは「カメラ」で、もう１人が「カメラマン」役をする。カメラマン役はカメラ（あなた自身）の後ろに立つ。あなたの目がカメラのレンズで、右肩がシャッターだ。カメラマンがシャッター（あなたの右肩）を軽く叩く＝押して写真を撮るまでレンズ（両目）は開けないこと。カメラのシャッターと同じように、目は開けたらすぐに閉じる約束だ。

カメラマンはカメラを前にして一緒に歩きながらカメラの位置を

決め、撮影をする。場所によって異なる風景がカメラ（あなた）の目に映ることになるが、これを２、３回繰り返し、動きながら写真を撮り続ける。カメラの役目はどんな風景でもゆがめずにそのまま撮影することだ。

目を開けるのは一瞬だけ。あなた（カメラ）がするべきは、写真を撮るたびにレンズの前に現れたものを一切の先入観を捨てて「ただ見る」こと。印象をすばやく記録する行動を繰り返すことで、予測というフィルターに覆われたものの見方をせずに、対象自体を見る経験をしてもらうのが目的だ。

あらかじめ用意された先入観を持ち込まずにものを見ることが重要だ。新しい問題にぶつかったとき、それに対する先入観をどう減らすかを学ぶことは、クリエイティブに仕事を進めるプロセスできわめて大切になる。

● **アイスブレイク＃14　「別の名前？」**

先入観を取り除くためのアイスブレイクをもう１つ。対象物に別の名前をつけてしまう方法がある。たとえば「虹」に「色を塗られた雨」と新しい名前をつける。グループの全員で次の対象物に別の名前をつけてみよう。

- 山
- 雲
- 海洋
- 世界
- 絵画

さらに、ミーティングの議題についても別の名前をつけてみよう。社内のモラルについて話し合うのなら、「モラル」を「春の花」や「温かい抱擁」に言い換えて「社内の春の花」「社内での温かい抱擁」と別名称にしてみよう。

◉アイスブレイク#15 「あなたは塩それともケチャップ？」

このアイスブレイクは、会議を楽しい雰囲気にしてくれるだろう。参加者に、「どれが自分を最もよく表現する言葉か」についていくつかの質問をし、そう思う理由を説明してもらおう。

1. 自分を全般的に表現するなら、一番近いのは
   - 金槌、それとも釘？
   - 雲、それとも岩？

2. 職場では
   - 木、それとも風？
   - 塩入れ、それともケチャップの容器？

3. 会議では
   - 握手、それともキス？
   - 腕時計、それとも方位磁石？

4. 自分のクリエイティビティは
   - ひとひらの雪、それとも熱湯？
   - 雷雨、それとも落ち葉が燃える匂い？

◉アイスブレイク#16 「異種交配」

普通では考えられないようなアイデアを掛け合わせ、想像力を発展させよう。社長とヒマワリをかけ合わせて、何かいいものは生まれないだろうか？ 人事部長と野球を掛け合わせたら？ 営業部長と潜水艦などどうだろう？ マーケティング副部長とヤモリの掛け合わせは？

メンバーにはトライアルとして植物、品物、動物、人間を次々に「異種交配」してもらおう。

1. 植物、物品、動物、職務などを書いた短冊を入れた箱を4つ用意する。品物については仕事に関連のあるコピー機、製品、電話、書類仕事、デスク、会議室などを書く。

2. 参加者に各箱から1枚ずつ紙を取らせ、「異種交配」してもらう。例を挙げよう。
   - 鳥×スーパーバイザー
   - ポニー×セールスパーソン
   - 顧客×ドア
   - スイカ×受付係
   - 書類仕事×鍵
   - カスタマーサービス×バレリーナ

3. 参加者に「異種交配」の結果がどんなものなのか、絵として描いてもらおう。描いたイラストには名前をつけて壁に貼り出す。

4. それぞれの「異種交配」を見て感じたことは何か、メンバーに尋ねてみる。「異種交配」されたイラストからはどんな声が聞こえるだろう？　そして最低3つずつ、それぞれの「異種交配」の長所と短所を挙げてもらう。

◉アイスブレイク＃17　「あり得ないハイブリッド」

イマジネーションをさらに豊かにするために、あり得ないハイブリッドを作り出すアイスブレイクもある。似ていないコンセプト、特に一見して共通項があるように思えないコンセプト同士を統合することによって創造力は発揮される。いくつかの「ハイブリッドな組み合わせ」を紹介するが、それぞれがどんなものなのかをイメージしてほしい。できるだけ詳しく想像し、絵にしてみよう。

- 果物でもある家具
- 魚でもある乗り物

- 岩でもある食べ物
- 住まいでもある果物
- 台所用品でもある鳥
- 道具にもなる調味料
- ティーカップでもあるコンピュータ
- 自転車でもある調理用コンロ
- 本でもあるランプシェード

「果実でもある家具」であれば、椅子の形に切った巨大パイナップルを描く人がいるかもしれない。「魚でもある乗り物」なら、イルカが引っ張っているボートでもいい。「自転車でもある調理用コンロ」なら、ペダルを漕ぐことでフレームの一部にエネルギーを溜め、調理の際にはそのエネルギーを放出するチューブがついた自転車はどうだろう？

「岩でもある食べ物」から、岩に含まれるミネラルが含まれた栄養サプリメントも悪くない。

▶▶▶ サマリー

　この章で紹介してきたアイスブレイクは想像力を解放し、型破りなアイデアを生み出すのに役立つ。
　ある庭師がカブを植えた。しばらく経っても育ちがいつもほどではなく、がっかりした庭師はカブを掘り起こし、何がまずかったのか丹念に調べてみた。カブをきれいに洗って根を切り、もう一度植えてみたが、それ以上育たなくなってしまった。自然の営みに手を出したせいでカブの成長を妨げ、収穫できたとしても貧弱な成果しか得られないことになってしまった。
　庭師が慌てず逆らわなければ、後のことはすべて大自然がやってくれて、カブはまっとうに育ったかもしれない。アイデアについても同じことが起こる。コントロールしたい欲求のせいで、ブレーンストーミングの場でもアイデアが凍結させられ、自由な発想が妨げ

られることになる。この章で紹介したアイスブレイクは、対話に参加する人たちが支配欲を忘れ、リラックスして発想を楽しめるようにと考えられたものだ。

第34章

Brainstorming
ブレーンストーミング

「故に善く戦う者は、之れを勢に求め、人に責めずして、之れが用を為す」　孫子

　ニューヨーク州バッファローで広告会社の役員だったアレックス・オズボーンは1941年、グループでの発想法として「ブレーンストーミング」を考案し、アイデアを生み出すためのトレーニングを行った。オズボーンが考えたのは想像力や頭の働きを妨げない環境を作ることだった。

　ブレーンストーミングには、一体の塑像を作ろうと集まる人々の集合に少し似たところがある。それぞれが粘土の塊を持ち寄り、テーブルに置く。粘土が捏ねられ塑像が姿を現すと形を整えて小さくしたり大きくしたり、またさらに形を変えたりして、ようやく全員が納得する完成品ができあがる。ブレーンストーミングは参加者にさまざまなアイデアを出させたのちに決定を行うように設計されている。出されたアイデアはリストアップされ、アイデアを組み合わせたり、発展させたりして別のアイデアに生まれ変わらせたりする。そしてようやく、チームとしての最終的な結論にたどりつく。

　ブレーンストーミングは制約のない環境を作り、想像力豊かなアイデアや意見を人々から引き出す発想法だ。通常は6人から12人程度の小さなグループで1つの問題を話し合ってもらう。メンバーの1人が意見や提案を記録する係になる。どの提案に対しても、評価はいったん保留する。アイデアが出尽くしたところで、もう一度全ての意見や提案を見直し、評価するのがやり方のコツだ。

　ブレーンストーミングには、2つの基本原則がある。

1. **量が質を生む。**
   船舶は錨一つで大海には出られない。1つのアイデアだけで問題を解決しようと思うべからず。アイデアが出れば出るほど、ベストの解決策に近づくからだ。

2. **判断を遅延する。**
   ほとんどの人が図58を見て、黒い点は三角形の上部に位置すると直感的に速断するだろう。それは間違いだ。測ってみると、点は三角形のちょうど半分の高さにあることがわかる。

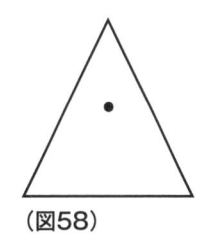

（図58）

新しいアイデアを評価するときは一瞬で決めてしまいがちだが、その判断はたいてい間違っている。普通の生活シーンでは判断を先送りするものなのに、だ。新しいシャツやセーターを買いに行った場合、最初に目にした商品をそのまま買わないのが普通だろう。ありとあらゆる品物を見てから最初に戻って判断するはずで、服を買う際にはごく当たり前の行動だ。アイデアのショッピングをするときも、同じやり方で買うべきだ。

【やってみよう！】Blue print

1. **課題を絞る。**
   ブレーンストーミングでアイデアを出し合う課題は、できるだけ具体的に絞る。

2. **参加者を選ぶ。**
   理想的な参加者の数は6人から12人だ。全員、積極性があり、表現力豊かで柔軟な思考の持ち主であること。他人に左右されない強い個性を持ち、話し合いに積極的で、商品やサービスの改善が本当に必要だと感じている人。決断力と実行力のある人にも加わってもらいたいところだ。
   ※決定権を持つ人が加わる場合の注意：グループリー

ダーがその人の意見を上手に扱い、大局的に見ることが重要になる。そして順番として先に彼の意見を求めて参加者を萎縮させてしまってはいけない。

3．環境を選ぶ。

好ましいのは現場を離れた居心地のいい部屋（オフサイト）。ミーティングのリーダーは危機感を持って臨み、革新的なアイデアを求めるべきだが、メンバーに充分な休憩をとらせることも肝心だ。

4．グループリーダーを選び出す。

リーダーには対人関係に関する高い能力が求められるほか、出された意見をわかりやすく言い換えたり、アナロジーを見つける能力が必要となる。リーダーには以下のことが求められる。

- 可能な限り準備に時間を割く。
  参加者ができるだけクリエイティビティを使うワークに親しみを持てるように仕向ける。しっかりと計画を立てよう。
- いろんな人たちをブレーンストーミングに招く。
  専門家に非専門家、チームが出したさまざまな意見に決断を下せる人。見物人や傍観者、"お客さん"をなくそう。卵の殻の欠片1つでエッグサラダ・サンドが台無しになるように、"お客さん"はブレーンストーミングを台無しにする。出席者は全員が参加者でなければならない。
- アジェンダ（議題）を作り、参加者全員に送る。
- クリエイティビティを生む発想法を使ってアイデアが湧き出るようにする。
  ユーモアや一風変わったケーススタディで、参加者の気持ちをほぐそう。
- 解決すべき課題に集中する。
  どんな判断が下されるべきかを明確にし、ところどこ

ろでラップアップ（議論のまとめ）をしながら進行していく。

- どんなアイデアでもすべて出してもらおう。型破りなものほど歓迎だ。

 アイデアに注意を向け、発言（アイデア）と発言者とを切り離して考える。

- 柔軟な姿勢で、アイデアをうまく動かす。

 クリエイティビティにはいつも「動かす」ことが含まれる。対象を少しでも「動かす／ズラす」質問を使いながら、前提条件を変え、要素を構成し直し、ある部分を拡大したり、特徴を一部変更したりして、短時間に多くのアイデアを生み出せるようにする。第8章「SCAMPER」を活用しよう。

- 参加者一人ひとりがブレーンストーミングの生み出す成果に貢献してくれていることを強調する。

5. 記録係を選ぶ。

 提案されたアイデアを記録する役を決める。記録に残さないと、すべてが完全に失われてしまう。

 チームで課題解決する手助けとして、人をワクワクさせるグラフィックを使ってみよう。壁に貼るサイズの大きな紙を何枚も使って展開していく。マンガや図表を描いたり、いろんな色の極太ペンでキーワードを書いたりしてアイデアを記録していく。見ている人の参加意欲を強く刺激し、アイデアを形にして説明できるカラフル、刺激的で視覚的な方法を発見してもらうことにもなる。多くの人にとって、アイデアをスケッチするやり方は本来アイデアが生まれてくる方法に近い。動きをもって描かれたグラフィックを使って、あとでその意味をまとめて記録することもできる。

6. フォローアップする。

 ブレーンストーミングが終わったら、ランチやディナ

一、パーティの場などを設けて、参加者の努力を称えよう。そしてブレーンストーミングへ加わることを認めてくれた、参加者の上司にお礼の手紙を書く。

それぞれの参加者には、チームで出し合ったアイデアを整理したリストを送ってあげるといい。この先もアイデアを出すことに取り組めるし、ブレーンストーミング中にあふれ出ていたエネルギーをそのまま維持できる。

もう1つ、とてもよいフォローアップがある。行動に移すだけの価値があると思ったアイデアを参加者に少なくとも1つずつ報告してもらい、整理をして4つか5つほどを、実行を奨励する提案とすることだ。

7. アイデアを評価する。

蛇口からお湯と水を同時に出そうとしたら、出てくるのは生ぬるい水だけだろう。アイデアが出された直後に評価してはいけない。ブレーンストーミングが終わるまで、評価を待つ。ブレーンストーミングが終わったら、3つのリストを作ろう。すぐに使えるアイデア、さらに検討すべきアイデア、新しい課題解決のアプローチ、に分ける。

チームのリーダーが1人でアイデアを分けてもいいし、最も役に立つと思うものに投票してもらって、全員で分類するやり方もある。

まずは数で勝負しよう。どんなに似ていると思っても、それは別のアイデアだ。どんどんアイデアを出して「全部」書き出すこと。アイデアを列挙するとき、どんなに似ているように思われても、どこかが新しく、これまでと違うものに見える人もいるかもしれない。

ネガティブな思考の持ち主は、誰かが言ったアイデアの些細な部分だけを気にして全体を脱線させてしまう。全体の中の一部だけをあげつらうのは馬鹿げているし、細部への判断をアイデア全体に当てはめるのも同様に馬鹿馬鹿しい話だ。一部にダメ出しすることですべてをダメにし、新しいものを生み出すための努力もせずに何かを成し遂げたような気になってしまう。

　チーム全員で協力し、協調しながら共通の目標に向かって働くとき、全員のエネルギーは建設的な方向に向かう。ブレーンストーミングの成功は、ポジティブな環境作りが重要だと参加者全員が理解することにかかっている。ポジティブな環境を引き出すために、ここに挙げるようなアイデアに対するネガティブな意見や断定的な言葉は慎んで欲しい。

- それはみんなで決めた論理に反している。
- そんなことは無理だよ。
- それは前に誰かが試したに違いない。
- 本筋から外れているよ。
- 市場はまだ成熟していない。
- 投資するほどの見返りはない。

　誰かが「そうですね。しかし……（Yes, but……）」と口にしたら、「そうですね。それに……（Yes, and……）」に言い換えてしまおう。ネガティブなことを言う人がいなくなるまで努力が必要だ。「うまくいかないよ」「無理だ」と口に出してしまう人たちに対して、それをうまくいかせるための、あるいはできるようにするための方法を3つ考えてもらおう。

　ブレーンストーミングは「コイノニア／交友の精神」を反映しており、みんなでアイデアを発展させることによって参加者間の共同体的な結びつきを育てていく。

　メンバー間には対立関係はなく、発展と変化を繰り返していく共通のアイデアを共有する。自分の脳が魔法をかけられた機織り機だ

第34章

と想像してみよう。機織り機は絶えず新しいアイデアや推測、発想を織り出し、また織り直している。共同体の精神とは途方もなく大きな機織り機だ。孤高の天才が生み出すものよりもはるかに多様性に富んだ、新しいアイデアや仮定、概念を構成する道具である。

▶▶▶ ブレーンストーミング・ケーススタディ

あるチームが迷惑電話の問題、卑猥な電話や変質者からの電話、またセールス電話などへの対応についてブレーンストーミングを行った。掲げた課題は「どんな方法で迷惑電話をなくせるだろうか？」

ひとつのアイデアが出た。「電話の発信元をたどって、仕返しの電話ができないか？」。さらにいろんなアイデアを出し合い、チームとして「リベンジ電話」を考えついた。反撃メッセージを内蔵した留守番電話だ。迷惑電話がかかってきたら、どれでも好きなボタンを選んでメッセージを発信できる。あるボタンを押してみると、うっとうしい奴らに100デシベルの大音量攻撃ができる。別のボタンなら、ドスの利いた男性の声で「いったい何の用だ！」とメッセージが流れるようになっている。

参加している人たちがもっといいアイデアを思いつく方法や、2つ以上のアイデアを組み合わせて、より良いアイデアを作り出す方法を考えてほしい。リーダーは繰り返し「他に意見は？」「他にはどんなやり方がある？」と発言を求めよう。

さらにブレーンストーミングは続く。別のメンバーからの提案は「留守番電話の代わりに、選別機能をもっと充実させた電話はどうだろう？　わいせつ電話だけでなく、しつこいセールス電話からも守ってもらえるように」

彼らは自分で取り付けられる簡単な選別装置を考え出した。パスワード番号を入力させることによって呼び出し音が鳴る前に電話を

かけてきた相手を選別する。パスワードを知らない相手はメッセージを残すことしかできず、呼び出し音は鳴らないようになっている。パスワードは何種類も設定が可能で、親しい友人や親戚用のパスワードのほか、勤務中にしか音が鳴らない仕事用なども準備できる。

すでに出たアイデアに新しい別のアイデアをつけ足し、そこから新しいヒントを得よう。新たなアイデアをゼロから考えるよりもずっと簡単だ。「他には？」と尋ね続けよう。

また別の提案が続く。「例えば、メッセージを録音しない留守電はどうでしょうか。本物の秘書みたいに答える器械を作るんです。その器械にはあらかじめたくさんの返事が録音されているから、電話の相手に自分が出ていると思わせられます」。かかってきた電話をモニターでき、相手に何か尋ねたり、それらしく答えたりする応答を受話器を取らずに行える留守番電話。こんなふうになる。

「はい、リチャード・ストラットン事務所です。どちらさまでしょうか？」
「アクメ・エナジー株式会社のアラン・スピーゲルと申します。ストラットン様はいらっしゃいますか？」

ここでストラットンがスピーゲルという人を知らないか、電話の用件がわからないときは、それ用の応答ボタンを押す。

「ストラットンにどのようなご用件ですか？」
「我が社の新製品であります、省エネになる窓をご紹介したいのですが」

話したくないセールス電話だとわかった時点で別の応答ボタンを押すと、今度はこんな音声が流れる。

第34章

第34章 Brainstorming ブレーンストーミング 325

「あいにくですがストラットンは出張しておりまして、半年ほどこちらに戻りません」

電話をかけてきた相手は人間と話していると思い込む。ストラットンはかかってくる電話に出ることなくモニターし、各種の応答ボタンで返事ができる。いかにも人間らしく答えるため、伝言メッセージを残されることもない。

このチームはアイデアをリストアップして現実化していく取り組みを始め、最終的に3つの新製品を考案した。リベンジ電話、パスワードによる選別装置、そして秘書電話だ。

ある目的のために協働する力は、対面式道路をすれ違ったときのように作用する。1人のメンバーが何かのアイデアを発した（すれ違った）瞬間、ほぼ自動的に、彼の想像力は次にやってくるアイデアに向けられる。と同時に、彼のアイデアは周囲の人の発想やチームを刺激する。1人のひらめきが、爆竹が次々と鳴るようにまわりの人のアイデアに火をつけることになる。

▶▶▶ ブレーンストーミングを成功に導くTips

●Tips#1 「アイデア・チケット」

ブレーンストーミングを開く前に、あらかじめ議題や課題を決めて知らせておこう。参加者には課題に対するアイデアや提案を1人あたり最低でも1つは持ってきてもらい、それをブレーンストーミングへの"入場券"にする。カードに書かれたアイデアを入口で回収だ。

「アイデア・チケット」を持ってこなかった人は中に入れない。そして集めたチケットのアイデアを発表することからブレーンストーミングをスタートしよう。

● Tips#2 「イッツ・ショータイム」

　今日のようにスピード感が大切にされている時代では、場の演出が大いに求められる。これから始まるブレーンストーミングを1つの演劇作品だと考えてみよう。舞台美術（カラフルな装飾を施した部屋）、小道具（充分に練られた資料）、ストーリーの筋（議題）、そして演出家である司会者が揃っている。司会は舞台の演出家として参加者の理解を助け、まとめていく。行き詰まったり、立ち往生したりしている人々を刺激し、駆り立て、奮起させ、鼓舞する。

　ある営業管理職向けのワークショップに営業部長がサッカー用のジャージ姿でボールを持って現れたことがあった。質疑応答の時間になると、くだんの部長は質問に答えてほしい相手にサッカーボールを投げた。話題を変えたいときは、ホイッスルを鳴らして合図した。壁にはゴールポストを描き、名将と言われた監督たちの数々の名言を飾った。ワークショップが終わると、参加者には手のひらサイズのサッカーボールが渡された。そのボールは、参加者たちが自分の職場にボール（ワークショップの成果）を持っていかねばならないことを象徴するものだった。

● Tips#3 「成功を呼ぶサウンドトラック」

　映画と同じく、ブレーンストーミングでも場の雰囲気作りや参加者の自覚を高めるのに音楽は効果的だ。ブレーンストーミングの最中には静かなクラシックを流し、休憩時間には軽快なジャズをかける。サウンドトラックは必ずしも曲でなくてもいい。参加者を元気づけるため、活気に満ちた人々の声などを使うのもいいだろう。ぴりぴりした空気を笑いの効果音でなごませたり、ネガティブになりすぎた人がいたらジャングルの音を聞かせてみる。意見が合意に達したらベルやゴングを鳴らし、アイデアを捨てるときには爆発音がしたり、といった工夫も可能だ。できることはいくらでもある！

▶▶▶ "優等生"への対応

　ブレーンストーミングが行き詰まってしまうのは、参加者が課題にのめりこみすぎ、何かしなければと必死になりすぎるからだ。このタイプの人たちを"優等生"と呼ぶ。
　こうした"優等生"ばかりが集まったブレーンストーミングでは、リーダーは規律に縛られたものの見方から彼らを引き離さなければならない。左側通行で走っていた自動車を、右側通行に変えさせるようなものだ。

　新しい映画の広告プロモーションを企画することになったとしよう。ブレーンストーミングには"優等生"ばかりが参加している。これまでの宣伝方法や販促手法から離れられない人たちだ。課題に気をとられ、解決までのプロセスには頭が回らない。そんなときにいくつかの抽象的な質問をしてみれば、課題にだけ集中する状態を緩和できるかもしれない。こんな質問をしてみよう。

- 世間の注目を集めるものは何か？
- 世間をあっと言わせるものは？
- 世の中に衝撃を与えるものは何だろう？
- 人々が喜ぶのは何？
- 人々が影響されるのはどんな人？
- 人々が影響を受けるものとは？
- 人々が憧れるのはどんな人か？
- 人々が話してみたいと思う人は？

　質問に対する参加者の答えを書き出し、新しいアイデアを生むための刺激剤として使ってみよう。
　ある広告会社が、外国のビール醸造会社からアメリカ市場での売上を再活性化させる仕事を請け負った。目標は20代の男性の心をとらえることだった。調査の結果、20代の男性はテレビを見ていない

ことがわかった。彼らはインターネットやゲームをやったり、バーで過ごしたりしている。

　広告会社では、ごく一般的な質問からミーティングをスタートさせた。若い男性の関心を引くものは何か？　女性のヌード、美人、ナスカー*、サッカー、フリードリンク、セレブ、ボディービルダーなどがその答えだ。

*ナスカー：全米ストックカーレース

　アイテムをリストアップし、自由に結びつけてみた。その中で「美人とフリードリンク」の取り合わせは、バーで女の子を口説いている若い男性を連想させた。そしてクライアントの広告費を使ってデザインされたラベルを瓶に貼るというアイデアが浮かんだ。目新しさが、陽気な酒飲みたちの話の糸口になる作戦だ。「おれはバンドのメンバーなんだ」と書かれたラベルがある。「もちろん、これは本物だ」。別のラベルにはそう書いてある。「あなたには性的魅力がたっぷり」と書かれたラベルに抵抗できる人はいないだろう。こんな斬新な方法によって、テレビのコマーシャルなどは一切使用せずに売上は40％の上昇を示した。

▶▶▶「壁」を使ったブレーンストーミング

　クリエイティブなアイデアを出し合うため、オフィスに掲示板やホワイトボードを取り入れよう。興味を持った人が見られるようにボードはオフィスの中央に置き、解決すべき問題は紙に書いてボードの中心に貼る。アイデアや提案がある人は誰でも、自分の意見を白い紙に書いて貼る。

　この方法の長所は、
1．問題が目に見えるので、関心を持った人たちが気にかけてくれる。
2．連携によってアイデアが生まれる。ボードに貼ってある問題やそれに連なるアイデアを見た人は、そこから新しい発想を得る可能性が高い。

3. 好きなだけ問題をボード上に載せておくことができる。その結果、時間を充分かけて考えられる。
4. アイデアが出ないか、出たとしても数がわずかな場合は、社員をもっとクリエイティブに育てる方法を考えることになるだろう。

ニューヨーク州ロチェスターの企業がこうしたボードを使って、会社の経費節約にすぐさま効果がある方法を考えついた人に100ドルの賞金を与えると発表した。最初の勝者は、その賞金を50ドルに下げればいいと言った従業員だった。

次の課題は「広告効果を上げる方法」だった。これまで以上の広告効果が得られるとして、広告を掲載したポケットティッシュを配ることを提案した従業員が賞金を獲得した。ポケットティッシュは人々が持ち歩いてよく使う、実用的なものだ。このアイデアはこれまでにない効果を上げた。

▶▶▶ ソロ・ブレーンストーミング

あいにくメンバーが揃わずに、ひとりきりでアイデアを考えなければならないときもあるだろう。そんなときにはカード（紙片）を何枚か用意して、自分のアイデアを書いていこう。1枚に1つのアイデアを書く。2つ目のアイデアは次のカードに。何にも浮かばなくなるまで続けてほしい。心に浮かんだものは何でも書くこと！
いいアイデア、悪いアイデアも、妙なもの、他と違うもの、すべて理屈や評価などは考えずに一緒に書き出す。このプロセスでは2つのポイントが大切だ。

1. 可能な限りたくさんのアイデアを生み出すこと。
2. 考えられるすべてのアイデアを出し切るまで評価を一切しないこと。

この作業が終わったら、カードの束を手に取って次のステップに進む。

- カードを分類し、評価する。
- アイデア同士を組み合わせてみる。
- 自由に組み合わせ、新しいアイデアを生み出してみる。
- 1つのアイデアがどう役立ち、物事を変えていくかを想像する。
- カードをひっくり返して、そこに書いてあることと反対のアイデアを考えてみる。
- アイデアをもう一度整理し、改良し、入れ替え、置き換える。
- それぞれのアイデアについて別の観点から眺めてみる。
- 絵やグラフにしてみる。
- そのアイデアを使ったたとえ話を考えてみる。
- 関連のない2つ、もしくはそれ以上のアイデアを無理矢理結びつけてみる。
- どんな欠点を指摘されるかを想像し、それに従ってアイデアを修正する。
- しばらく寝かせておく。

ある銀行をほかの銀行と差別化する方法を考えてみたらどうなるだろう？ 最初に浮かんだのは、「自分の家のように居心地のいい銀行にしたらどうだろう？」だった。

このアイデアを非現実的だとして却下してしまう前に、このコンセプトに沿って少し考えてみよう（銀行業務の新しいスタイルが見えてくるかもしれない）。例えば、いったん受付の人に書類とお金を渡せば、ワンストップで次々と担当者を渡って手続きが進んでいく銀行を作る。今までは列に並んでイライラしていた時間が変わり、くつろいだ雰囲気の中でゆったりしたソファに座って、テレビを見たり雑誌を読んだり、コーヒーを飲んだりして過ごせるのだ。手続きがすべて完了したら、名前を呼んで教えてくれる。

▶▶▶ 目で考える

ほとんどの人はものを視覚的に考えており、言葉で考えてはいない。問題解決のためのアイデアを、参加者にスケッチしてもらうといい。アイデアをスケッチすることは、ひらめきをもたらす視覚的な刺激剤になる。

ドビュッシーの『海』のリハーサルをしていた指揮者、アルトゥーロ・トスカニーニは曲中のある1節で、自分が求めている感じをうまく説明できないことに気がついた。少し考えてから、彼はポケットからシルクのハンカチを取り出し、それを頭上高く投げ上げた。オーケストラ団員はうっとりした様子で、ゆっくりと優雅に落ちてくる正方形のハンカチを見つめていた。ハンカチが床に落ちたとき、トスカニーニは満足げに微笑んだ。「これだよ」彼は言った。「こういうふうに演奏してほしい」

▶▶▶ イメージ・ボード

フォード社のデザインセンターで、新しい自動車デザインの発想を得るために使われている方法だ。経済的な余裕のある活動的な家族をターゲットにした中価格帯の車をデザインするため、デザイナーたちはさまざまな絵や写真が貼られた、壁全体を覆うほどのボードを作る。デザインセンターのメンバーは次のような質問に答えてボードを埋めていく。このタイプの自動車を買う家族はどんな家に住んでいるか？　どんな腕時計を買うだろう？　休暇はどこへ行くか？　壁にはどんな絵が掛けてある？　どんなデザインのコーヒーポットを使っているか？　どんな服装をしているのか？

ボードの写真が増えるにしたがって、どんな人がその車を買うか、どういう人たちにウケるのかが次第にはっきりしてくる。デザイン

のプロセスが進む中で、新車のデザインをボードのイメージが示す情報と照らし合わせることもできる。視覚的な情報ゆえにすぐに確認ができる。繰り返しになるが、視覚的なものだからこそ、ボードから得た感触は何かに制限されることはない。

課題に取り組んでいるとき、ターゲットに関連する写真や絵や図表を見つけたら、目の前の壁に貼ってみよう。新しい写真が手に入ったら、またイメージ・ボードに加える。自分のアイデアのスケッチを混ぜてみるのもいいだろう。

メルセデス・ベンツのデザイナーたちは、おもしろい形やイメージを巨大なイメージ・ボードにピンで留めている。デザイナーの1人は異国的な魚の形や手触り、色に惚れ込んだ。そしてデザイナーたちはハコフグに夢中になったのである。ハコフグは箱形の体型をしているが、空気力学の原理に適った流線形の完璧な見本だった。デザイナーたちはハコフグの構造を採用し、効率に優れたデザインの自動車が生まれた。この車は1リッター当たり30〜35キロという低燃費を実現できた。

▶▶▶ サマリー

雁の群れがV字に組んで飛んでいるところを見たら、V字に飛ぶ理由を推測して科学的にどんな発見があるかを考えてほしい。雁たちはチームワークのよいお手本だ。雁はすぐ後ろを飛ぶ仲間のために、羽をはばたかせて上昇気流を起こしている。V字の編隊を組むことにより、1羽が単独で飛ぶのに比べて群れ全体の飛行距離を少なくとも71％も延ばしているという。彼らが目的地へより速く、簡単にたどり着けるのは互いの推進力を利用しながら旅するからだ。

群れから外れてしまった雁には、1羽だけで飛ぶのにかかる重力と抵抗力が一気にのしかかる。だからすばやく群れに戻り、前を飛ぶ仲間の上昇気流を利用しようとする。もし人に雁のような感覚があったら、同じ道を進む人たちと隊を組むことだろう。

第34章

先頭に立つ雁は疲れたら隊の最後尾へ回り、別の雁に交代する。きつい仕事をこなしながらも、きちんと交代するのは賢明な判断だ。それは組織内で働く人間でも、南へ向かう雁でも同じだろう。後続の雁は前を行く仲間のスピードが落ちないように鳴いて励ますそうだ。我々もリーダーを励ます気持ちを示すべきではないだろうか？
　もし雁の1羽が病気になったり、撃たれて傷ついたりして群れを離れると、他の2羽がその雁と一緒になって群れを外れて助ける。そして脱落した雁が飛べるようになるまで、あるいは死ぬまで一緒のままだ。その後、自分たちだけで飛び立つか、別の群れに加わるかして、仲間の群れに戻る。人間だって、周りについていけない者がいたら手を貸してやるべきだ。違うだろうか？

第34章

第35章

Orthodox Brainstorming

ブレーンストーミング・バリエーションズ

「将し吾が計を聴かば、之れを用いて必ず勝つ」　孫子

　万華鏡を覗くと、色付ガラスで作られた模様が見える。筒の中へ入れるガラスを増やせば、また新しい模様を作り出すことができる。同じように、ブレーンストーミングの過程で参加者たちはたくさんのアイデアを生み出している。生み出されたアイデアは混じり合い、万華鏡に色付ガラスを増やしたときのように、千変万化する組み合わせをランダムに作り出してゆく。こうして新たな可能性がいくつも生まれてくる。

　この章で紹介するのは、私が気に入っているブレーンストーミングのバリエーションだ。使ってみる人たちにとって新しいアイデアをいくつももたらす一助となるだろう。

　よくあるタイプの発想法には山ほど問題がある。議論をすることで集団としての意見の統一化を強制されたり、上司の圧力に屈しがちだ。また、提案されたアイデアに評価や判断を下さないわけにいかないことも失敗の原因になる。人間の持つ性格の違いもそうだ。話すのが得意な人もいれば、口数の少ない人もいる。こうした問題を克服するために考えられた、ブレーンストーミングのバリエーションをいくつか紹介する。

▶▶▶ ブレーンライティング（バリエーション#1）

　ドイツ・フランクフルトにある、バテル研究所のホルスト・ゲシュカ教授は同僚とともにグループでクリエイティブな思考を展開できる発想法を開発した。「ブレーンライティング」と呼ばれるサイ

レント・テクニックだ。通常、人が集まってアイデア出しをしていると、1人ずつが発言するごとにアイデアが提案される。これは直列型（継時的）情報処理で、一時に出されるアイデアは1つだけである。

一方、ブレーンライティングは数多くのアイデアを同時に出すことができる。並列型情報処理といわれるもので、アイデアを並列的（同時）に生み出せる。そのためブレーンライティングはアイデア創出能力を飛躍的に高めてくれる発想法となる。ブレーンライティングの参加者が10人いれば、10人で行う普通のアイデア出し会議で1人がアイデアを発言している間に、最大10個のアイデアが生まれてしまうことになる。

【やってみよう！】Blue print

ブレーンライティングの基本的な手順はこうなる。

1. アイデアを出すべき課題を話し合いながら明確にする。そして参加者全員から見える場所に課題を貼り出しておく。
2. 参加者全員に6×10センチのカードを配り、1枚につき1つずつ自分のアイデアを書いてもらう。ブレーンストーミングは参加者に大声でアイデアを発表してもらうが、ブレーンライティングでは黙ったままアイデアを紙に書く。アイデアを書いたら、カードを反時計回りに次の人に渡す。
3. 隣の人から回ってきたカードに書かれたアイデアを読む。そのカードはアイデアのヒントになるカードだ。カードを読んでさらにアイデアを出し、新しい別のカードにアイデアを書く。書いたカードは再び次の人へ回す。数分のうちに何枚ものカードがテーブルを回ることになるだろう。
4. 20〜30分後、すべてのカードを回収し、参加者で手

> 分けして壁に貼り出す。アイデアの種類ごとにカテゴリー分けして、カードを縦列に貼っていく。それぞれの列の上にはカテゴリーごとのタイトルを貼ろう。全く同じカードがあったら省いてしまう。
> 5．シールなどの"投票用紙"を5枚程度参加者へ配布して、それぞれがよいと思ったアイデアに投票してもらう。1つのアイデアに全ての票を投じてもいいし、5つのアイデアに1票ずつにしてもいい。どんなやり方でも結構だ。

ブレーンライティングにおいては大きな声を出すことが効果的とはならないし、参加者が経営者や上司からのプレッシャーをあまり感じずにすむ。出したとたんにアイデアが却下されることもない。

自分なりのブレーンライティングの形式を考えることもできる。その場合は次の2つの原則に従うこと。

原則1　アイデアが浮かんでも声には出さない。
原則2　浮かぶと同時に、思ったままのアイデアを書く。

いくつか例を挙げよう。

●アイデア・プール

ブレーンライティングの参加者は、6×10センチのカードにアイデアを書いたら右隣の人に渡すのではなく、テーブルの中央に置いてアイデアを貯めていく。ヒントになるカードが欲しい、あるいは必要だと思ったときはいつでもテーブル中央に貯まったカードを参照できる。

●ギャラリー（1）

このやり方はブレーンライティング本来のプロセスを反対にした

ものだ。参加者の間でアイデアを回して考えるのではなく、アイデアが陳列されたギャラリーを参加者が見て回る。

　部屋中の壁に台紙となる紙を1人につき1枚貼る。メンバーは10分から15分間、黙って自分用の台紙にアイデアをいくつも書き付ける。そうしてできあがった「ギャラリー」の中を15分間自由に見て回り、他人のアイデアを見てメモできる時間をつくる。そこで知ったアイデアでさらに考えを深めたら、再度自分の台紙の前に戻ってアイデアをつけ加えたり、改良したりする。2度目に書き加える時間を10分ほどとった後にすべてのアイデアを全員で検討し、一番よいものを選ぶ。

◉ギャラリー（2）

　ギャラリー方式の2つ目として、アイデアを文字で書く代わりに絵や図表にする方法もある。絵に描いたり図に落としたりすることは、ポッと出てこない情報を思い出したり、考えたりするのに役立つ（自分の家にいくつ窓があるか思い出してみよう。そらでは言えなくても、絵に描いてみるときちんと数えられる）。

　課題を絵や図表にすると、クリエイティブな気づきを得られる場合がある。見過ごしがちな側面を気づかされるからだ。フリップチャート用の紙を貼り、参加メンバーに課題を解決するアイデアを絵や図にして描いてもらう。それからメンバーは「ギャラリー」を巡回してメモを取る。取ったメモを基にして自分の描いたアイデアの絵や図に戻って追加・修正をする。その後、全員で全ての絵になっているアイデアを検討し、最終的な解決策を組み立てる。

◉プラス・スリー

　ブレーンライティングの参加者は3枚のカードにアイデアを1つずつ、ただしカードの上部に書く。書いた3枚のカードは右隣の人に渡す。受け取った人は、回ってきたカードの一番上に書かれたアイデアをさらによくするアイデアをその下に書く。どうしてもアイデアを改良できないなら、新しいアイデアを書いてもらう。3枚の

カードすべてに同じ作業を繰り返す。5分ほどで3つのアイデアをプラスし、カードを次の人に回す。このプロセスを自分が最初に書いた3枚のカードが手元に戻ってくるまで繰り返す。

◉紙飛行機
　チーム全員に紙飛行機を1つずつ作ってもらい、それにアイデアを書いて他の人に向かって飛ばす。キャッチした紙飛行機に書かれたアイデアを読んだ人は、そのアイデアの修正案や改善案、もしくは全く別のアイデアを飛行機に追加で書き込み、ふたたび違う人に向かって飛行機を飛ばす。20分ほど続けたところで紙飛行機を回収し、アイデアをカテゴリー分けする。

◉アイデア・ウォール
　参加者は黙ったまま、付箋紙にアイデアを書く。書き終わったらどんどん壁に貼っていく。貼り終わったらチームで整理をする。全員が壁の前に集まって、アイデアが指し示す意味にしたがって分類していく。最終的にアイデアはいくつかの異なるテーマ、カテゴリーにまとめられることになる。それぞれのカテゴリーごとに「見出しカード」を作り、付箋紙の一番上に貼る。すべてのカテゴリーについて同様の作業を行おう。
　メンバーは別の付箋紙を使って、すでに出ているアイデアをもっと詳しく説明したり、アイデアについての意見を追加で貼り付けても構わない。一人ひとりにシールなどの"投票用紙"を10枚渡して、アイデアに優先順位をつけてもらおう。いいと思ったアイデアに1票、あるは複数票を入れることで順位を決めていく。1つのアイデアに何票入れてもいい。最も多くの票を集めたアイデアについて全員で話し合う。

▶▶▶ ノートブック・ブレーンストーミング（バリエーション#2）

ノートを使ったブレーンストーミングは知的職業に従事する人々の間で広く行われている発想法だ。時間をずらして行うコラボレーションからはメンバーそれぞれの観点が新たなアイデアとして反映され、課題が持つ別の側面への気づきや異なる視点が生まれる。手順を紹介しよう。

【やってみよう！】Blue print

1. ブレーンストーミングのファシリテーターは、問題について説明したノートを一人ひとりのメンバーに渡す。メンバーは1週間、その問題について1日に最低1つのアイデアを書いていく。
2. メンバー間で毎週ノートを交換する。別の人がノートに書いたアイデアを利用し、新しい発想を得ることもある。
3. ノートが一巡しなくても、アイデアノートの交換は4週間で終了する。ファシリテーターはノートを回収し、アイデアを整理してまとめる。その後、メンバーが集まって出されていたアイデアについて議論する。

▶▶▶ ストラヴィンスキー効果（バリエーション#3）

このバリエーションは、無作為に選んだ人やアイデアから生まれてきた新しいアイデアを話し合いに拠らずに組み合わせていく手法だ。現代音楽の鬼才、イーゴリ・ストラヴィンスキーの作品からヒントを得ている。ストラヴィンスキーは生涯にわたって新しい音楽を追い続けた。彼の『兵士の物語』は多彩な表現者（ダンサー、演

奏者、語り手など）の概念を取り入れることにより、従来のスタイルを超えた画期的な作品となっている。各表現者は自らが作品を再形成する様子を目の当たりにし、それぞれが新たなパフォーマンスに挑戦することになった作品だ。

　ブレーンストーミングにストラヴィンスキー効果を取り入れるための手順を紹介する。

【やってみよう！】Blue print

1. ファシリテーターはブレーンストーミングの議題、または達成したい目標を貼り出す。「より革新的な協力体制を築くにはどうすればいいか？」などだ。
2. チームのメンバーは6×10センチのカード8枚に課題や目標についての意見やアイデアを書く。カード1枚につき、1つのアイデアを書くこと。
3. ファシリテーターはカードをすべて回収し、トランプのようによく切る。
4. 切ったカードから3枚ずつランダムにメンバーへ配る。本人が書いたカードが行かないように確認すること。配られたカードを見て、好きな順に並べてもらう。ファシリテーターは残ったカードを開いてテーブルに広げる。
5. メンバーは気に入らなかったカードをテーブルに置かれたカードと取り替えてもらう。カードは何枚取り替えてもいい。全部でもかまわない。
6. 次にメンバー同士でカードを交換する。全員が少なくとも1枚は交換しなければならない。2枚以上交換してもいい。
7. 続いてメンバーはいくつかのグループに分かれ、持ち寄ったカードからアイデアを選ぶ。1つのグループあたり何人いてもいいが、グループごとに選ぶカード（アイデア）は3つまでに絞り込んでもらう。

> **8.** ファシリテーターは、集まったグループごとに自分たちが選んだ3枚のカードについて全員にプレゼンテーションするため、クリエイティブな方法を考えるように指示する。絵や写真をデザインしたポスターを使ってもいいし、車のステッカー、スローガン、ロゴタイプや、Tシャツ、テレビコマーシャル、歌など何を使ってもいい。

　廃棄物処理の専門家たちが携帯電話をいかに環境に優しく、社会的な責任を果たす形で廃棄できるかについて解決策を見つけようと集まった。彼らはストラヴィンスキー効果を使ったブレーンストーミングを行った。そしてひまわりの種を埋め込んだ、生物分解性ポリマーで携帯電話カバーを作るアイデアがひらめいた。カバーは土壌に埋められると分解され、透明なカバーの中からひまわりが発芽する。

　さらに彼らは、不要になった携帯電話やプリンターのカートリッジのリサイクル事業を通じて、地元のフードバンク支援基金を設立するアイデアを考え出した。

▶▶▶ SIL（バリエーション#4）

　少しの共通点もない3人の画家が、同じ犬の絵を描くとしよう。スタイルも観点も全く異なる絵だが、どの作品もそれぞれに犬の本質をとらえているはずだ。絵には各画家の視点が表現され、それが見る人の犬に対する認識、とらえ方に影響を与える。次に紹介するSIL法はこうした考えにもとづいてデザインされたものだ。

　SILとはドイツ語のアクロニム（頭字語）で、「問題を構成する要素の連続的統合」を意味する。ブレーンストーミングのメンバーは与えられた課題について、まずはそれぞれ黙ってアイデアを考える。

他の手法と異なるのは、出てきたアイデアを次々に合体させながら新しいアイデアを考えるプロセスだ。その手順はこうなる。

【やってみよう！】Blue print

1. 参加者に黙ったままアイデアを書き出してもらう。
2. チームの中で2人から、考えたアイデアを1つずつ、声に出して発表してもらう。
3. 他のメンバーがその2人のアイデアを1つにまとめる。
4. 3人目のメンバーに別のアイデアを発表してもらい、そのアイデアを1つ前のステップでまとめられたアイデアにまた統合させる。

アイデアを統合させ、発表を続けていくプロセスを全アイデアについて行い、最終的な1つの解決策に達するまで続ける。すべてのアイデアを合体させるのは不可能な場合もあるかもしれないが、少なくともそのプロセスの中で、どのアイデアにも公平に耳を傾けることは保証される。

▶▶▶ オープン・ミーティング（バリエーション#5）

いつも同じスタイルでブレーンストーミングを行ってマンネリに陥らないようにしよう。リズムに変化をもたらす、活気のある楽しい手法がオープン・ミーティングだ。

オープン・ミーティング方式で行うブレーンストーミングは、守衛からCEOまで、あらゆる社員にアイデアを提案する機会とモチベーションを与える。境界をなくしたオープンな会議を開催するのは、それぞれの立場や駆け引きなどでアイデアがゆがめられず、そのままの形を保つようにするためだ。オープン・ミーティングの特徴は、2～3の簡単な指針と大きなテーマが設けられ、時間制限を設けないことにある。

オープン・ミーティングにはあらかじめ設定された議題はない。大括りなテーマだけを発表し、そのテーマに関連性のある、議論すべき議題があるかどうかを各社員に考えてもらう。議題を提起する人はそれを大きなシートに書き、声に出して読み上げ、壁に貼る。すべての議題の候補が発表され尽くすまで、同様の手順を踏んで進行していく。

次のプロセスはアイデア・マーケットプレイスと呼ばれる。議論への参加を希望する人は、候補として貼り出されている議題が書かれたシートに対して参加表明を行う。いくつでも好きなだけ申し込んでかまわない。それぞれの議題を提出した人は、議論に参加してくれると言ってくれた人たちを別室に集めて問題を話し合い、アイデアや出された情報をすべて記録しておく。少人数が集まって話し合える小さめの部屋が何室か、広い会議室の近くにあると理想的だ。

どのグループも「二本足の法則」を守らなければならない。議論をつまらないと感じたり、そのグループに対して何も貢献できないと思った人は、グループに敬意を表しながらも、その場を去ってよいルールだ。

公務員の中から選ばれたある人たちが、「エネルギーの保存」をテーマにオープン・ミーティングを開いた。候補として貼り出された議題は「自動車の設計」「市民運動の促進」「電気」「代替エネルギー資源」「啓蒙活動」などだった。

何人かが集まって「電気」についての議論が始まった。議論は一般の人たちへの普及啓蒙教育に集中した。1人のエンジニアがすでに使われ始めた消費電力料金を表示する家庭用液晶モニターについて話をした。プロトタイプはもう完成しており、申し分ないという。小型の液晶モニターには消費した電気料金がわかりやすく表示される。それを見れば家庭用の電化製品を使用するためのコストがどれくらいかかるかをすぐに理解でき、生活者は節約する方法やエネルギーを浪費しない方法を考え始めるだろう。

▶▶▶ ストーリーボード（バリエーション#6）

　1928年、ウォルト・ディズニーと彼のアーティストたちは初のトーキー・アニメ『蒸気船ウィリー』を制作した。ディズニーはフル・アニメーションにこだわった。そのため、すべてのシーンをアニメ化するために膨大な数の作画が要求された。いたるところに原画の山が積まれていき、作業の途中経過を把握することすら困難になった。進行状況を確認するためだけに、しょっちゅう会議を開かねばならないありさまだった。

　そのとき、ディズニーにあるアイデアが浮かんだ。彼は描き上がった絵をスタジオの壁に順番にピンで留めるよう、アーティストたちに指示した。そうすればプロジェクトがどこまで進んでいるか、ひと目でわかるからだ。

　それぞれのシーンがストーリーの進み具合を示すものとして使われるようになった。特殊なボードに覆われた壁にストーリーが展開した。そこから「ストーリーボード（絵コンテ）」が生まれた。

　すぐさま、ストーリーボードはアニメに限らず、実写映画でもディズニー作品を作る上で欠かせない手法になった。ディズニーは昼でも夜でも好きな時間にスタジオに入ってきて、現在進んでいるプロジェクトの進捗状況をひと目で理解することができた。ストーリーボードは現在でもさまざまな用途に使われている。ディズニーランドやディズニーワールドも、ストーリーボードを活用して運営方法が計画された。

　その後、ストーリーボードはブレーンストーミングの手法として手を加えられ、アイデアを生み出すための多種多様な手段が考え出されている。使われ方はそれぞれだが、ディズニー以来、踏襲されている共通の特徴がある。全体を見通すために、関連する重要なコンセプトを並べていくやり方だ。

第35章　Orthodox Brainstorming　ブレーンストーミング・バリエーションズ

ストーリーボードは、自分や他人のアイデアを壁に貼ることで視覚化し、改善策に取り込んでいく方法と言っていい。次に挙げるのは、多くのストーリーボードを使ったブレーンストーミングの基本的なガイドラインである。

【やってみよう！】Blue print

1. トピックを立てる。
   トピックを書いたカードを壁に貼る。例として、ここでは「新しいレストランを始める」と立ててみよう。
2. 目標を考える。
   普通はこの目標に従ってブレーンストーミングをスタートすることが多い。トピックを実現するために必要なことを話し合う手がかりとなるからだ。ブレーンストーミングの対象となった目標をカードに書き、「目標」と記載されたシートの下に貼り出しておく。「新しいレストランを始める」トピックのために実現したい目標として考えられるのは、お金を儲けること、必要性を満たすこと、顧客にサービスすること、などになるだろう。
3. 構成要素を書き出す。
   目標を実現するための構成要素を決めてリストアップしよう。主要な論点、属性、プロセスの中での解決策を分類したものだ。要素ごとに「見出し」として、カードに書いて貼っておくこと。レストランのケースならば、「趣旨」「立地」「名称」「テーマ」「環境」「メニュー」「販促」「その他」などになる。リストアップした見出しカードを並べ替えたりするうちに、アイデアのストーリーを展開させるのに最もよい流れが生まれるだろう。
4. 「その他」カテゴリーを設ける。
   どのカテゴリーにもうまく当てはまらないものを含め

て考えるために、「その他」のカテゴリーを設けるといいだろう。要素として分類されたカテゴリー全てについて話し合った後で「その他」に移ろう。「その他」の中である程度まとまって括れるカードが複数現れたら、改めて要素（見出しカード）として別にしてもいい。

レストランの例で続けよう。参加者から販売促進とマーケティングのアイデアがいくつも提案されたとする。新しい括りを設けて独立させるか、そのアイデア自体がはっきりしているなら、全く別のストーリーボードを作る価値があるかもしれない。

5. ブレーンストーミングを行う。

参加者はそれぞれのカテゴリーの括りを課題解決への刺激剤として利用し、アイデア、解決法、意見を書く。アイデアは、当てはまる「見出しカード」の下に貼る。新しいレストランの名前として出てきたアイデアは「名称」見出しのゾーンへ、メニューとして提案されたものは全部「メニュー」のところへ貼っていく。

6. ヒッチハイクする。

ストーリーボードのブレーンストーミングを行っている間は、どんなに非現実的なものだと思えても、全てのアイデアについてその価値を考えること。参加者にポジティブな思考を促し、しばらく時間が経つまで判断は控えさせる。いったんアイデアが出始めたら、ストーリーボードを使って課題に没頭し、いろいろなアイデアにヒッチハイク（相乗り）させてもらいながら、さらに斬新なアイデアを生み出していく。参加者に出てきた解決策をよく見てもらいながら、そこからさらに新しいアイデアを生み出してもらう。時にはカテゴリー（見出し）の枠を超えて解決策を組み合わせてみたり、カテゴリー超えを新たなアイデアを生むための

刺激として用いたりしてみよう。
7. 柔軟性を持つ。
ストーリーボードには柔軟性と流動性を持たせること。アイデアや提案が貯まってくれば、それに応じて構成要素として独立させ、新たな「見出し」を作る必要も出てくるだろう。レストランを考えるストーリーボードに「環境」の見出しカードがあったら、「自然環境」と「雰囲気」の２つに分けられる。ストーリーボードを生きた、動きのあるものとして考えよう。ストーリーボードは理想的な解決策に向かって、常に進化し続ける（図59）。
8. インキュベーションを起こす。
アイデアが出尽くすか時間が来るまで、ここまでのプロセスを続ける。２〜３日から数週間程度の時間をかけてストーリーボードを使ったブレーンストーミングを行うと、アイデアはインキュベーションを起こし、豊かに発達してくれる。

（図59）　ストーリーボードのサンプル

				新しいレストラン				
目的	立地	名称	テーマ	環境	メニュー	エンタテインメント	マーケティング	その他
アイデア	アイデア	アイデア	アイデア	アイデア	アイデア	アイデア	アイデア	アイデア
アイデア	アイデア	アイデア	アイデア	アイデア	アイデア	アイデア	アイデア	アイデア
アイデア	アイデア	アイデア	アイデア	アイデア	アイデア		アイデア	
		アイデア	アイデア	アイデア	アイデア			
			アイデア					
			アイデア					
			アイデア					

　ストーリーボードの台には何を使ってもかまわない。コルクボード、ホワイトボード、黒板、壁はもちろん、ある程度の広さがあって、足したり減らしたり、動かしたりできる平面を備えているもの

なら何でもいい。

　見出しやカードの列を色別に分けて見やすくするのもいいだろう。ボードの種類にもよるが、押しピンやハサミ、太いマーカーペン、チョーク、カード、付箋紙、そのほかにも紙（コピー用紙など）が必要かもしれない。ストーリーボードが完成したら写真に撮っておこう。後で必要になったとき、もう一度復元して手を入れることができるからだ。

　ストーリーボードのすばらしい点は、必要に応じた柔軟性と適応性を備えていることだ。それぞれの条件に合うように、進め方を変えることもできる。使いはじめのうちは、手順は単純にしておくほうがいい。充分に使いこなせるようになったところで、独自に発展させることもできる。

▶▶▶ ブレーンストーミングのヘルプメニュー

　図60にあるイラストを見てみよう。Aのイラストには同じ長さの2本の点線が引かれている。この点線に斜線を2本加えたものがイラストBだが、点線の長さは違うように見える。下の点線が短く見えても、実際は同じ長さのままだ。斜線を加えたため異なる認識が生まれ、新たな特性を備えた形に見えた。点線自体は何も変わっていない。斜線と組み合わせたことによって見方が変わり、結果として見ている対象そのものも変化して見える。

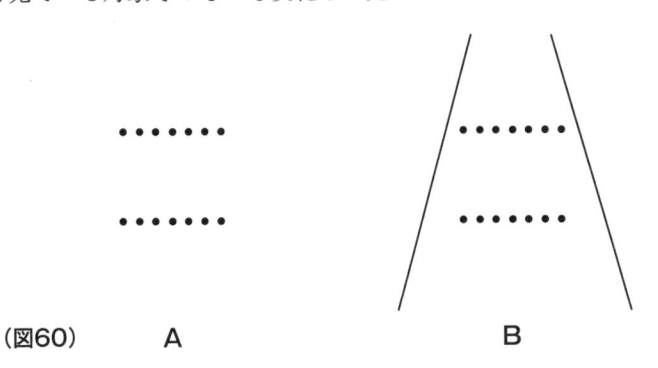

（図60）　　A　　　　　　　　　B

水素（H_2）と酸素（O_2）、2つを化合すると水（H_2O）ができる。全く異なる性質を持った単純な2つの気体から水が誕生するとは予想もつかないことではないだろうか？　単体として水素も酸素も明白な特性を持っている。その2つを一緒にすると、魔法のような変化が起きる。しかし魔法ではなく、それこそが創造性の本質だ。

●アイテムを組み合わせる（ヘルプメニュー＃1）

何かを新しく発明したいと思っているとしよう。まず20個のアイテムを選んでほしい。何でもかまわない。家にあるものでも職場にあるものでも、道を歩いていて見つけたものでもいい。もしくはテクノロジーを集めた科学博物館にいるとか、スミソニアン協会*の館内をまわっているとか、電器店をぶらついていると想像し、そこで自分の目が留まりそうなものを20個ほどあげてみよう。

*スミソニアン協会：計18の博物館、美術館、国立動物園からなる世界最大の博物館群。

選んだ物は10個ずつ、左右に分けて書き出す。書き出したら左右それぞれの列から1つずつ選んで組み合わせる。使えそうな組み合わせができるまでやり続け、見つかったらさらにそれに磨きをかけて新たな発明品を完成させてみよう。

最近行ったワークショップの例を紹介する。2人の参加者に前に出てきてもらって、10個ずつでAとBのリストを作った。

A	B
コンピュータ	スライサー
コーヒーメーカー	彫刻
ベーグル	ハンモック
サングラス	ポケベル
玄関マット	窓
バスタブ	掃除機
携帯電話	自動車
日焼けローション	チケット
ベッドルーム	缶ジュース
テレビ	虫よけ

AとBから1つずつを組み合わせて、絵に描いてみることによってこんなアイデアが生まれた。

アイデア
- ベーグルとスライサーで、ベーグル・スライサー。プラスチックの支えが両側についているため、スライスするときにベーグルが回転しない。
- バスタブとハンモックから、ベビーバス。ベビーバスには簡単な作りのハンモックがつけられ、赤ん坊の頭を安全に支えるヘッドレストもある。これに赤ん坊を乗せれば、母親は両手を使って洗ってあげることができる。
- 日焼けローションと虫よけで、紫外線と虫の両方から守ってくれるローション。
- コーヒーメーカーと彫刻で、てっぺんにベスビアス火山に似た飾りがついているコーヒーメーカー。コーヒーができると山の頂上が赤くなる。
- 玄関マットと掃除機で、吸引力のある玄関マット。マットに乗ると、靴底についたゴミや埃を吸い取ってくれる。
- 携帯電話と缶ジュースから、携帯電話をお金として用いるアイデアが生まれた。携帯電話についたセンサーによって、炭酸飲料やそのほかのものを自動販売機で買うことができる。代金は通信キャリアを介して自動販売機を置いた店舗へ支払われる。

●属性を組み合わせる（ヘルプメニュー＃2）

　前項で行った作業を使ってさらにアイデアを考えられる。AとBの各列から1つずつ項目を選び、その項目の属性をリストアップしてからABをクロスしてランダムに組み合わせてみよう。アイテム物体の属性か性質を基に2つのリストを作り、ランダムな組み合わせから新しいアイデアを得る。例えばAの列から項目として「ベッドルーム」、Bの列からは「自動車」を選んだとしよう。それぞれの属性をリストアップすると次のようになる。

ベッドルーム……	自動車……
ベッド	乗客
寝る場所	移動
ブラインド	車輪
バスルームのそば	色違い
安心感	自動ロック

　この中から「安心感」と「自動ロック」を組み合わせてみよう。ベッドにいながら窓やドア、パソコン・システムなど、家中のあらゆるものをロックしたり解除したりできるマスターキーのアイデアが出てきそうだ。また、「ブラインド」と「移動」を組み合わせると、窓から入る陽射しの強さをブラインドの上げ下げで調節するための光センサーを取り入れるアイデアが生まれる。

　知人の物理学者は、偶然の組み合わせから新しい連想を生み出す発想法を体系的に用いている。彼は物理学について書かれた本の目次を切り刻んで空の金魚鉢に放り込み、切れ端をいくつか引っ張り出すと、その組み合わせを見て何かいいアイデアが浮かばないかと考える。このシンプルなテクニックから、普通では思いつかないようなひらめきやアイデアが生まれた。

　専門分野の書籍（マーケティング担当者なら、マーケティングの本）の目次を切り刻んで、同じように試してみよう。

●アイデアを組み合わせる（ヘルプメニュー＃3）

　どんなアイデアも、今あるアイデアに関連して生まれてくる。2つのアイデアは互いに触媒となる作用を及ぼすが、どちらも独立したコンセプトや製品、アイデアとして存在しなければならない。2つの化学薬品から新しい化合物ができるように。

　アイデアを組み合わせてさらに別の、よりよいアイデアを生み出すことができれば、人間の脳が発揮するクリエイティビティの効率は最大限に高まるだろう。この戦略を試してみることにしよう。

最初に自分のアイデアをすべて出し、AとBの列に分ける。アイデアは紙かカードに書き、書いたものは2つにまとめるか、壁に並べて貼る。AとBからランダムに1つずつ取ったアイデアを結びつけ、1つのアイデアにしてみよう。実効性のあるアイデアがどれだけ引き出せるだろうか？

　この方法をチームで行うブレーンストーミングで用いるときは話し合いをせずにアイデアを5、6枚カードに書くよう参加者に指示する。それから書いたアイデアに自分で優先順位をつけ、一番だと思うカードを選んでもらう。残ったカードは集めて、テーブルの上に置いておく。次に全員でテーブルのまわりに集まり、集められたカードの中から1枚を選んでピックアップする。これも黙ったままで実行する。時間は5分から10分ほどだ。最初に選んだ一番のアイデアと、残ったカードの中から選んだアイデアを組み合わせて、新しいアイデアを出してもらおう。

●遠くにあるアイテムを組み合わせる（ヘルプメニュー＃4）

　素数定理を証明した、フランスの偉大な数学者であるジャック・アダマールはこう言っている。「発明には、数学的な意味での発明も含めて、変わっていても数多くのアイデアの組み合わせが求められる」。斬新なアイデアを発見するには、無数の組み合わせをランダムに作る必要がある。異なった領域からの変数を無作為に組み合わせれば、新しくておもしろいアイデアが生まれる。

　組み合わせといえば、互いにかけ離れた分野同士の組み合わせほど、実り多いアイデアとなる場合が多い。

　社内のモラルを改善したいと考えているならば、非常にモラルの高い、全く異なった分野から2つの組織を選び（例えばスーパーボールと教会）、その特徴をリストアップする。そしてリストにある特徴同士をランダムに組み合わせて、自社のモラルを改善する、新しくてこれまでとは違うアイデアを考えよう。

◉課題を組み合わせる（ヘルプメニュー＃5）

　トーマス・エジソンの研究室は大きな納屋で、進行中の実験道具を広げた作業台がいくつも置かれていたという。彼はこっちの実験、あっちの実験と同時並行で作業を進めていた。研究室は、1つの実験が周辺にある他の実験に影響を与えるように作られていたため、何かの実験が進むと、成功したノウハウを隣の実験でも試すことができる。この方式によって、エジソンは常に実験のやり方を再検討することができた。

　ノートを使えば、エジソンのように同時に複数の課題に対応できる。2つ、あるいはそれ以上の課題に同時に取り組んでみよう。1つの課題が行き詰まったら、もう1つへ移る。ある課題に関するアイデアやいい対処方法が見つかったら、他の課題にもぶつけてみる。

◉極端なアイデアに含まれる要素を組み合わせる（ヘルプメニュー＃6）

　レオナルド・ダ・ヴィンチは、物体の運動や性質を正しく理解するには、厳格な条件のもとでそれを観察しなければならないと考えた。また、ある概念を極限まで突き詰めて想定することが大事だとも考えていた。

　全く正反対の、極端なアイデアを2つ考えてみよう。世界中のすべての資源（人や金銭、時間など）を自由にできるとしたら、あなたは何をしようと考えるだろうか？　逆に、一切の資源や元手がないとしたら何ができるだろうか？　この2つの正反対なアイデアを組み合わせて現実的なアイデアにしてみよう。また各アイデアの要素や特性を拾い出してランダムに組み合わせてみるのもいい。

　生産性を向上させる施策を考えた社員に報酬を出したいとする課題があったとしよう。極端なアイデアの1つ目は、「1つの案に対して100万ドルの賞金を出す」。正反対のアイデアなら「賞金を1セントにする」。この両極端なアイデアの組み合わせから誕生したのは「ペニー・フォー・ユア・アイデアズ」キャンペーンだ。色とりどりのガムボールが入っているガチャガチャを買ってきてオフィス

に置く。アイデアが1つ出るたびに（5つ、10個出るたびでもいい）、マシーンを回してアイデアの賞金を決める。緑は2ドル、黄色は5ドル、赤なら100ドル……など、賞金額は出てきたガムボールの色によって決まる仕組みだ。

●分野／ジャンルを組み合わせる（ヘルプメニュー＃7）

　画期的なアイデアの多くは、普通は何の関係もないと見なされるジャンルのアイデア同士を組み合わせることで生まれてくる。イギリスのある研究施設のエンジニアが、住宅建築とゴミ処理の分野を組み合わせて、すばらしいアイデアを思いついた。そのアイデアは住宅の供給を増やしながらゴミを減らす、2つの問題をいっぺんに解決するものだった。この研究施設では家庭ゴミや浚渫ヘドロ、下水処理水、焼却灰などを防水加工処理された小さい球状に加工し、各種の建築材料として使えるようにした。
　「このプロセスのすばらしい点は、これまでゴミ処理場に行くしかなかったゴミをリサイクルし、しかもそのゴミのエネルギーを利用して、採石場からしか得られなかった有用な建築材料に変えたことだ」。この実験プロジェクトの開発に携わってきたイースト・ロンドン大学のダリル・ニューポートはそう語る。「双方どころか、三方が得をする結果になった」

●左脳派と右脳派とを組み合わせる（ヘルプメニュー＃8）

　図61の写真はコーヒー豆だ。この写真のどこかに人間の顔が隠れている。見つけるまでにどれくらい時間がかかるだろうか？
　最新の認知心理学の調査によると、隠れた顔を3秒以内に見つけられた人は、標準的な人よりも右脳が発達していると考えられるという。1分以内に見つけられれば標準的な右脳だと言える。もし見つけるのに2分以上かかったとすると、標準よりも左脳が発達していると考えられる。まだ見つかっていなければ、写真の下部分を見てみよう。

（図61）

　参加者の右脳と左脳を組み合わせる、おもしろいブレーンストーミングを紹介しよう。チームを左脳派（論理的な人）と右脳派（直感的な人）に分ける。左脳派の人には論理的で形式的、実際的なアイデアを考えてもらう。一方、右脳派の人には奇抜で形式にとらわれない、論理を無視したアイデアを出してもらう。チームを１つに戻して全員で左脳派のアイデアと右脳派のアイデアを組み合わせたら、どんな結果が得られるだろうか？

　アメリカ人に燃料を節約する意識を持たせるための方法についてブレーンストーミングが行われた。いったん二手に分かれ、それから全員で話し合った。左脳派からは「自転車を買って乗ることを勧める啓蒙キャンペーン」が提案された。一方、右脳派の提案は「環境に優しい電気自動車には自動的に通行優先権が与えられ、交通違反の罰金を免除され、無料で洗車ができ、休憩所ではコーヒーと新聞の無料サービスがあり、有料の州間高速道路では専用のゆったりとした洗面所を使える」だった。
　この２つのアプローチをひとつにまとめて、「自転車ステーション」のアイデアが生まれた。自転車ステーションには自転車が停車できるほか、サイクリングウェアをしまっておくこともできる。洗

車したり、仕事用のスーツに着替えることも可能だ。またコーヒーを飲んで新聞を読み、ひと休みして軽く何か食べるなど公共的な空間としても利用できる。自転車ステーションは通勤列車が走る鉄道沿いに設けて、単なる駐車スペースとしてのサービスだけではなく、環境にやさしい移動手段が集まる、多様な交通手段の中心点としての役割を担っていけるようにする。

　また、通勤者に電気自動車やカーシェアリングやレンタル自転車などを活用する機会を提供していく。こうした便利なサービスが自転車利用者に提供されることにより、街の空気は浄化されるし、環境に配慮した交通システムが充実していくだろう。

▶▶▶ サマリー

　数年前、私は教育改革について話し合う学会に参加した。学会のあと、その結果に対する失望をフランシスコ会の修道士でセント・ボナベンチュア大学で教鞭をとっているトム神父に打ち明けた。

　学会に出かける前に、私は多くの会合の参加者たちと問題について話しあっており、彼らが大変おもしろくて独自性のあるアイデアをいくつも持っていることを知っていた。それなのに、学会では彼らは従来どおりの古臭い、形式的な手法しか提案しなかった。

　神父は笑って、彼らは自分が業績を上げるためにそのアイデアを胸にしまっておいたんだよ、と言う。学者という種族は自説に対する被害妄想意識が強い。誰かにそれを盗まれるんじゃないかとビクビクしている。彼らがその手の学会に出席するのは、他人の研究や進み具合を知るためだ。そう言って、神父はあるフランシスコ会の宣教師の話を聞かせてくれた。

　昔々の日本でのこと、ある宣教師が大きな甕で熱燗を作り、村人みんなが新年を祝ったらすばらしいだろうと考えた。そこで村に住む10人の金持ちにそれぞれ1本ずつ一升瓶を持ってきて、熱燗用の甕に入れてほしいと頼んだ。全員の分を1人で出せる人はいなかっ

たからだ。自分の酒蔵に向かいながら、どの金持ちもこう考えた。「うちの酒はみんなに振舞うには上等すぎる。代わりに水を入れて持っていこう。みんなが酒を持ってくるんだから、誰も水だと気づかないだろう」。金持ちが集まり、各自が持ってきた一升瓶からうやうやしく甕に酒を注いだ。だが、彼らは互いの顔を決まり悪そうに見やった。燗をして注いだら、ただのお湯だったのだ。

第36章

Raw creativity

生来の創造性

「敵の我れと戦うを得ざる者は、其の之く所を膠(あず)けばなり」　孫子

次の文章を読んでほしい。

> ケブリッヂ犬学の長査によると、文時のどれが順所に並んでいてもかは問題なのではなく、大字なは再初と最五の字が待ちがっていないことだそうだ。あとは全然めちゃくちゃでも問題なくそれでもとめるはずだ。そは一度読み肩をならぶと、でたらめな文字でも意味を汲み取るとがきるのそうだ。人間は文字をバラバラではなく、前体として読んでいるのである。あたなでかがえるのでなく、不意識におこなっていることだ。

人間には物事の本質を理解する、生来の才能が備わっている。こうしたでたらめな文章でも「読める」のは、即座に本質的な要旨をつかむことができるからだ。

この素質があるからこそ、人はみな子どものようにクリエイティブな存在だ。子どものころは、想像力が規則や論理の制約によって構造化されたり、制限されたりすることはなかった。可能性を減らそうと努力することもなかった——むしろ広げようとしていたのだ。

本当のアイデア発想法とは、ロジックの制約を取り去り、自らのイマジネーションを解放してクリエイティビティを取り戻そうとするためのものだ。パブロ・ピカソは見事に言い表している。「子どもはみなアーティストだ。問題は、大人になってもアーティストでいる方法を見つけることだ」

人間の脳は楽器のように、優れた性能を次々と発達させている。

第36章

昔の弦楽器の中には、共鳴弦として知られる特殊な弦を持つものがある。この弦は弾かれることがないものの、ほかの弦の振動に共鳴し、弦を弾いて生み出される以上の音楽的で豊かな音が生まれる。まるで何もないところから音が生まれるかのようである。同じように、私は人間の脳にも共振機能が備わっていて、共鳴弦のように脳の能力を高め豊かなアイデアを作り出す力になっているのではないかと思う。

人間はさまざまな物体や外界の性質、本質、関わりの薄いアイデアや物事から、新しい何かをイメージし、作り出すことができる。このようなジャンプする連想、つまり脳の"共鳴弦"を通して、異なるアイテムを脳の中で組み合わせ、新たなアイデアや発明を行っている。人類が発明を始めたのは、動物の骨と狩猟活動とを組み合わせ、骨で武器を作るところからだった。同じプロセスにより、長い年月を経て電球やテレビ、人工衛星、その他のテクノロジーが発明された。

このような脳の機能はきわめて自然な、生まれつき備わっている特性なので、人間はそれがどれほどすばらしいかに気づかない。コンセプトを混ぜ合わせる脳の機能を顕著に示しているのは、ごく普通のたとえ話を用いた表現だ。「彼らは経済的に墓穴を掘っている」と聞けば、たちまちその意味がわかる。しかし「墓穴を掘ること」と「投資」との間には全く関連性がない。墓と金銭を結びつける合理性も見当たらない。では、どうして我々にはその意味がわかるのだろうか？

人間の脳は、ある入力情報（墓を掘ること）と別の入力情報（投資）を苦もなく結びつけてしまう。だが、結びつくことによって得られた意味は、もともとの入力情報に含まれていたわけではない。2つの情報を組み合わせたことによって生まれたものだ。外部から情報が提供されなくても組み合わせによって構造が作られ、新たな意味が生まれた。どうやら人の脳はなんの苦労もなく異なった事物

を統合し、間接的な連想や連関性の膨大な広がりを司っているらしい。アイデアが混ぜ合わされて生まれたアイデアや発想は、シンプルかつ直接的に意識のレベルにのぼってくる。

ロー・クリエイティビティ、人間が持っている生来の創造性とは、物事の本質を感じとることである。例に挙げた「墓堀り」の比喩でいえば、人間はその比喩の意味を無意識のうちに理解し、墓掘りと投資を結びつける。つまり人生を失うことと、金銭を失うこととの関係を理解している。

▶▶▶ 本質とは何か？

ゲシュタルト心理学者らによって、犬の集団を使った重要な実験が行われたことがあった。まず犬に、白い四角形は対象物に近づく合図で、グレーの四角形は対象物を避ける合図だと教えた。犬が理解したら、今度はグレーを近づく合図、黒は避ける合図というように合図の色を変更する。犬はすぐに順応し、グレー（もともとは避ける合図だった色）を見せられるや対象物に近づくようになり、黒い四角（これまで行動に関係していなかった）を見せられると離れるようになった。どうやら、犬にとってはグレー、白、黒で示された「色の違い」が決定的な刺激ではないらしい。犬はもっと本質的なもの——明るいか暗いか——に反応しているようだった。

ほとんどの人間は、生来持っていた本質に対する感受性を失ってしまった。出来事の本質的な特性ではなく、具体的な構成要素に目を向けるように教育されてきたからだ。

新しい缶切りのデザインを頼まれたとしても、アイデアの大半は自分の経験や使ったことのある具体的な缶切りに影響される。そしてすでに存在している缶切りとほんの少ししか違わないような缶切りしか思い浮かばない。

しかし缶切りの本質は「物を開けること」だと捉えるなら、そして世界中に手がかりを求めるなら、新しいアイデアを思いつく可能

＊ゲシュタルト心理学：人間の精神が部分や要素の集合ではなく、全体性や構造が重視されるべきだとした心理学。

性は大いに高まるだろう。モノはどのようにして開くのか、を少し考えてみよう。次にいくつかの例を挙げる。

- バルブはスチームで開く。
- 牡蠣は筋肉を緩めることによって開く。
- エンドウ豆の鞘は熱して合わせ目が緩くなって開く。
- ドアは鍵で開く。
- 魚の口は首を強く握ると開く。
- 自動車のアクセルはペダルを押すと開く。

人が生まれつき持っている創造性からは、数え切れないほどのジャンプした連想が生まれる。あるものは自分だけの新しいアイデアへと導いてくれるかもしれない。エンドウ豆の鞘をヒントにして、新しい缶の開け方を考えられないだろうか？　缶切りを作るのではなく、押すとつなぎ目が割れて開く缶そのものをデザインすることもできる。斬新なアイデアは、今まで教えられてきたのとは違うやり方で問題を考え、アプローチした中から生まれてくる。

芸術や科学、ビジネスで活躍するクリエイティブな人々は、こうした本質を問う考え方を取り入れていることが多い。フェデラル・エクスプレス社の創業者であるフレッド・スミスは、自分が事業に成功した理由もその方法も貨物輸送業界で働く人々には本当の意味で理解されていないと言った。スミスによると、成功したのはこのビジネスの本質を理解したからだという。本質とは安心感であって単に荷物を運ぶことではない。この本質を悟ったからこそ、彼の会社は、顧客が自分のパソコンから荷物の配送状況を追跡できるシステムをどこよりも早く提供することになった。

美術学校プラット・インスティテュートでトランスポーテーションデザイン学部の学部長を務めるマーティン・スカルスキは、本質的な意味を捉えて問題に取り組むようにと学生たちに教えている。だから彼は学生に、自動車のデザインをしろとか、市場にあるさま

ざまな自動車のデザインを研究せよとは言わないで、動くものの抽象的な構造を創造させることから授業をスタートさせる。そのプロセスの中で徐々に抽象性を取り払っていき、抽象的な作業と最終的な完成形とを創造的に結びつけながら現実の課題である輸送手段のデザインを考えさせる。

　世界的に知られる建築家であり、デザイナーでもあるアーサー・エリクソンもこの手法を用いている。教え子たちに視覚、あるいは機能による先入観を持たせないようにしてクリエイティビティを解放するためだ。新しい椅子のデザインを探しているなら、最初は動く人の姿を描くようにと指示をして、人の動きを支える構造を持つ形状を木やプラスチック、金属、紙などから作らせる。そしてようやく、その形状を基に新しい椅子のデザインを考えさせている。

　エリクソンは家具デザインの本質を知る大切さを教えている。彼はこんな言い方をしている。「もし私が、さあ、椅子のデザインをしよう、とかベッドのデザインをしようと言えば、彼らはこれまでの椅子やベッドの記憶を基にしてデザインを考えようとするだろう。しかし基本的な方向性からその形を求めることをすれば、家具を生かす最も重要な本質を理解してもらえる」

　ある演習で、エリクソンは物をしまう方法、物を積み重ねる方法、大きな物を整理する方法をそれぞれリストに書き出すようアシスタントたちに指示した。その上で実際の課題を出した。先に行った３つのリストに書かれたアイデアや考え方を使った駐車場のデザインを求めたのだ。

　人間の思考は形式化した従来の轍にたちまちはまってしまう。何かに行き詰まったり、空回りしたりするとそうなりやすい。こまごました知覚の泥沼に囚われてしまう。チャールズ・ダーウィンはダニかカビかを分類する泥沼に拘泥する代わりに、「生命とは何か」を壮大なテーマとして掲げた。問題の本質そのものに触れることによって、互いの考え方を理解し合う余地が生まれる。それは自分の

持っている前提を確かめ、さまざまな可能性を探す力になる。

【やってみよう！】Blue print

1. 課題を整理し、最も重要な本質を決める。「この問題の本質は何か？」とチームのメンバーに質問しよう。
   例：今回の課題は、地方にあるデザイン性の優れた郵便受けを盗難や破損から守ること。すなわち、その本質は「保護」である。
2. さまざまな物を保護する方法についてのアイデアを、チームから出してもらおう。1つのチームあたり60個以上のアイデア提出を割り当てる。この時点では実際の課題である、地方の郵便受けを保護することには触れずにおく。
   例：
   - 銀行に預ける
   - 錆止めを塗り、天候によるダメージから守る
   - メンテナンスをしっかりする
   - 保険をかける
   - 中にチップを埋め込み、追跡できるようにする
   - 武装した警備隊に守ってもらう
3. アイデアを出し合ったあと、問題を少し具体的に変える。例えば質問を「屋外の傷つけられやすいものを守る方法」に変えて、できるだけ多くのアイデアをもう一度出し合ってもらう。
   例：
   - 警備員を雇う
   - 常に監視する
   - まわりをカモフラージュする
   - フェンスで囲う
   - 常に明るく照らしておく
   - 警報装置をつける

> 4. 最終段階。チームに実際の課題を振り出す。これまで考えてきた、2つの抽象的な問題に対するアイデアや解決策を再検討し、それらを刺激剤として新たな解決策を生み出す。
>
> 例：実際の課題は、地方の郵便受けを盗難や破損からどう守るか、である。「保険をかける」から出てきたのが、郵便受けの持ち主に保険に入ってもらうアイデアだった。それは年間5ドル、もしくは10ドルで3年間、郵便受けの盗難や破損をカバーする。

ジレット社の研究チームが新しい歯ブラシの開発に取り組むことになった。彼らは歯ブラシの最も重要な特質を「洗浄」と定義し、他の事例について考えてみた。

- 自動車はどのように洗うか？
- 髪はどのように洗うか？
- 衣類はどのように洗うか？
- 道路はどのように洗うか？
- 運河はどのように洗うか？

洗車に関する話し合いは大いに盛り上がった。車は洗車機で洗車される。洗車機は各種の洗剤とブラシを使って、あちこちの方向から車を洗っている。研究チームは形の違うブラシがいろんな角度からブラシをかけるという核心的な機能を応用し、オーラルBとして知られる歯ブラシを開発した。これは世界的なヒット商品になった。

▶▶▶ クレイジーなアイデアの本質とは？

ノーベル賞を受賞した物理学者で、電子のスピンを発見したことで知られるヴォルフガング・パウリは、専門家の聴衆を前に新しい

素粒子理論を発表していた。続いて全体でのディスカッションが行われた。物理学者のニールス・ボーアがディスカッションでの意見を要約して、あなたの理論はクレイジーで突飛すぎるというのが全員の考えだ、と発言した。一同の意見が分かれたのは「この理論が正しさを証明するに値しないほどかどうか」になっているが、自分の印象ではそれほど突飛だとは思わない、とボーアは言った。ボーアの一見非論理的な言葉の中にはロジックが隠れている。創造性にあふれた天才は、予測のつかないことや遊び心のある思考を受け入れられる。その結果、予測できない思考と意図的に積み上げていく進展を1つにする、逆説的なプロセスが生まれる。

普通とは違う、妙な考え方を意識的に行えば偶然の発見にぶつかるかもしれない。約束事から解放され、これまで試したことのないやり方で物事を並列的に考え、初めての方法でさまざまな事象を構造化できるようになる。

【やってみよう！】Blue print

1. まず、チームで課題を提起し合う。その結果「社内のモラル低下を改善する」になったとしよう。今度は最もクレイジーな、または非常識なアイデアを出し合ってみよう。アイデアは跳んでいるほどいい。

    例：
    - 社員には報酬を払って家にいてもらい、自分の家のことや庭仕事に没頭させる。
    - 全社員を世界一周旅行に連れていく。
    - 全社員が住める巨大な自治区を作る。社員は男性も女性も一緒の寮に住む。育児も含めてすべてを平等に分担する。
    - 年末には全社員にスペシャル・ミストを吹きかける。このミストは社員を若返らせ、美しくする。

2. 次に、非常識と思われるアイデアを1つ選ぼう。

> - 社員には報酬を払って家にいてもらい、自分の家のことや庭仕事に没頭させる。
> 3．選んだアイデアについて、アイデアの特徴やどんな状況になるのかをリスト化する。
>   - 社員は家の仕事に自分の空き時間を使わなくてよくなる。
>   - メンテナンスをすることで、社員の家は不動産としての価値が上がる。
>   - 家の雑事は平日に完全に済ませられるので、週末は自由に使える。
>   - 社員は通勤しない分、お金を節約できる。
>   - 口コミになる。社員はこのすばらしい勤務条件を友人や親戚に宣伝するだろう。
> 4．リストに挙げた特徴から1つを選び、特徴の本質を抽出する。そこから実際的なアイデアを組み立てる。
>   本質：社員が自分の家と庭の仕事をする。
>   アイデア：福利厚生の一環として、便利屋のサービスを社員に提供する。材料費などは社員の自腹だが、洗面台の修理、ペンキの塗り替え、壁紙貼りなど便利屋の代金は会社が負担する。

　この例は突飛なアイデアから出発した、予測不可能な思考が出した結果だ。同じ方向から見ている限り、どれほど必死に、長い時間をかけたところで予測不可能な思考態度を展開することはできない。ある1つの視点に凝り固まると、脳内の一部だけが活発に働き、思考活動を支配してしまう。この決まった思考パターンの中でいくら懸命に考えても、目新しいアイデアは生まれない。

　ペギー・デュプレは大手の自動車ディーラーでセールスマネジャ

ーをしている。彼女は自動車を売る突拍子もない方法について部下たちと話し合った。クレイジーなアイデアの1つが自動車を買ってくれた人とセックスする、だった。ペギーたちはこのアイデアを取り上げ、アイデアの本質を「ロマンス」と定義した。そして自動車の販売にロマンスの手法を結びつける方法をいろいろと考えた。彼女たちが採用したのは、セールスパーソンが顧客のもとへ"個人的に"納車するアイデアだった。購入者がトランクを開けると、いっぱいの花が目に飛び込んでくる。顧客は心遣いに感激し、あらゆる知り合いにこの経験を話すだろう。

　ある電気器具販売店の人事部長が、社員の離職率が高いことに懸念を抱いていた。彼はこの問題の改善を図るため、チームを結成してクレイジーなアイデアを話し合った。出てきたうちの1つは髪を生やし、美しくする秘密のヘアトニックを提供するアイデアだった（この秘密のヘアトニックがもらえるのは勤続5年の社員とした）。

　さらに彼らは、ヘアトニックを実際に買うなら何をしていくべきか、順を追ってイメージしてみた。例えば次のようなものだ。

1．メーカーの評判をチェックする。
2．資料を入手する。
3．どこから買うかを決める。
4．お店に行く。
5．定期的に使う。
6．鏡を見て結果を評価する。
7．必要に応じて、メーカーに苦情を言う。

そして意識改革のアイデアが次のように生まれた。

1．「メーカーの評判をチェックする」から、社員が会社で働くことを誇りに感じられるように、自社の評判を上げるアイデアが生まれた。
2．「資料を……」は、退職者に面接するアイデアをもたらした。

3．「どこから買うか……」は、会社の在庫やサービスを社員が割引価格で買えるようにするアイデアになった。
4．「お店に行く」からは、ある程度の年数を勤めた社員に対し、報償として特別休暇を授与するアイデアが浮かんだ。
5．「定期的に使う」から、管理職と現場の社員が定期的に話し合いの場を持つアイデアが生まれた。
6．「鏡を見て結果を評価する」から、意識調査を行い、社員が最も懸念する問題を突き止め、将来の問題を未然に防ぐアイデアが生まれた。
7．「苦情を言う」は、社員からの提案システムを導入するアイデアを生んだ。

　非常識でクレイジーなアイデアは、意識してさまざまな角度から検討されなければならない。この意識を持つことで知性は刺激され、多くのポジティブな点やネガティブな点、興味深い点がクレイジーなアイデアの中から最大限引き出されるだろう。そして知性は先入観を擁護するためでなく、問題の本質を知るために使われることになる。

　クレイジーなアイデアをチームで検討するときは、次のことについて意見を出し合ってみよう。
●そのアイデアで役に立ちそうなものは？
●そのアイデアのおもしろいところは？
●そのアイデアに足りないものは？
●そのアイデアを実行に移す方法は？

　ゲシュタルト心理学者の研究から、何が対象であっても長期間にわたって研究を続けていると自然と認識の構造に変化が起きる、と結論が導き出されている。脳はある物事を長期間観察していると、それに飽きてしまう。そして別の視点から見直そうとして、対象全体をバラバラに分解し、興味を引かれる部分を探そうとする。この

第36章

プロセスの早期段階で、構造変化の成果が潜在意識に蓄積される。時間の経過にともなって、蓄積されたものが新しいアイデアや認識として顕在意識の中へ浸透してくる。

▶▶▶ 空想家、現実主義者、批評家

ウォルト・ディズニーは批判や抑制をすることなく、生き生きした想像力のおもむくままに奇想天外な発想を生み出していった。彼は出てきた突飛なアイデアに手を加えて実現性のあるアイデアに変換してから評価を行った。ディズニーは3つの異なる立場、空想家、現実主義者、批評家と姿を変えてアイデアを作り出していたのだ。

まず初日、ディズニーは空想家になり、いくつもの空想をして楽天的なヴィジョンを描いた。アイデアをどうやって実行するのかなどは全く気にせず、想像力の翼を自由に羽ばたかせる。彼はその空想から、言葉、概念、アイデアを全く関係のない物事に結びつけていった。その結果、聳え立つアイデアの山がガラガラと崩れ落ちてきたかのように、すばらしい結びつきが生まれた。

そして2日目、ディズニーは現実主義者となって、空想したアイデアを現実の世界に引き戻してみる。現実主義者らしく、自分のアイデアを実行可能で実用的なものに作り変える方法を探した。

最終日、ディズニーは批評家だ。自分のアイデアにケチをつける。実行可能だって？　そのアイデアが顧客のためになるというのかね？　もし、ためになるとしても、儲けはあるのかい？

【やってみよう！】Blue print

1. 空想家。
   チームで思いつく限りの空想を出し合い、課題に取り組んでもらおう。アイデアはどれでも使われると伝え、普通では無理だと思われることも想像できるように促す。出されたアイデアは、さらに突拍子もないものに

作り変えてしまおう。

例：ある市議会がパーキングメーターの取締りを強化し、収益を増やそうとしていた。そこで次のような空想が出された。

- 倫理規定。一人ひとりが自分の駐車時間を把握し、市の会計係に駐車料金を振り込む。
- 時間切れになると自動車が消滅する。
- 自動車の登録番号と超過時間を記録できるセンサーを組み込む。そして車の持ち主に請求書を送る。
- ホームレスの人たちを雇う。メーターの代わりに、彼らに超過時間を記録してもらう。運転者は彼らに料金を払い、チップを渡すことも奨励される。
- 駐車違反常習者は裁判なしで終身刑にする。

空想家たちのアイデアから一番よいと思ったものを参加者全員で選ぶ。

例：市議会では「ホームレスを雇う」がおもしろいアイデアとして選ばれた。

2. 現実主義者。

空想を実際的なアイデアに作り変える、現実主義者の役をチームに演じてもらう。空想的なアイデアから感じるコンセプト、特性、特徴などを抜き出してもらう。

例：「ホームレスを雇う」アイデアに関する特徴は次のようなものだ。

- 実際に駐車した事実を確認できる。
- 早めに車を出した人の「残りの駐車時間」を別の人が使えなくなる。
- 新しい仕事の提供。メーターを確認する人を雇わねばならない。
- 行動の変化。運転者は時間が余っているメーターを探したり、法規を破る手を考えたりすることに時間を費やさなくなる。

> それぞれの特徴がどのようにしたら実用的なアイデアになるかを考えてみよう。市議会では「自動車の所在を認識できる」から、駐車スペースを監視するための赤外線センサーとリチウム電源のコンピュータ・チップを搭載したパーキングメーターを製造するアイデアが出された。駐車していた車がいなくなると、残っていた時間をメーターが消して、他の車がその余り時間を使えないようにしようと考えた。
>
> 3. 批評家。
>
> 今度はそのアイデアにみんなでケチをつけてもらう。市議会の例ならば、監視メーターは技術的な面での問題はなかった。一番の難点はコスト。普通のメーターより、少なくとも4倍のコストがかかる。しかし料金の回収率が高まってその分収入が上がればコスト増の分は帳消しになる。
>
> さらに戻って、空想したアイデアが持つ他の特徴を、実行可能なアイデアへと変えていく。選んだ空想アイデアを別の空想に交換してもいい。市議会は、アイデアをメーカーに持ち込んで契約を結んだ。メーカー側はセンサー付メーターの試作品を無料で設置して検査すること、市議会はメーターの試験使用の場を提供することに合意し、このアイデアから生まれる収入を確保することができた。

▶▶▶ 魔法の杖

このテクニックはすでに紹介した手法にやや似ている。ファシリテーターは壁や黒板にテーマを貼り出す。メンバーはどんな望みも叶えてくれる「魔法の杖」を持っていると想像する。それぞれ黙ったまま、3つから5つの「お願い」をカードや付箋紙に書く。

「お願い」が書かれたカードは回収してテーマの周囲に貼る。チームリーダーはカードを整理し、関係のあるものは一緒にする。それから全員で「お願い」をアイデアに変えてみる。
「お願い」が独創的でおもしろいほど、すでにあるアイデアやそのアイデアを改良したものよりも大きな可能性が期待できる。

　自動車のフロントガラスは雨、みぞれ、雪、凍結、霜、埃といった荒れた天候や路面状況に備えて、常にきれいにしておかなければならない。ワイパーや洗浄液もあるが、汚れを完全に取るのはまず無理だ。ある技術者チームがフロントガラスの改良方法を話し合った。彼らが取り組むことにした「お願い」は、「フロントガラスがひとりでにきれいになったらいいのに」になった。

　チームは自分で自分をきれいにする、ありとあらゆるものをリストに書き出した。その1つに、自浄能力があるらしいカメラレンズがあった。エンジニアの1人が調べてみると、二酸化チタンでレンズがコーティングされていることがわかった。太陽光線がコーティングに当たると、その刺激によって化学反応が起こり、レンズの有機物を剥ぎ取る仕組みだ。このやり方をフロントガラスにも応用できないか調べることになった。うまく行けば、フロントガラスはいつでもピカピカだ（鳥が落とす糞だけはどうにもならないが）。

▶▶▶ 優美な屍骸

　1つの見方に固執して考えれば考えるほど、ますますいつもの思考パターンから抜けられなくなっていく。実際、一生懸命になればなるほど、同じようにしか考えられなくなるものだ。しかし焦点を変えて、問題を全く無関係なものと結びつけてみると、今までとは違う思考パターンが活性化する。普段はめったにやらなくとも、物事をでたらめに結びつける方法は創造的な行為だ。

第36章

コンセプトの結合をアートに持ち込むために、シュールレアリスト（超現実主義者）の間でよく使われた方法がある。何人かの芸術家たちが順番に言葉をつなげて１つの文を作るのだが、他人の書いたものを見ずに自分の心に浮かんだ言葉を口に出していく。そして出来上がったコンセプトの結合である文章をみなで解釈して新たな認識を得たり、その奥にある深い意味がひらめくのを期待したりしていた。ある文章を作ったときに誕生した言葉にちなんで、この手法は「優美な屍骸」と名づけられている。

【やってみよう！】Blue print

1. あるテーマについて５分から10分ほど、チームで互いにアイデアや考えを出し合おう。
2. そのあと参加者は話し合ったことについてそれぞれ考え、頭に浮かんだ言葉を１つ、声に出さないでカードに書く。
3. カードを回収し、それらの言葉で１つの文を作る（文として成立するように言葉を加えてもよい）。
4. 完成した文について検討し、そこから１つの、もしくは複数のアイデアを生み出す。

あるアルツハイマー病の支援機関が運営費を工面するため、オークションを企画した。彼らは手の込んだ、センスのよいイブニングパーティーを開いて、オークションに出品する珍しい品物を見つけたいと考え、「優美な屍骸」を試してみた。出てきた言葉は「人々」「クルーズ」「創造的」「家具」「チャリティ」「デザイナー」「慣習」「アート」「虚空」「有名人」などだった。１つ結びつきが見いだせたのは、「創造的」「アート」「虚空」の間で、この組み合わせからアイデアが生まれ、オークションで大評判になった。

オークションでは存在していない芸術作品が販売された。彼らは地元のコンセプチュアル・アートのアーティストに、まだ存在して

いない作品をコンセプトとして表現するように頼んだ。そのコンセプトは封筒に収められ、8万8000ドルで競り落とされた。法律上の所有物はワープロで打たれた証明書だが、その証明書には黒鉛筆で描かれる、1行約25センチ、1万行の文章が壁を覆ったアートのコンセプトが記載されている。持ち主には好きなだけこの作品を複製する権利がある。

▶▶▶「箱庭」発想法

「箱庭」発想法は、物理的対象をイメージに置き換えることによって、物事を比喩的に考えさせるおもしろい手法だ。大きな箱庭を用意しよう。その表面はきれいに、そして滑らかにならされている。その周りには楽しそうなものがいろいろと置いてある。小さな人形や色とりどりのビー玉、貝殻や羽根、木片、プラスチックの兵隊や、新郎と新婦の人形、恐竜のおもちゃ、ゴム製のヘビ、サメのおもちゃ、おもちゃのピストルなどだ。

チームで課題を話し合い、メンバーの1人が与えられたものを使ってそのテーマを表現する場面を箱庭の中に作る。全員でその場面を観察し、考えられる限り多彩な解釈をする。解釈を行うとき、よくわからないところ、足りないと思われるところ、また焦点を変えるとはっきりするところなどに注意すること。チームの全員に次のような質問をしてみよう。

- これは何だろう？
- これは何を意味するのだろう？
- これがたくさん出てくる意味は何だろう？
- これは誰を表現している？
- このテーマの趣旨に一番近いものは何だろう？
- これによって何を連想する？

これらの質問の中に、問題を解決する鍵が浮かんでくる可能性が

ある。解釈を全部書き出す。何らかの手がかり、アイデア、発見あるいは新たな推論の方法を探してほしい。そして行った解釈から問題解決につながる物語を組み立てていく。箱庭に示されたシーンとテーマ、課題との関わりを説明する１つの物語を書いてみよう。

▶▶▶「コラージュ」発想法

「箱庭」発想法と似ているが、比喩を用いる「コラージュ」発想法はイメージ全体やパーツを表す写真を寄せ集めたものである。コラージュで集められた一つひとつの要素は元々それ自体が持っていた固有性を失い、全体の一部分となる。

コラージュはパーツを足し合わせた単なる合計より価値があり、全く違うものになる場合が多い。

２つもしくはそれ以上の異なるイメージが１つのコラージュの中で対峙しているとき、想像力は個々の意味を超越した、全く新しい実体に転換させてしまう。例えば、水族館のショーで演技するアザラシの写真の隣にビルディングの写真が並んでいたら、顧客のために活動するセールスパーソンを暗喩したもの、あるいはやさしいパソコン用アプリケーションソフトや就職面接マニュアルの比喩になるかもしれない。想像力によって、１枚の写真は違う事物の象徴に作り変えられる。

コラージュを作るために、雑誌や新聞、カタログ、チラシなどから写真の切り抜きを集めよう。集めた写真を組み合わせ、混ぜ合わせながらいろいろなパターン、まとまりを作ってみる。何かがひらめくまで写真を動かしてみる。無理にまとめようとせず、完全なコラージュができたと思えるまで根気よく続ける。コラージュができたら、パーツごとの写真が表している言葉やフレーズをまとめて、１つの文をつくり、コラージュの説明として完成させる。「このコラージュの主題は○○○○（コラージュに使った写真を示す言葉や

フレーズを挿入）によく似ています。なぜなら……」。コラージュに使ったアイテムを比喩的に、または関連づけながら文章を考えてみよう。

ある家具メーカーの研究開発チームが、色褪せせず、剥げない、そして削れない性質を持つ塗料の開発に取り組んでいた。彼らは木や植物の写真を集めてコラージュを作った。そこから、木や草にはどうして色がついているのだろう？　が話題になった。その後のさらなる作業により、「不滅の色」のアイデアが生まれた。木に染料を注入するアイデアで、注入された着色料が細胞に浸透し、樹木全体にその色が広がる。つまり、木は伐採前からペイントされていることになる。

コラージュ作りは楽しい。言葉だけを扱っているよりも作業は視覚的で脳の感覚的な部分に訴えるし、問題について全く違う視点を示してくれるからだ。少人数でコラージュ作りを進めるための手順を紹介しよう。

【やってみよう！】Blue print

1. 雑誌とハサミを配る。
2. 雑誌の中から、比喩的にテーマやその一端を表していると思う絵や写真を切り抜いてもらう。
3. メンバーそれぞれがコラージュを作る。感性に訴えるように、絵や写真を貼り合わせる。
4. 出来上がったコラージュに言葉やフレーズをつける。
5. それから各自が「このコラージュのテーマは〇〇〇〇（写真を示す言葉やフレーズを挿入）によく似ています。なぜなら……」とコラージュを総括する文章を完成させ、テーマを言葉と絵で比喩的に表現して１つにまとめる。
6. できたコラージュを壁に貼り出し、互いの作品を比較

する。それぞれの共通点を探し、相違点を認識しよう。

　課題解決にコラージュを使うもう１つのやり方は、課題が持つ２つの特徴をそれぞれ表すように、コラージュを２つ作る方法だ。

　社内での風通しを良くしたいと考えているとしよう。会社の上層部を表現するコラージュと、従業員側を表すコラージュを作るといい。そしてこの２つのコラージュを比較し、上層部と従業員側との共通点と相違点を考えてみる。

▶▶▶「思考散歩」発想法

　会社の周りや敷地を何人かで歩いてみよう。そして自分たちの課題を比喩的に表せるような物や状況、出来事がないかどうか探してみる。

　社内のコミュニケーション環境改善が問題になっているとしよう。ちょっと散歩に出て、道路に穴が開いていないか確認してみる。道路の穴と自社内のコミュニケーションには似たところがないだろうか？　穴は直さなければますます大きくなり、危険なものになる。普通なら道路の整備係が穴をふさぐ。同じく、社内コミュニケーションを改善するために何か手を打たなければ、将来は被害はさらにひどくなってしまうだろう。「道路の整備係」と似た発想で、社内の誰かに「コミュニケーション指導員」の役を引き受けてもらうといい。すべての社員を対象にして、コミュニケーション能力の教育、促進、支援を行う仕事だ。そして道路の整備係と同じように半年単位で次へ交代する。

　「思考散歩」発想法の手順を示そう。

> **【やってみよう！】Blue print**
>
> 1. まずは参加者に散歩をしてもらい、課題の比喩になりそうな物、出来事、場面（縄跳びをしている子ども、小石、ジェリービーンズひと袋、噴水式の水飲み場など）を探させ、リストにしてもらう。リストは持ち帰ってくるようにお願いしておく。
> 2. 散歩から戻ったら、持ち帰ってきたリストと課題から、できるだけ多くの比喩やたとえを考えてもらう。そして両者に共通するところや似た条件を見つける。
> 3. 各自が見つけてきたアイテムと課題から得られた本質や、似通った条件を別の言葉で言い換える。言い換えた本質から最低でも1つのアイデア、または解決策を生み出そう。問題の解決に関して、その言い換えのおかげで核心にせまる本質についての新しい発見があったかをメンバーに尋ねてみよう。

　冬の猛烈な風雨によって送電線にこびりついた氷を安全で効率的に除去する方法はないかと、エンジニアたちが頭を絞っていた。彼らはホテルの周辺で「思考散歩」することにした。

　エンジニアの1人がギフトショップで蜂蜜を買って戻ってきた。蜂蜜の容器を一本一本の電柱のてっぺんに置くのはどうかと彼は提案した。熊がこれにおびき寄せられ、蜂蜜を取ろうと電柱に登るだろう。熊が登れば電柱が揺れ、その振動で電線の氷が振り落とされるはずだ、と思いついたのだった。振動というコンセプトについて考えたことがきっかけで、エンジニアたちはヘリコプターを送電線の上でホバリングさせるアイデアに行きついた。ホバリングによって生じる振動により、送電線の氷を落とすことに成功した。

第36章

▶▶▶ 子どもに尋ねよう

　偉大な風景画家であるJ・M・W・ターナーは一風変わった方法で自らの想像力を刺激していた。彼は幼い子どものいる友人を訪ねては、子どもに水彩の絵具と紙を与えて絵を描かせていた。ターナーが大まかなテーマを出すこともあれば、何でも子どもの好きなように描かせることもあった。描かれたものは清新で生き生きとした、心の根底に流れる意識の表現だった。

　ターナーは心を開放して子どもたちの絵を眺め、そこから自分自身が抱いた印象を絵に描いた。レオナルド・ダ・ヴィンチが壁のシミの中に、顔や場面を想像したのとよく似た方法だ。ターナーは見慣れた景色の中に新たな観点を得るため、こうした視覚的な刺激によって自分の想像力をかきたてていたのだ。

　チームの中に子どもを持つ人がいたら、ぜひこの方法を試してほしい。子どもたちにお絵かき道具を渡して絵を描いてもらおう。何らかのテーマを与えてもかまわない。例えば、解決すべき課題が会社の生産性を向上させるにはどういう組織を作るべきか、であるとしたら、働いている人の絵を描いてもらうのもいいだろう。雇用の安定が問題なら、危ない目に遭っている人を描いてもらったらどうだろう。あるいは、何でも好きなものを描いてもらってもいい。出来上がった絵を手に取り、そのイメージやパターン、色などを自由な気持ちで観察してみよう。そして観察したイメージと自身の課題を結びつけてみるのだ。

▶▶▶ カニに尋ねよう

　直感を活用すると、課題を全く違う観点から見つめ直すことができる。視覚をもっと使おう。絵や写真、イラストは刺激剤としてすばらしい材料になる。

第36章

　日本のある香水会社のCEOが、厳しい経済状況の中で自社が生き残っていくためのアイデアを管理職に求めた。管理職たちからの提案に失望したCEOは彼らにタラバガニの写真を配り、カニをよく観察して、ビジネスに応用できるアイデアを見つけ出すようにと指示した。管理職が引き出したビジネスとの関連性とアイデアは次のようなものだった。

- カニは失ったハサミを再生できる。主力商品が落ち込んだときに備え、これに替わる商品を開発すべきである。
- カニの目は360°を見渡すことができる。我が社は市況情報をもっと増やすべきだ。
- カニの動きは遅い。我々の動きは遅すぎる。そんな余裕はないはずだ。規模を縮小し、より迅速にマーケットに反応しなければならない。
- カニにはひと目でわかる特徴がある。我が社の香水を他社と差別化する、特徴のあるパッケージを開発すべきだ。
- カニは環境をきれいにする清掃動物である。我が社の商品に他の使いみちや市場を見つけるために費用を使うべきだ。

▶▶▶ サマリー

　大勢の人がプールに勢いよく飛び込んで、水面に大きな波紋を広げている様子を思い浮かべてほしい。プール全体で起こっていることを知る手がかりが波紋にあると想像しよう。今、そのプールの隅に1匹のとても賢い虫が止まっているとする。不規則に乱れる波紋の様子から、その虫には誰がどこへ、いつ、どのように飛び込んだのかがわかるとしたらどうだろう。信じがたいことだと思うかもしれないが、それこそが独創的で常識にとらわれないアイデアを考え出そうとするとき、我々がやっていることに他ならない。人は皆、生まれつきクリエイティブだ。さあ、プールに飛び込もう！

　目に映るままの物事を象徴的に描いたイメージの中から、課題の

主な要素を表現してみよう。評価や言葉との関係を離れ、観念的な絵だけ描くこと。目を閉じて自分の課題や問題を思い描こう。言語的思考は一切遮断する（第21章ですでに伝えたように、単純な言葉、「アウム」などを、その意味を失うまで何度も繰り返すのがお勧めだ）。そしてテーマや情景などを象徴的に表すイメージを思い描いてみよう。そのイメージ自体、あるいはイメージから思いついた関連あることを絵や言葉にしてみる。イメージと課題との間にある類似性を導き出し、連関やつながりを見つけよう。

比喩表現の達人なら、アイデアは何の苦労もなくひとりでに湧き出てくるだろう。イメージがいくつもつながって出てくる場合は、最初に出てくるイメージが最も重要である場合が多い。また、どうしても象徴的なイメージが出てこないときは、地球の言語を一切理解できず、抽象的なシンボルだけでコミュニケーションをとるしかない火星人と出遭ったことを想像しよう（第19章、191ページ参照）。こちらはなんとかして課題を火星人に伝えたい。そうすれば救われると感じているからだ。まず自分の課題を書き出し、それを抽象的なシンボル、イメージで表現してみよう。

第4部　最後のハードル

第37章

Murder board

フィードバック

「先知なる者は、鬼神に取る可からず。事に象る可からず。度に験す可からず。必ず人知に取る者なり」　孫子

　砂浜に打ち寄せる波を見てみよう。同じ波は二度と来ないし、そこにとどまることもない。波はこの宇宙に無限の個性が存在することの象徴のようだ。

　人間が2人いたら、1つのアイデアについての感情や思い、コメントや意見が同じになることはない。だからこそ、自分のアイデアについて多くの人からフィードバックをもらうことが重要になる。

　フィードバックはアイデアを成長させ、注意して育てる上で欠かせない。フィードバックがあれば自分のアイデアをもっと詳細に、批判的に吟味できる。

　フィードバックが有用であるポイントをいくつか挙げておこう。
- 多くのアイデアを比較し、1つもしくは2～3の期待できるアイデアに絞り込む。
- アイデアの長所と短所を明らかにする。
- アイデアに磨きをかける修正案や改良策を提案する。
- そのアイデアがビジネスとして成功するかどうかを判断する。
- マーケティングチャンスがあるか、危ないのかを明確にする。
- アイデアのおもしろさを判断する。

　CIAが1つの考え方を厳格に分析する方法として好んで使うのがマーダーボード（審査委員会）と呼ばれる手法だ。特別に選ばれた人たちで構成された委員会で、アイデアが最終的な承認を受けて実施される前にアイデアを評価し、批判するために存在している。

- 無価値なアイデアや提案を却下する。
- 実行可能なアイデアのマイナス面を明らかにし、最終的な評価が下されて実行に移される前に修正措置をとるようにする。
- フィードバックを返す。

といったものがマーダーボードを開く目的だ。

マーダーボードはできる限り厳しくアイデアを批評し、あらゆる欠点を攻撃する。あまりに多くの欠点があるならば、そこで検討を打ち切る。実行可能だとマーダーボードが判断した場合、そのアイデアの欠点を克服するための修正案や改善策が話し合われる。

このボードのおかげで、CIAは長い間、ひどい恥をさらさずにすんできた。一例が大々的に報道された数々の反カストロ工作だ。検討された提案の中には、毒入り葉巻計画や毒をまぶした軍服作戦、またドラッグで頭をイカれさせる作戦、もしくはハゲ頭にするプランなどがあった。こうした提案はどれもマーダーボードによって廃案にされている。

自分自身のためにマーダーボード（審査委員会）を設置するのはアイデアについてフィードバックを受けるための最もいい方法だ。

【やってみよう！】 Blue print

1. アイデアを言葉で表現し、大事な人や信頼する友人に伝える。
   近しい人に詳しく伝えることが、アイデアを確立し、さらに長所を高め、欠点がどこにあるかを明確にするのに役立つ。「王様は裸だ」と言ってくれる勇気ある人が必要だ。気心の知れた相手なら、躊躇なく率直な意見を言ってくれるだろう。
2. アイデアの詳細を書く。
   必要に応じて写真やイラストを加え、アイデアの詳細をまとめよう。あわせて自分の目標、見通し、懸念材

料、情報が欲しい分野、信条、アイデアを思いついたきっかけ、評価してほしい理由などを説明する。

フィードバックが欲しい理由を挙げてみよう。アイデアの価値を見極めるため。長所と短所を知るため。他製品との比較のため。資金調達方法を考えるため。ビジネスチャンスを知るため、そしてマーケティングのため。ほかには何があるだろう？

アイデアを詳細に書くにあたっては、まだ答えがわからない疑問もリストアップするといい。まとめたアイデアに目を通したとき、未解決の問題が見た人の想像力を刺激する。アイデアの実施や中止の判断、アイデアの修正や改善を行うためにフィードバックが必要なことを強調しよう。

意見を求める際の一般的なチェック項目は、顧客ニーズ、コスト、マーケティング、実行可能性などになる。

3．マーダーボード（審査委員会）の設立。

友人や親戚、同僚といった自分自身のネットワークの中でクリエイティブな発想ができる人、またはアイデアが生まれる背景をよく理解している人たちを探そう。

フィードバックの達人は優れた想像力、認識力、選球眼を備えた人たちで、壊れた腕時計を値踏みする質屋のように客観的で冷めた目を持っている。

望むだけの人数を選び出し、フィードバックへの協力を求めよう（個別に頼むことを勧める）。

質問のサンプル

◇顧客ニーズ
- そのアイデアには本当にニーズがあるか？
- 顧客ニーズはキャンペーンやプロモーションによって生み出すべきだろうか？
- 反対するのは誰か？
- よいアイデアと感じられるか？
- 実質的な利益があるか？
- 斬新さや独創性が感じられるか？
- 市場に出回っている他社製品より優れていると思うか？
- そのアイデアに別のやり方を考えることができるか？
- 代案を提供できるか？

◇コスト
- 生産する価値、または実行する価値があるか？
- コストを補って余りある利益を提供できるか？
- どのような資金調達が可能か？
- どのような短期的・直接的利益、あるいは成果が期待できるか？
- 見込み利益はどれくらいか？
- リスク要因は受容できる範囲のものか？
- 開発までにどんな経済的要因——不可欠な技術、時間、設備投資、マーケティングコストなど——が予想されるか？

◇マーケティング
- 販売の戦略は？
- 予想される障害、難点、不安材料は何か？

- 商品自体に購買意欲をかきたてるセールスポイントがあるか？　市場は熟しているか？　生活者にそれを受け入れる余裕があるか？　顧客は買おうという気になるだろうか？
- 発売時期は大事な要因だろうか？
- 利用者に抵抗を感じさせたり、難しいと思わせたりする要素はあるか？
- うまくいく可能性は？
- うまくいかない可能性は？
- 誰が担当すべきか？
- 特別なマーケティング企画が考えられるだろうか？
- 競合はどこか？

◇実行可能性
- そのアイデアは妥当なものか？
- 考えられる最高のシナリオは何か？
- 考えられる最悪のシナリオは何か？
- 障害、あるいは制約となるものは何か？
- 独創的なアイデアだと感じるか？
- 実際の現場で機能するか？
- そのアイデアによってどんな問題や困難が解決されると考えられるか？
- 資金や人材は揃っていると言えるか？
- 実行にあたっての複雑さはどの程度か？
- 実行するために一番役に立ちそうなものは何か？
- うまく実行するために、一番の妨げになりそうなものは何か？
- 実行できそうか？　実行までにどれくらいかかるか？

マーダーボードの価値は、選んだボードメンバーたちをどうやって巻き込んでいくか次第だ。一人ひとりに手作りの提案書を配り、余計な口を挟まずに、彼らの意見にきちんと耳を傾けること。見せたアイデアについてしっかり考えてもらい、アイデアそのものや実現に向けた改善策を議論する際には、ボードメンバーからは意見をはっきりと言ってもらうようにしよう。もらった意見には、わざと反論を返してみる。さらに反論されたら、そう思う理由を説明してもらおう。できるだけ具体的に。

アイデアの価値を判断するのは後日に回す。どれほどネガティブな、あるいはポジティブなフィードバックを受けたとしても、最終的な判断は自分でするべきだ。

昔の同僚に、マーダーボードからアイデアを完全に否定された男性がいた。「全く信じられなかったよ。みんながみんな、それはすばらしいアイデアだけれど、うまくいくはずはない、と言うんだ」そう彼はこぼした。「でも、ダメだという理由は全部違っていた。だから僕は彼らの忠告を無視することにしたんだ」。もしボードメンバーの誰もが同じ理由を口にしていたら、彼は彼らの意見をもっと真剣に聞いていただろう。現実には、彼は自分が考えた発明の権利を売って大金を手に入れることになった。

自分のアイデアについてフィードバックしてもらう方法はいくらでもある。アイデアによって、また評価を受ける目的や希望する分析方法に応じて、定量的アプローチと定性的アプローチのどちらを選んでもいい。2つのアプローチを組み合わせたいなら、それぞれの質問に点数を設けるやり方もある。参考までに、8つの採点式質問項目を並べてみた。ボードメンバーたちから、質問ごとに点数を付けてもらおう（ただし得点は採点者の主観による）。この方法なら、アイデアの長所と短所を数字として視覚的に示すことができる。後で、さらに詳しい情報や意見を聞きたいと思う質問事項を選んで尋ねてもいい。

●8つの質問
1．私の説明で、今回のアイデアを明確かつ完全に理解できましたか？（0〜20点）
2．このアイデアに興味を持っていますか？（0〜20点）
3．市場機会は十分あると思いますか？（0〜20点）
4．タイミングは適切でしょうか？（0〜5点）
5．このアイデアを実行するだけの力量が私にあると思いますか？（0〜10点）
6．このアイデアは、私自身の強みを生かしたものだと思いますか？（0〜10点）
7．このアイデアの市場競争力は高いと思いますか？（0〜5点）
8．このアイデアは独創的でしょうか？（0〜10点）

以上、8問の合計得点を見てみよう。また、個々の得点についても検討しよう。市場機会に関する得点の合計が0点ならば、市場や市場のチャンスについてもっと詳しくボードメンバー委員の意見を聞きたいと思うだろう。

ある人が5分で髪を乾かせる、商業用ヘアドライヤーを開発した。彼は何人かの美容師にこの採点式評価法で回答を集めたが、市場機会に関する得点は0点という結果になった。詳しく調べてみて、商機ゼロの理由がわかった。美容師たちはお客さまの髪を乾かすのに30分かかる、もっと性能の悪いドライヤーを欲しがっていた。理由は、1人の髪を乾かす間に別のお客さまを相手にできるからだった。

◉PMI法
発想法の世界的権威であるエドワード・デボノ博士は、アイデアや事態を単純に判断するだけではない評価方法として「PMI法」を提唱している。

評価者はあるアイデアや事態を観察し、「プラス」「マイナス」

「インタレスト（興味）」に分類する。「インタレスト」に入れるのは、価値は感じるが「プラス」にも「マイナス」にも当てはまらないものだ。

　PMI法は単にアイデアや事態に反応するのではなく、人間をある方向性に向かって行動を起こさせ、考えさせ、注意を向けさせる方法だ。PMI法はとても有効に機能する。

- アイデアの検討を行い、1つもしくは2〜3のアイデアを選ぶ。
  私の知っているセールスマネジャーは、部下に複数の戦略案を提示し、それぞれのPMIを彼らに尋ね、最終的な戦略を決定していた。
- アイデアのプラス面、マイナス面を客観的な視点で集める。
  ある発明家が「高齢者にとって使いやすい」薬瓶用の留め金付の蓋を開発した。彼の友人たちがこのアイデアのPMIを検討した。友人たちのフィードバックはさらに優れたアイデアを生み出すきっかけになった。発明家は左右に1度ずつ回すことで蓋が外れるダイヤル式の鍵に似た新しい仕掛けを考案することになった。
- アイデアの価値判断をする。
  1つのアイデアを巡って何週間ももめていた経営陣を全員集めてPMI法で評価を行ってもらった。問題点がはっきりすると方向性も自然と定まり、議案はほんの数分で解決した。

●オプス法

　スウェーデンの調査会社テラファーマ社が取り入れ、92％もの回答率を誇った市場調査の手法にちなんで名づけられた手法だ。

　オプス法には箱を使う。間に合わせでも構わないが、40×12×2.5センチほどの上品で光沢のある箱を使用すると非常に効果が上がるようだ。

　箱の中は4つに区切る。そして評価対象となるアイデアが書かれたカード、オプス法のやり方を説明したもの、質問ではなくコメントが記載された約100枚のカードを準備しておく。

カードに記載するコメントの例
- この製品は競合Xより優れていると思う。なぜなら……だから。
- 一番の利点は……だ。
- 製造コストは……に収められる。
- この製品が売れる理由は……と考えられる。
- 一番よい販売方法は……だ。
- 資金調達の方法は……と考える。
- 解決すべき問題は……である。
- 期待できる成果は……だ。

　回答者にはコメントカードを箱の中で4つに分けられたゾーンにポスティングしてもらう。箱の中には「そう思う」「ややそう思う」「そう思わない」「わからない」と書かれたラベルを貼っておく。
　カードがどのゾーンに分かれていくかで、アイデアへの評価を感じとることができる。ほかの回答者に答えてもらうこともやってみて欲しい。簡単で早く終わるのがオプス法の利点だ。しかも、こうした身体を使う調査に楽しんで協力してくれる人は多い。

　ある無名の画家がキャンバスを広告スペースとして売るアイデアを思いついた。そのアイデアがうまくいくかどうか、全く見当がつかなかったため、画家はオプス法を使ってナイトクラブやブティック、ヘアサロン、画廊、流行りのレストランなどで調査を行った。結果、キャンバス広告に1000ドルぐらい出してもいいと思う人がかなりいることがわかった。
　絵の売れ行きは順調だった。30センチ四方に描かれた、見慣れたポーズをとる有名人の姿などを中心に、キャンバス下の部分と両サイドを10種類以上の広告が埋めているものだ。あるコレクターはこれを「最先端の芸術」と称した。それから大量の注文が舞い込むことになり、画家はフルタイムのセールスパーソンを雇い、現在は個展を開く準備をしている。

▶▶▶ サマリー

　ベンチャービジネスや新しいチャレンジに挑む人間の力になりたいと思う人は多い。彼らの協力や思いやりは、フィードバックを求める人にとって計り知れない価値がある。まわりの協力と思いやりがあるのとないのとでは大違い、を伝える昔話を紹介しよう。

　あるひとりの男、まずまっとうな人生を送ったゆえに死んでから少しの間だけ地獄へ行くことになった。地獄の責め苦の中で一番つらいのは、自分の腕より長いスプーンで食事をしなければならないため、何も食べられないことだった。地獄に落ちた者たちは決して食べられないごちそうに囲まれて永久の時を過ごさねばならない。男が地獄からようやく天国に召されたとき、祝福を受けた人たちも地獄と同じスプーンを使っていることに気がついた。しかし天国では誰一人として飢えてはいなかった。彼らはお互いに食べさせ合っていたからだった。

　効果的なフィードバックは役に立つ。マーダーボードはその１つ。率直な意見が得られるし、絶えず想像をかきたてて、アイデアの修正や改善を可能にする。もちろん、忠告や意見は聞いた本人が傾聴し、正しく判断をして初めて価値のあるものとなる。
　そしてこれが最終案だ、と思ったら、とにかくアイデアを実行してみよう。アイデアを修正するのに何日も、何週間、何ヶ月も時間をかけてはいけない。もたもたしているとヴィクトリア時代（1837〜1901年）を生きた、ある肖像画家の二の舞になるかもしれない。彼はその才能からすぐに名声を得ようとしなかった。何年もの年月をかけて作品を描き直し、芸術性を高め、ついにまばゆいばかりの傑作に至った……だが、その時には写真の登場によって彼の絵は時代遅れの代物になっていたのだ。

第38章

You are not a field of grass.

すべては人間が作り出す

「故に善く戦う者は、人を致すも人に致されず」　孫子

　草原の形質は、飽くことなく何百万回と繰り返されてきた営みから生まれている。草が芽を出し、風がそよぎ、花が咲き、虫が卵から孵り、嵐が吹き荒れ、獣や人間の歩いた道ができる。それぞれの事象が複雑に絡み合って、草原の形質は形作られる。

　人間の思考や認識も、自身の営みから解釈できるといっても差し支えないだろう。しかし、草原はその形質を変えることはできない。草花が今ある姿を変えて、別のあり方にはなれない。人間は草原と違う。我々は思い通りに自分の営みを解釈できる。この事実が何を意味するのか、ほとんどの人は気づいてすらいない。

```
         (*-*)AAA
        (00) | 000000 |
        ^-^|- -_ - - _ |
```
（図62）

　図62に示された3つのイラストを見てほしい。そしてイラストに合う言葉を次の中から選んでみよう。「インディアン」「ブタ鼻」「怖がり屋の子猫」「女の人」「眠っている人」「風呂」

　さて、それぞれに名前をつけ終わったら、なぜこれほど簡単に名前が決まったのか自問してほしい。例えば、最上部の「AAA」と描かれたイラストに「インディアン」と名前をつけたとする。インディアンの暮らし——ポニーやテント、焚き火などがある——がどのようにAAAの3文字にぴったり当てはまるのだろう？　どの記号も、記号そのものには意味がない。どんな解釈をつけるかを見る人が選

ぶことによって意味は決まる。どんな出来事についても、好きな意味を選ぶ自由が人間にはある。それぞれの出来事に対して1つだけ紐づけられた意味を、おとなしく受け入れない自由もある。

　普段から人間はあらゆる物事に対して、それと気づかないまま無意識に解釈を与えている。これはいいことか、それとも悪いことか？　どんな意味なのだろうか？　そうした疑問を、つまりその解釈にどんな意味があるのかを、それほど強く意識せずに問い続けている。
　ある女性が偶然あなたにぶつかったとしよう。なぜだろう、とあなたは考える。その女性があなたにぶつかった事実そのものは特にどうということもない行為だ。行為自体には何の意味もない。ぶつかった事実をあなたがどう解釈するかで意味が生成される。そして生成された意味が、起こった事実に対するあなたの見解を形づくる。「ぶつかる」行為を無礼だ、と認識するかもしれない。故意に攻撃してきたのだと解釈するかもしれない。自分は取るに足らない存在だから、わざと気づかないふりをされて、ぶつかられたのだと感じる可能性もある。または相手がこちらの気を引こうとしてぶつかってきたと解釈するかもしれない。事実をどう解釈するかによって見解が決定される。

　ある人は薔薇に棘がある点に不平を言う。反面、棘に薔薇がついていてよかったと喜ぶ人もいる。事実をどう解釈するかはその人次第だ。自分がどういう人間かを決めているのは事実ではなく、事実の解釈。人は事象をあるがままに見ているのではない。自分という存在を通して見ているのである。
　人生を生きていけば、多種多様な経験を積み重ねていく。経験そのものは白でも黒でもない。何らかの意味があるわけではない。経験を解釈することによって、初めて意味が生まれる。解釈の仕方がそれぞれの思考や視点を決める。そして思考や視点によって我々は世界を見る仮説を作り、自らの思考を再確認することによって、さ

らに解釈が強化されていく。

次の図63では、一番下の枠の中に直接経験と間接経験とが表されている。その上の枠の中に思考と視点が置かれているが、経験とは直接にはつながっていない。点線はそれぞれの経験について解釈が行われていることを示す。

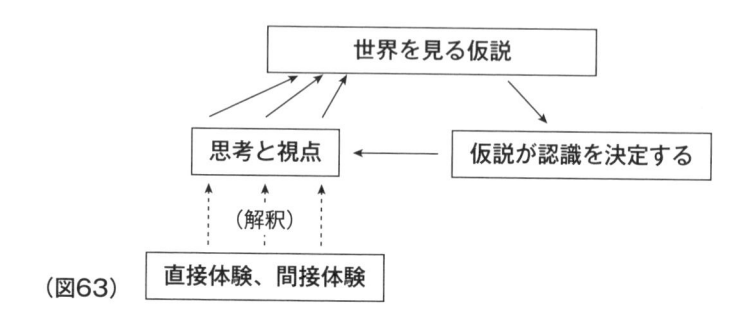

```
        世界を見る仮説
         ↗  ↑  ↖
         |      ↓
    思考と視点 ← 仮説が認識を決定する
      ↑ ↑ ↑
      (解釈)
(図63) 直接体験、間接体験
```

心理学によれば、解釈はその経験に基づくと考えられている。しかし、経験から解釈に至る論理的な道筋は存在しない。常に消えてしまう主観的なつながりがあるだけだ。その解釈が我々の思考と視点を形づくっている。

経験を解釈することによって、この世界に対するあなたの思考や視点が生まれる。

昔のこと、2人の探検家がジャングルの真ん中で、実に見事な、手入れの行き届いた野菜畑を発見した。探険家の1人はこう言った。「なんて立派な畑だろう。実に見事だ。手入れする人がいるに違いない」。するともう1人が異を唱えた。「手入れなどしているはずがない。ここはジャングルのど真ん中じゃないか。人の住む場所から数百マイルも離れているんだぞ。どこにも人の暮らしている気配など感じられない。これは絶対に自然現象の1つだ」。2人はさんざん言い争ったあげく、そこにテントを張って畑を見張り、手入れにやってくる人がいるかどうか待つことにした。

何ヶ月も経ったが、畑に姿を見せた者はなかった。「ほら見ろ」

疑っていたほうの探検家が言った。「手入れしている人などいないさ。いるとしたら、今頃はとっくに姿を現しているはずだ。それに畑は相変わらず立派じゃないか。やっぱりこれは偶然が生んだ単なる自然現象だよ」。もう1人が言った。「いや、手入れする人は必ずいる。もしかしたらその姿は目に見えず、実体はなく、我々には永久に理解できないものかもしれないが。だが手入れされなかったら、こんなジャングルの中でこれほど美しく整然とした畑ができるわけがない。この畑が存在していること自体、誰かが手を入れている証拠だし、その人はきっとここにやって来ると俺は信じている」

　畑の持ち主が来ると信じている探検家と疑っている探検家は、同じ畑についてそれぞれ違った解釈を下した。そして自分の解釈に基づいて異なる考えを抱いた。人は何かを信じるとき、きちんとした理由や論理的な思考に基づいて信じるか否かの選択をしたと感じている。しかし実際は違う。思考は経験に対するその人の解釈の仕方によって築かれる。

　経験をどう解釈するかは、感情の生起を決定づけることにも一役買っている。幸福感や満足感について研究を重ねていたプリンストン大学の行動経済学者ダニエル・カーネマン教授は、たいていの学生が「幸せか？」と尋ねられると「イエス」と答えることに気づいた。しかし「先月は何回デートした？」と聞いてから幸せかどうかを尋ねると、ほとんどの学生がノーと答えた。向けられた質問に対する解釈が、学生たちの感情も変える結果になったのである。

　ちょっとした実験をしてみよう。自分にとって「必要な」ものを何か選び、その後それは自分にとって「あったほうがいい」ものだと変えることにしよう。何か心理的な変化は起きただろうか？　次は、自分にとって「あったほうがいい」と思うものを何か選び、それを自分にとって「必要な」ものだと変えることにしよう。次に挙げる変化を試してほしい。

- 「しなければならないこと」を「どちらかと言えば好ましいこと」に変える。
  例：「仕事に行かなければならない」は「仕事に行くほうがいい」になる。
- 「しなければならないこと」を「したいこと」に変える。
  例：「家の掃除をしなければならない」は「家の掃除をしたい」になる。
- 「しなければならないこと」を「どうしてもやりたいこと」に変える。
  例：「彼女にお礼状を出さなければならない」は「彼女にぜひともお礼状を出したい」になる。

あなたが世界を見る仮説を導き出したのは、自分自身の解釈と思考、考え方だ。どんな仮説を持つかによって、目にした事象の意味が決定される。古代の天文学者は、宇宙が永遠のものでありエーテル*が満ちあふれていると信じていた。この仮説を信じていたため、彼らは流星を宇宙から飛んでくる燃える石だと認識することはできなかった。古代の人たちも流星群を目にしていたし、隕石を地上で発見することもあった。しかし彼らは宇宙からの流星だとは認識できなかった。彼らは宇宙に関する自分たちの仮説を証明するためだけに事象を追い求め、観察していた。

自分自身や世界に関する思考や仮説を証明してくれるのに役立つ情報ばかりをせっせと追い求めているなら、現代に生きる我々も古代の天文学者とさして変わらない。信仰心の篤い人たちは、いたるところに神のなせる業を目撃する。しかし無神論者には神が存在しない証拠ばかりが見えるだろう。

保守派は改革派の悪い点をどこにでも見出すだろうが、改革派には保守派の弊害ばかりが見える。創造力豊かだと自己認識している人はその証拠ばかりが目につくし、自分には創造力がないと思っていれば、その思いを裏づける根拠をどこにでも見つける。どんなも

*エーテル：古代ギリシアの哲学者、アリストテレスの提唱した説。「燃える」という意味のギリシア語で、星や太陽など燃える天体の素とされた。

のでも自分の仮説から外れれば、人は困惑し、不快だと感じる。

　言葉と文章について少し考えてみよう。ある文が意味することの一つひとつはそれぞれの言葉にかかっている。そして、その意味は言葉がどのように並んでいるかによる。では次の文について考えてみよう。

「円形をした複数の四角が正直に盗みを働く」
　Round squares steal honestly.
「正直に盗む四角が丸く」
　Honestly steal squares round.

　同じ言葉を用いながら、それぞれの文はだいぶ違って見える。最初の文については、きちんと読むことはできる。名詞、形容詞、動詞、副詞など言語の要素に関して我々が学んできた思考、語順のルールと一致しているからだ。つまり正しいと信じているロジック（形容詞、名詞、動詞、形容動詞の使い方）にしたがっているので読みやすいし、読んでみればナンセンスな文章であることもわかる。
　しかし2番目の文章はルールに反しており、語順がでたらめで文法的に説明することが困難だ。そのため読み手は混乱し、どう対応すべきかわからなくなる。これまで学んできた考え方と食い違っているので戸惑い、不快な気分にさせられる。

　人生において、人間が不幸になる原因の大半は学んできた思考、考え方にある。ほとんどの人は「きみは左脳派だから創造力があまり豊かではない」と言われ続けてきた。だから仕事上でアイデアを求められても、ついわかりきったことや、分析的なことばかりを口にしてしまう。これまで学んできた考え方と一致するアウトプットを生み出すアイデアについては誰にでもわかっている。だが奇妙でばかげたアイデアに出くわすと、混乱し、不快になる。

このような現象を心理学用語では「確証バイアス」と呼んでいる。人はいったんある仮説を正しいと信じると、その仮説が先入観となって、物事を先入観に合わせてこじつけようとすることだ。ある新車を買ったばかりの人は、その自動車に関する広告や記事はいくらでも読むのに、別の車種やタイプの違う車の広告などには全く目を通さなくなるのではないだろうか？

▶▶▶ サマリー

　経験や出来事はいいとも悪いとも、どちらとも言えない。物事の善し悪し、正否、悲しみ、怒り、だらしなさ、厳しさ、優しさ、すべては人間が作り出した解釈だ。どういう視点から対象を見ようとするかの問題になる。私の友人でラコタ・スー族のインディアンであるブラッククラウド氏から聞いた話を紹介しよう。彼が自分の祖母から聞いたエピソードだという。

　ラコタ・スー族に8頭の駿馬を持つ老戦士がいた。ある嵐の夜、8頭すべてが逃げ出してしまった。仲間の戦士たちがやってきて「運が悪かったですね。馬を失ってしまうなんて腹を立てずにいられないでしょう」と慰めを言った。
「なぜかな？」老戦士は答えた。
「全財産を失ってしまったじゃないですか。何も残っていないのですから」
「それはどうかな」老戦士は再び答えた。

　翌日、逃げた8頭の馬が12頭の種馬を連れて戻ってきた。また仲間の戦士たちがやってきて「あなたは実に運のいい人ですね」と喜びを老戦士に伝えたが、老戦士の返事は「なぜかな？」だった。
「前よりもっと豊かになったじゃないですか」と彼らが言うと
「それはどうかな」老戦士はその言葉を繰り返した。

その翌朝、老戦士の息子が早起きをして新しい馬の試し乗りをした。息子は馬から振り落とされ、両脚を骨折してしまった。仲間の戦士たちは訪ねてくると「なんという不運に見舞われたことでしょう。息子が両脚を骨折するなんて、さぞ腹が立つでしょう」と口を揃えた。
「それはどうかな」老戦士は答えた。

　２週間後、族長から命令が下り、健康な男たちは少年たちも含めて全員が隣の部族との戦いに加わることとなった。ラコタ・スー族は勝利したが代償は大きかった。多くの男たちや少年たちが殺されてしまった。生き残った戦士たちは戻ってくると、老戦士の元へやって来て「あなたの息子が両脚を骨折したのは運が良かった。さもなければ、この大きな戦いで殺されるか、負傷するかしていたでしょう」と言った。
「それはどうかな」と老戦士は答えたのだった。

取扱説明書——Part 2

■ 発想力を「運用」で増やす

『アイデア・バイブル』いかがだったでしょうか。なるほど、と思うものからホント、コレ？？　といぶかしく思えるものまで。バリエーション豊かだったでしょう。大事なのはここから。知っているから使えるへ。発想法を身体化することが肝心です。取説Part 1では、

1）「自分の発想力を運用する」という考え方を持つ
2）『バイブル』は「発想力育成ポートフォリオ」のリソースである

と２つの視座を打ち出しておきました。取説の後半ではそれぞれについて詳述して参ります。

まず「発想力の運用」とは何か。運用する、は資産（お金）と同じです。お金は持っているだけでは増えません。いわゆる「お金に働いてもらう」ことによって増えていくもの。発想力にも似たところがあって、毎日の生活を積み重ねているだけでも発想力は付いていきますが、グイーッとは伸びない。

だからといって一攫千金を夢みる"投機"はバクチ。たいがいは損をする。あせらずに有効なポートフォリオを組み、構成要素（お金なら国内外の現金、債券、株式になるでしょうか）を見直し、時に見直しながら総体での価値、金額を増やしていくのが「投資」。期間としても中長期的なスパンになるでしょう。

発想力も同じことで残念ながら一朝一夕には急増しません。徐々に徐々に、だけど気が付いたら結構増えてたね、なものだと思います。またお金と一緒で「１つの銘柄（発想法）」に全てを賭ける必要もありません。課題ごとに異なる発想法を使い分ける、でよいのではないですか？　要は総

合力としての発想力があればいい、はず。わたしたちアイデアパーソンにとってまず求められるのは発想法を誰かに教えることではなく、アイデアを出すことそのものでしょうから。

　違うところもあります。発想力の運用においては自分が働かなければなりません。「あなたが眠っている間にもお金に働いてもらいましょう」と云えてしまう資産運用と決定的に違います。発想法ポートフォリオや個別の発想法はあなたを大きく助けてくれますが、あくまでもサポート役。最終的にアイデアを出すためには、あなた自身が働かざるを得ない。
　発想法によってはもっと楽チンな、オートマティックな方法もあるにはあります。でも、そんな方法で出てきたアイデアであなたは"燃えられる"のだろうか……　たぶん、答えはNo！　そうでしょう？　自分で考えるから苦しいけれど楽しい、のです。
　自分らしいアイデアで課題にぶつかっていき、結果が出たり出なかったりする。その繰り返しの中で、徐々にではありますけれどもチカラがしっかりと付いていく。増えたり減ったり＝いいアイデアとダメなアイデアを繰り返しながら、トータルとしては増えていく……のは資産運用も同じでしょうか。一喜一憂は禁物です。

　発想力を運用する論。その前提となるのは「人生も仕事もリーグ戦である」認識です。負けたら終わりのトーナメント方式で戦うのは時間的余裕の少ないアマチュアなのでは、と思うのです。プロフェッショナルは勝率発想。個人にしてもチームにしても、勝ったり負けたりを繰り返しながら成長していく。
　100戦100勝の人はいません。誰もが負けを知っている。知っているからこそ負けを減らし、勝ちを増やすための準備と努力とを積み重ねていく。その準備と努力とは地味なものであるし、場合によってはつまらなく見えるでしょう。地道な反復練習によって培われるスキルでもあるからです。しかし練習は裏切りません。やっただけの成果はある。

アイデアパーソンとしての勝率を高めていくために集められたトレーニングメニュー集。それが『アイデア・バイブル』なんです。

■「発想法ポートフォリオ」を組む

『バイブル』が発想法すべてを網羅しているわけではありませんが、それでも相当な数です。「これを全部こなすの、ムリでしょ……」と思いますよね。ムリなことはやめましょう、がこの取説からのご提案。素直に「いいとこ取り」しましょう。それでいい、と思います。欲しいのは結果（いいアイデア）。私たちは発想法研究家でも発想法コレクターでもありません。

また実践家の立場からすれば、使う発想法を1つに限定する必要も全くありません。逆にすべての発想法に長じている必要もありません。だってそもそも、すべての発想法を完璧に使いこなせるハズもありません。
むしろいくつかの方法を使えるようになっている上で、その都度、最適な方法を繰り出す、あるいは自分の気分で選べばよいのではないでしょうか？

そこで導入したいのが「ポートフォリオ」なる考え方。ポートフォリオは入れ替え可能な柔軟性を持っています。基本的に流動性がある。つまりいつかは入れ替わる。投資信託と同じです。自らの調査や分析、そして理念などに基づいてどの金融商品にいくら投資していくのかを決定、実行している結果が投資運用上のポートフォリオ。投資信託のポートフォリオにはハイリスク・ハイリターン／ローリスク・ローリターンなど特性、個性があってバラエティ豊か。買う側は、各種のアドバイスなどを参考にしながら身の丈や信条にあった投資信託を選択できるようになっています。

このお金の世界でのポートフォリオの考え方を発想法の領域に頂戴したい。すなわち「発想法ポートフォリオ」です。個別企業の株式や債券など

にあたるのが個々の発想法になります。初心者向きの発想法もあれば、ベテラン向けのそれもある。またその時々の、あなたの状況によって適するもの、適しないものがある。その辺はもっと自由に、もう少し自分本位にとらえてもらってよいのだと思います。

■ ポートフォリオをどう組むか？

さて『バイブル』に収められた発想法から、どうやって個別の発想法を選び、自分なりの「発想法ポートフォリオ」を組み上げるか。ここもお金の運用と同じく、選ぶ人の個性によっていろいろあると思います。結果が出ればいい≒素敵なアイデアが出ればいい、のですからして、少々ヨコシマなスタートもあるでしょうね。

まず取り組みたい『バイブル』の中身＝アイデア／発想力のポートフォリオの構成要素は「イニシエーション」「左脳型発想法」「右脳型発想法」、そして「コイノニア型発想法」。それから第4部にもいくつかありましたね。投資の世界と同じく、どれを選ぶか迷います。独断ながら、いくつか具体的なサンプルを提示してみましょう。

□ポートフォリオ・サンプルⅠ

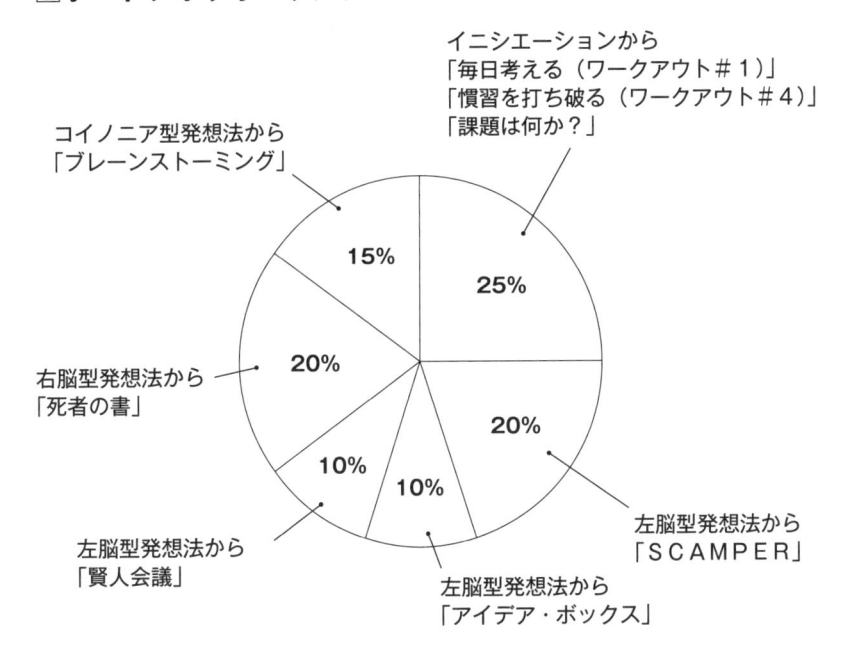

イニシエーションから
「毎日考える(ワークアウト#1)」
「慣習を打ち破る(ワークアウト#4)」
「課題は何か?」

コイノニア型発想法から
「ブレーンストーミング」

右脳型発想法から
「死者の書」

左脳型発想法から
「賢人会議」

左脳型発想法から
「アイデア・ボックス」

左脳型発想法から
「SCAMPER」

25%
20%
15%
10%
10%
20%

……なんてところでしょうか。「イニシエーション」「左脳型発想法」「右脳型発想法」「コイノニア型発想法」から1つ、と文字通りバランスよく組んでみました(パーセンテージはあくまでも目安です)。各発想法の詳細は改めて本文を参照いただくとして、発想法ポートフォリオについて説明を続けます。

実際の使い方としては、毎日の基礎体力(知力かな?)のトレーニングとして「ワークアウト」を励行してゆく、がベースになります。

そして新たに現れた、次なる問題に対してまずは「課題は何か?」でアイデアを出すべき対象を明確にし、「SCAMPER」「アイデア・ボックス」「賢人会議」「死者の書」を使ってアイデアを出す。さらに個人技にとどまらずに「ブレーンストーミング」までをカバーしてみよう、と意欲的な構成になっています。

その先にあるのは、それぞれの発想法を身体化＝つまり暗記してしまうこと。このパターンを何度か繰り返すことによって発想法が自然と出てくる体質になるまで実利もある、実践的なトレーニングを繰り返すことになりましょう。

しかし正直なところ、サンプルⅠは結構しんどいと思います。特にブレーンストーミングなどは１人ではできないし、会社の中でやってもなかなかうまくいきません。せっかく組んでみても使わなかったら意味がありません。重いものはどんどん軽くしましょう。そこで２つめのサンプルはこちら。

□ポートフォリオ・サンプルⅡ

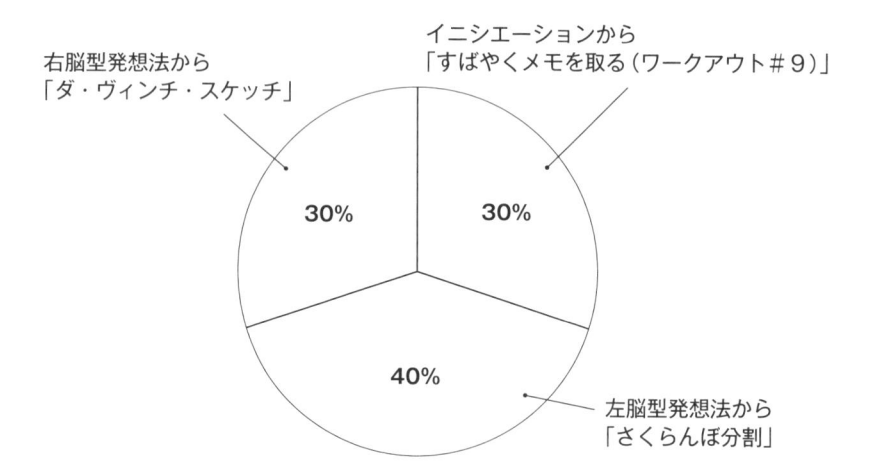

右脳型発想法から
「ダ・ヴィンチ・スケッチ」 — 30%

イニシエーションから
「すばやくメモを取る（ワークアウト＃９）」 — 30%

左脳型発想法から
「さくらんぼ分割」 — 40%

ぐっと軽くなりました。組み込んだのはたったの３つ。そしていずれも手書きメモ＆スケッチ系の発想法です。ノートを１冊にして、ボンボンと何でもかんでも（！）書きこみ、描きこんでいく毎日、がイメージできますか？

たったの３つ。けれどもキチンとした発想法を１つでも身につけている

方、って周りに何人いらっしゃいますでしょうか。ほとんどの人が良く云えば独学、悪く云えば自己流のアプローチで公私にわたる様々な課題にアプローチしています。自己流だからいいアイデアが出ない、なんてことはありませんが、もし煮詰まってしまったときの「二の矢、三の矢」が準備できているかどうかの違いは大きいんじゃないかな、と。少なくとも慌てなくても済みますから。ポートフォリオのいいところは後で増やせる、入れ替えられるところでした。スタートはボチボチ。それでいいじゃない、と思います。

わたしも含めて、みなさん一人ひとりに"思考のクセ"があります。もちろんいろんな側面からアイデアを考えられたら素敵なんですが、そうも行かず……なこともあります、特に最初は。例えば本書を読み終えてなお、「どうも右脳型発想法ってのはピンと来ない。というかホントにアイデア出るの、これ？」なんて感想をお持ちの方もいるでしょう。左右ともできなくちゃダメだ……なんてことはありません。こんなポートフォリオもありますね。

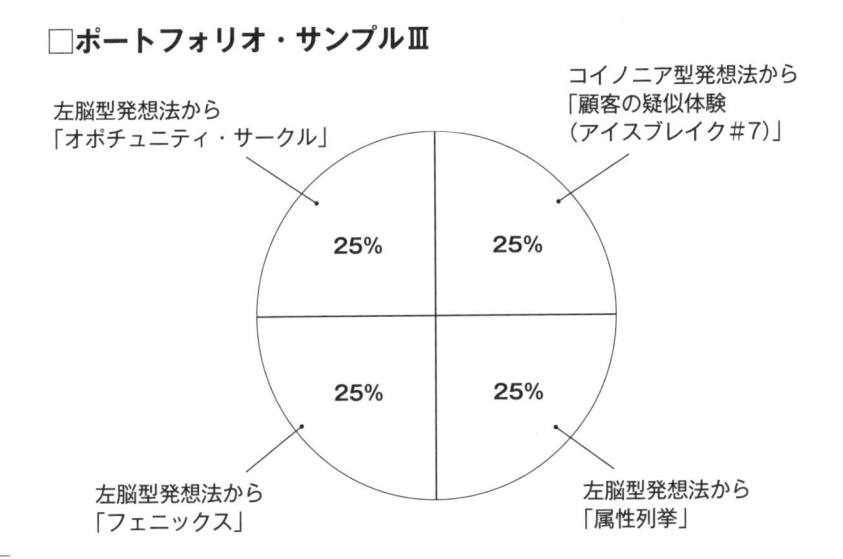

□ポートフォリオ・サンプルⅢ

左脳型発想法から
「オポチュニティ・サークル」

コイノニア型発想法から
「顧客の疑似体験
（アイスブレイク♯7）」

25%　25%

25%　25%

左脳型発想法から
「フェニックス」

左脳型発想法から
「属性列挙」

あるいは徹底的に、極端に振るやり方もあります。

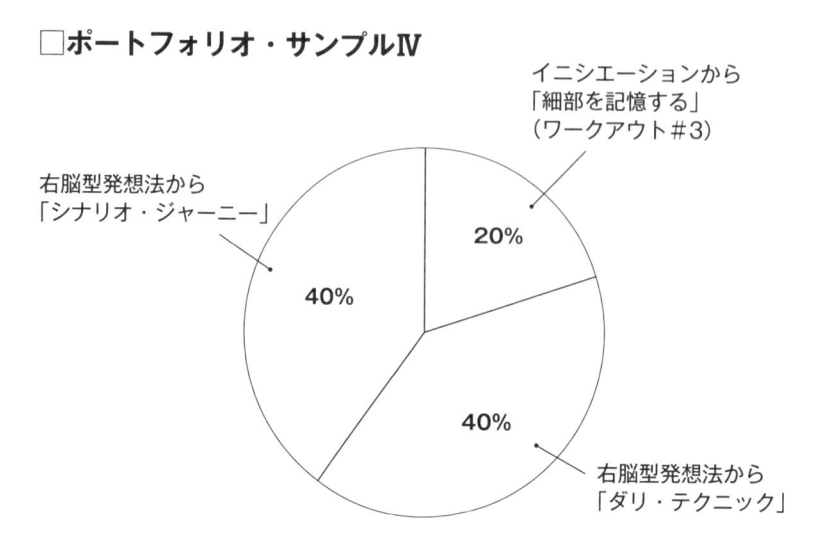

□ポートフォリオ・サンプルⅣ

イニシエーションから
「細部を記憶する」
（ワークアウト#3）
20%

右脳型発想法から
「シナリオ・ジャーニー」
40%

右脳型発想法から
「ダリ・テクニック」
40%

ちょっと神がかり的？　それでもいいじゃありませんか。しばらくやってみてどうも違うな、と思ったら組み直せばいい。素材はたくさんありますから。『バイブル』に記された手法はそうそう古くなってしまうこともありません。大丈夫です。

あるいは、もっと直感的にポートフォリオに組み入れる発想法を選んでしまう方法もありそうです（マハルコさんも直感によるアイデアを肯定されてますし、ね）。資産運用のアナロジーでいうならば、発想法≒投資先企業。そんな"会社の見立て"をしてみるならば……

- （会社なら）その企業の商品・ブランドが大好き
　→本文に出てきたアイデア自体が好き（各章の「アイデア」）

- （会社なら）経営者の言動に惹かれる
　→登場人物がおもしろい（各章の「アイデアパーソン各位」）

- （会社なら）ビジネスモデルに将来性を感じる
    → 発想法自体の仕組み、構造に魅力（各章の「Blue print」）

さらには……
- （会社なら）そこに投資したら、とにかく儲かりそう
    → 成功例に度肝抜かれた！（各章の「事例」）

せっかく組み上げる自分だけのポートフォリオです。楽しく"銘柄選び"をしてみてください。

■ 発想法ポートフォリオを運用する

そんなわけでまさに人それぞれのポートフォリオがありそうです。ただ全員に共通するルールがあります。「ポートフォリオ自体は定期的に見直し、必要あらば組み替える必要がある」のルール。

見直しのタイミングは、お金のポートフォリオでは年に1回、あるいは数回が基準。組み込まれている各パーツごとの運用成績のよし悪しによって当初設計していたバランスが崩れてしまったりするのを見直し、調整するリ・バランスをやるのだそうです。投資金額は変えずに内部バランスを調整する方法もあれば、追加の資金を投入して拡大してバランスをとるやり方も。おそらく2つの方法があるのでしょう。

発想法ポートフォリオでも事情は同じです。発想法ポートフォリオ上のバランスが悪い、とは

1）出てくるアイデアが芳しくない（俗にいう「調子が悪い」）

2）その発想法に飽きた
3）他のやり方も身につけたくなった

　理由はさまざまありますね。そんなときは、思い切って発想法ポートフォリオをリフレッシュ。もう一度『バイブル』を開いてみてください。その間が半年なのか1年なのか、インターバルは分かりませんけれども、きっとぜんぜん違う印象に見える部分があるんじゃないでしょうか？

　ポートフォリオ見直しの方法は2種類ですね。「追加」と「入れ替え」です。資産運用と違うところは、発想法はいくらあっても困らない点。ポートフォリオから外してしまったら、もう一生その手法を使わない、ではないと思いますから。もちろん、性に合わない方法があったら潔く諦めましょう。万人にピッタリ来る発想法はありません。時間がもったいなかったとも云えますが、自身のタイプを知ることができたのですから、それはそれで価値あった、としましょう。

　そんなわけで、発想力ポートフォリオ強化の基本は「追加」が軸になりそう。アイデア稼業はリーグ戦ですから、入れ替えだからといって近視眼的思考になってしまうこともありませんでしょう。もしかしたら、あえて自分が苦手な発想法を意欲的に取り込んでみるのも手です。
　理想を云わせてもらえるならば、「食べず嫌い」はよろしくない。最初は取っつきにくくても、やっているうちに楽しくなってくるスルメイカな発想法もあります。できうるならば、一度すべてを試した上で自分にとっての最適を選ぶことができたらすばらしい。常に最高の（しかし投機的ではない）投資パフォーマンスを得るために最善の策を選ぶことができたらしめたもの……です。

　『バイブル』の解説としては逸脱行為ですが、本書に収録されていなくても秀逸な発想法は他にもあるでしょう。そいつをこっそり（？）ポートフ

ォリオに組み込んでしまうことだって考えられます（それもアイデアです、とマハルコさんには云っときましょう）。

　このあたりはプロスポーツ球団の選手編成と似ているところがありますね。チームの強みを徹底的に伸ばしていく戦略もあれば、弱点を補強していく戦略もあります。自分自身との対話による決定もあるでしょうし、ライバルとの関係を重視して今後を組み立てていくことも。

　いずれにせよ、こうしたポートフォリオの見直し、組み直しは非常に戦略的、アグレッシブでクリエイティブな行動であると思います。いろんな可能性があります。ぜひ意欲的なポートフォリオ強化へ取り組んでみてください！

■ アイデアとは「選択肢」である

　私見ながら、「アイデアとは選択肢のことである」と考えています。「アイデア」と書いて「選択肢」とルビを振る。結論ではなくて、まだ選択肢。どんな方法であれ、発想法を活用して生まれた"最初のアイデア"がベストの決定打とは限りません。むしろ最初はダメアイデアであることの方が多いでしょう。どんな発想法を使おうとも、いきなり大正解は出てこない。「考える」を実践するとは、いくつも、いくつもの「選択肢としてのアイデア」が生まれて、その中で「ん、これは行けそうだ！」という"当たり"を選ぶことだからです。当然のことながら当たりが当たりと分かるためには他のダメ案がないと判別が付かないってこともあります。

　大事なのは選択肢としてのアイデアを
　１）数多く出すこと
　２）自分らしい（自分じゃなければ出せない）アイデアを出すこと

　なのです。

『バイブル』では随所に成功例や、結論としてたどり着いた解決策が提示されています。しかし、あらためて本書に目をこらしてみてください。「何度も繰り返す」「ありとあらゆるもの」「可能性が尽きるまで」……そうです、できる限りの数＝量を出すことが求められていることに気づくでしょう。つまり、

　よいアイデアとは、大量のダメアイデアの中にある。

　いきなりスゴイアイデアを思いつくのは天才だけ。残念ながら私たちは数多くの選択肢を出し、その中から１つ２つの「イケそうなアイデア」を発見することしかできません。
　苦しいことではありますけれども、人間が真剣に取り組むあらゆるアクティビティが同じような構造下にあるのではないでしょうか。スポーツしかり、遊びもしかり。ことアイデアを考えることだけがそうそうスイスイといくわけでもありません。立ちふさがる課題に向かって、新しい解決策を生み出すことはやっぱり苦しい。でもその苦しさを越えてくるからこそ、価値があり、勝ちがある。

　自分が出したアイデアは、その時点では単なる１つの選択肢。選ばれない限り実施もされないでしょう。存在しないことと一緒かもしれません。しかし出さなければ選ばれることもありません。採用されようとされまいと、日々アイデアという選択肢を出し続けるのがアイデアパーソンの仕事です。

　また"自分らしさ"があるアイデアで世の中をちょっとでもよくしてみたい、と思うのは不遜なことではないと思っています。「わがまま→思いやり」*は、わたしが考えるアイデア開発の鉄則なのですが、最初は「わがまま」から始まったアイデアでも、必ず社会からの要請によって「思いやられて」いく。ポジティブな意味でアイデアは丸くなる、のです。

あなたの出したアイデアがみんなの意見とぶつかりあいながら、それによってアイデアが増えたり、あるいは削られたりしながら「云い出しっぺのアイデア」が「メンバーみんなのアイデア」に昇華していく。
　アイデアの"著作権者"が増えていく、と申しましょうか。そんな大きなうねりのスタート地点にいることがアイデアを出すことの醍醐味でもあります。

　そんな素敵なアイデアパーソンに近づくための発想法がたくさん詰まっている『アイデア・バイブル』。ぜひ楽しんで、そして使い倒してください！

＊：『アイデアパーソン入門』（講談社BIZ）p.38

加藤昌治選
『バイブル』に登場した便利なツール集

「課題を明確化する」(第3章)

課題の核心を明確にするには
1. 「私なら、どんな方法で……するだろうか？ In what ways might I……?」で始まる疑問文で課題を記述してみる。
2. 記述した文章の中にあるキーワードを別の言葉に置き換えて、課題を他の表現で言い換えてみる。
3. より広い視点で見ることができるように課題を拡大してみる。
4. 視野を狭めて見るために課題を縮小してみる。
   (a) 課題をいくつかのパーツ課題に分割する。
   (b) それぞれのパーツ課題を解く。
   (c) 「それ以外にどんなやり方で」そして「それ以外にどういう理由で」と問い続ける。

「SCAMPER（スキャンパー）」(第8章)

S = Substitute		代用品はないか？
C = Combine		結びつけられないか？
A = Adapt		応用することはできるか？
M = Modify or Magnify		修正、あるいは拡大できないか？
P = Put to other uses		他の用途はないか？
E = Eliminate or minify		削除するか、削減することはできないか？
R = Reverse or Rearrange		逆にするか、再編成できないか？

「フェニックス」チェックリスト（第13章）

1)「課題」編
- なぜ問題を解く必要があるのか？
- 問題を解くことのベネフィットは何か？
- 知らないことは何か？
- まだ理解していないのは何か？
- すでに得た情報は何か？
- 課題ではないものとは何か？
- 手持ちの情報で十分か？ 不十分？ 過剰ではないか？ 矛盾点はないか？
- 課題を図表にすべきか、それとも図解にすべきか？
- 課題のどこに境界線を引くか？
- 課題をバラバラに切り離せるか？ 書き表せるか？ 部分同士の関係は？
- 課題の中で不変な（変化しない）点は何か？
- この課題を以前にも見たことはないか？
- この課題を多少違った形で見てみたことはないか？
- 似た課題を知らないか？
- 全く同じ、あるいは似ている未解決部分がある類似した課題はないか？
- 解決済みの過去事例はないか？ それは使えないか？ その解決手段は使えないか？
- 課題を言い換えられないか？ 何通りに言い換えられる？ 抽象化？ もっと具体化？ 言い換え方そのものは変えられないか？
- 想像できる最高のケースは？ 最悪だと？ 最もありそうなケースはなんだろう？

2)「解答」編
- 課題全体を解決することができるか？　一部分なら？
- どんな解決像を望むのか？　その姿を描けるか？
- 未知の部分がどれほどあるか、がわかるか？
- すでに得た情報から有益なヒントを引き出せるか？
- 情報は全て使い切っているか？
- 課題にとって大事な要素は全て考慮に入れたか？
- 課題解決のプロセスを段階ごとに切り離せるか？　それで妥当か判断できるか？
- アイデアを出すためにどんな発想法を使えるか？　いくつの発想法を知っている？
- 結果を想定できるか？　多くのバリエーションを考えられるか？
- どれくらい多彩なアプローチで課題解決を試みたか？
- 他人は何をした？
- 解決方法を直感できないか？　結果を検証できないか？
- 何をすべきか？　どうやってやるべきか？
- どこで行うべきか？
- いつ行うべきか？
- 誰が行うべきか？
- いまやるべきことは何か？
- 誰が何に対して責任を負うのか？
- この課題を利用して他の課題を解くことができるか？
- この課題の独自性を決定づけている特徴は何だろう？
- どんな指標が、進捗の度合いを最もよく示すだろうか？
- いつ成功するのか、どうやったらわかるだろう？

「ブルートシンク」発想法
「soap, soup, and sand（石鹸、スープ、砂）」（第16章）

ベンチ　封筒　ほうき　ラジオ　地主　レジ係　トースト
スープ石鹸　ビール　靴　卵　肉　コップ　傘　フック　ドア
窓　屋根湖　バイオリン　キャンディ　雨どい　コンピュータ
ペンキ　男性　糊　水　瓶　ネオン　明かり　シャフト（柄）
刑務所　バッグ　鎖　魚雷　ひしゃく　昆虫　薔薇　ハエ
化石　バター　ナッツ　小枝　鳥　剣　モーター　怪物　犬
野原　銃　酸　切手　カブトムシ　太陽　夏　氷　埃　聖書
太鼓　霧　フットボール　橋　ロープ　滑車　爪先　女性　鋤
マットレス　夕日　門　時計　発疹　自動車　道路　動物園
博物館　絵　砂　メニュー　索引　本　灰皿　ライター　腰
ネズミ　ポスター　通路　牛乳　馬　潮　結び目　種　雑草
（打撲）傷　化粧室　クローゼット　シャツ　ポケット　パイプ
ゴム　癌　飛行機　ピル　切符　道具　ハンマー　輪針
ぼろきれ　煙　審判員　空　海　胡椒　バルブトライアングル
サーモスタット　チューブ　タコ　釣り針　磁石
スパゲッティ　ディスコ　画鋲　ネクタイ　シンク（台所の流し）
遠近両用眼鏡　テレビ　ジェロ（ゼリーの素）　目　ポット
結婚式　指輪　ワイン　税金　豚　鍬　ネズミ　中華鍋
ゴンドラココナツ　電話　みぞれ　通行料金　ノート　辞書
ファイル　ロビー　雲　火山　スーツケース　魚　ランプ
図書館　大学　梃子の支点　バーベキュー　容器　煙突
回転串　有毒廃棄物　コーヒー　ウッドチャック　胸郭
駐車場　肺　スピーチ　数学　戦争　ブランチ　ヨット　鏡
ゴボウ　泥　ゴミ箱　腕時計　旗　ヘルメット　目　サボテン
カウボーイ　酒場　蝶　立方体　X線　お金　雑誌　ネジ回し
ビデオデッキ　ステレオ　インク　溝　かみそり　茶
点眼容器　俳優　ホームレス　女王　画家　嵐　インディアン

ツール集

ヘビ　キツネ　ロブスター　悪魔　風船　ソース　ニキビ
クリスタル　エビ　軍隊　ビート　煉瓦　売春婦　ケチャップ
爆弾　ダイヤモンド　ラクダ　葉　列車　ランチ　肉　酒
パイロット　口紅　キャビア　香水　ゴム　チーズ　炎　果物
ハム　高速道路　ランジェリー　ジェリービーン　泡　聖歌隊
ペニス　ペット　毛染め　消しゴム　ビキニ　峡谷　トランプ
ボタン　暴動　上着　フィルム　滑走路　フラミンゴ　警察
ホワイトハウス　溶岩　熱帯雨林　島　日の出　プラスチック
ヒンズー教　粘土　グルメ　ロースト（炙り焼き）　熱
リムジン　キャンプファイア　花火　トマト　舌　骨折
スイカ　クリスマス　政治家　ウズラ　ハンドボール
AK47自動小銃　ドーナツ　狂人　ピーナツ　ダンス　歌
議会　矢　蜂蜜　風呂　イグルー（イヌイットのドーム状住居）
桶　物差し　遊牧民　地下鉄　集団　失われた環　静脈
トラック　修道士　ディナー　ラベル　実験室　紙やすり
くさび　日時計　リス　口髭　オルガン　臼歯　スラム街
ホームレスの女　幽霊　運動選手　群衆　フルート　釣り竿
憲法　ハンカチ　鍵　トロフィ　（黄道）十二宮図　七面鳥
波　冷蔵庫　竜　カメ　海藻　グーラッシュ（ハンガリー料理）
泥　ダチョウ　つる植物　虫　惑星　オペラ　カメレオン
いぼ　オリーブ　地図　クーポン　あぶく　鼻血
マッシュルーム　ガソリン　音楽　休憩　雨　ホッケー
ウナギ　ロケット　屋台船　くず　ピラミッド　ドーム
礼拝堂　雷　イモムシ　ジャガー　ホタル　スズメバチ　月
コケ　パンダ　胃　刷毛　分泌腺　腸　ゴキブリ　展示会
ホロコースト　斧　子羊　ドアベル　大理石　結び目　ポンプ
アンパイア　サメ　玉ねぎ　車庫　ラム酒　屋根裏部屋　暖炉
デリカテッセン　ナップザック　サーカス　アリ　締め具
レンチ　怠け者　ソフトウェア　星王冠　縁石　指紋　ゲリラ

加藤昌治選　『バイブル』に登場した便利なツール集

ツール集

ヨウ素　ジャム　銀　顕微鏡　爪ピストン　司祭　医師　塩
口　地平線　フライパン　キャンドル　バンジョー　アリクイ
テント　葬儀　ギア　絨毯　ウインドサーファー　シャンパン
鮭　下着　おむつ　耳付きナット　マイクロフォン
ペーパーウェイト　フライパン　ライフル　紙ばさみ　心電図
コピー機　机　バイブレーター　イヤリング　シャワー　演壇
スコットランド人　帽子　噴射　ソーダ　停止信号　自白
ルーレット　宇宙船　判事　探検家　サイコロ　コンセント
鼻　排水管　しおり　松明　墓　缶　金　槍　豆　点火プラグ
バット　芝刈り機　洞穴　ブックエンド　ハエ　カフスボタン
ベルト　タイル　ピアノ　地平線　小川　雪　生物学　牛
カウボーイ　包帯　カレンダー　計算機　ケーキ　垣根
歯ブラシ　虹　アパートメント　荷馬車　拡大鏡　ワイヤー
波止場　岩　頂上　カーソル　タイヤ　引き出し　ソックス
タクシー　シマウマ　エレベーター　階段　ブランチ　梯子
バス　おもちゃ　髪　輪ゴム　池　夢　鉛筆　ステーキ
テンプレート　コンパス　刺青　絶縁体　小麦　脚　パン　紙
ソーダ　保険　ペナント　チェス　シチュー　ウェイター
ガチョウ　サンドウィッチ　スニーカー　椅子　雨どい
ファスナー　求人広告　ベスト（チョッキ）　カニ　くじ
熊手　兵士　円板　ネックレス　懐中電灯　モニュメント
ダム　教師　銀行　中国　扇風機　ハンドル　車輪　絹　地震
スーパーマーケット　革紐　ティーバッグ　麺類　劇場
マスト（帆柱）　小屋　骨　バッファロー　凧　輪　射手
ハンター　バレエ　ショットガン　土　クリーム　肌
スプーン　ブランコ　スケート　カーテン　ワックス　長靴下
ゴルフ　占い　クッキー　変化　地図帳　電話帳　袖口　真空
法廷　チップス　目隠し　歯　花　クジラ　チョコレート
マント　ボールベアリング　錠　テロリスト　食器洗い機

洗濯　道具箱　箸　バスローブ　良心　チョーク　プール　テーブル　広口瓶　ブレスレット　衛星　ブーツ　ヘリコプター　釣り竿　米　水たまり　風　漫画　ローラーマット　フォルクスワーゲン　サファリ（狩猟旅行）　雷光　彫刻　板　キーボード　イチジク　柱　海辺　テラスハウス　天使　ドリル　オレンジ　タバコ　神話　旅　子ども　鷲　コスチューム　天国　脳　小魚　社会　試験　創世記　罪　影　細胞　胎児　手　セックス　火　詩　血　城　心理学　聖杯　シンボル　地球　干し草の山　十字架　交差点　親　青写真　森　ウィグワム（北米先住民のテント小屋）　氷山　カタツムリ　ジャングル　シロップ　パラシュート　プディング　パセリ　サル　歩道　ウォッカ　自殺　メイド　櫛　額縁　ジープ　ロレックス　郵便ポスト　シャンプー　ペンダント　レール　メガホン　摩天楼　地平線　ホイールキャップ　プラスチック容器　砂糖　マッチ　錠前　蒸気　コーヒーカップの受け皿　リモートコントロール　ボクシンググローブ　絞首刑　ジーンズ　アンテナ　クレヨン　パイプクリーナー　リボン　鉛筆削り　バッテリー　車輪　バトン　オーケストラ　サスペンダー　ブラジャー　トラクター　燭台　新聞　秘書　セールスパーソン　壁紙　塔　キッチン　拡大鏡　庭　大将　眉　章（チャプター）　カタログ　ボンネット（あごひも付帽子）　肉屋　小さい食堂　ベッド　ロッカー　教授　シリアル　綿　パンフレット　無言劇　肘　メダル　噴水　爪　髭　学生　親指　バスケット（籠）　財布　アーチ形の門　外套　ジャズ　角石　スクリーン　花瓶　地下室　ロゴ　胴体　ピクルス　ハト　鞭　糸くず　ミートボール　テープ　棺おけ　牧草地　サイクロン　唇　すいか　膝　湿地　かまど　ビンゴ　雑草　紙　スタジオ　布片　漂白剤　コード　ペンチ　手品師　蛇口　石工　宝石

ツール集

ツール集

膝　セーター　楽団　霜　ガードル　ストーブ　ホテル　乳首
望遠鏡　RV車　振り子時計　クルーズ船　舞台　双眼鏡
聴衆　毛皮　ジュース　ビュッフェ　夫　バクテリア　霊魂
サウナ　モノポリー　鋳型　ティーンエージャー　手錠
アイデアのおもちゃ箱　チェス　足場　イーゼル　洪水
ゴキブリ　フライパン　角刈り　地獄　奇跡　ヤシの木
聖歌隊　フランクフルトソーセージ　雑学　パンの一切れ
オアシス　流れ人質　（頭皮の）ふけ　あばら骨　マフィン
麻薬　カエル　パイロット　ミルクシェイク　猫車　レベル
アリ　ニキビ　ピザ屋　バルコニー　共産党員　生け垣
シソーラス（語彙辞典）　ワークショップ　チーズケーキ
ギャング　棚　有名人　直腸　革　雪片　サラダ　上院議員
爆弾　空港　コーンミール　とうもろこしの茎　肥料　雑種犬
トランペット　円錐　温度　サウナ　榴弾砲　集会　商人　箱
ヤナギ　棒　社員食堂　ウリ　ポリエステル
ステットソン（カウボーイの帽子）　分　IRA　オフィス　杖
グラフ　増幅器（オーディオのアンプ）　線　ベーグル
牛肉　床　納屋　イルカ　航空母艦　潜水艦　岩礁　カジノ
革命　会釈　膝頭　ボルシチ　レインコート　夜明け
蒸気エンジン　崖　縫い目　腫瘍　地域　オフィス　心理学
イースター（復活祭）　傷跡　ダンサー　英雄　恐怖
ハンバーガー　福祉　ワセリン　メディア　笑い　校長　脚本
契約　予想　格子　ニシン　兵士　（ゴルフの）パター　茂み
オカルト　タグボート（曳き船）　債券　グローブボックス
かつら　芳香剤　ニュース　陳列　興味　ヒョウ　チーム
ステイプラー　補聴器　高速道路　そよ風　はがき
ビート（甜菜）　写真　頭皮　火葬　組織　聖書の一節　碇
カリフラワー　モリネズミ　カルト（狂信的集団）
ダイム（10セント硬貨）　ロボット工学　エンジニア　タール

カエデ　教室　ローマ法王　統計学者　爆破犯人　教科書
境界線　ヤマヨモギ（植物）　アルミニウム　シャッター
安全ピン　貨物　レモン　ガーター　カラシの種子　シンボル
ロゴ　国連　文法　肥料　祝宴　葉巻　装飾品　疾患　ケシ
西洋ワサビ　集団　細長い布地　ホウレンソウ　配当金　病院
戦車　ソナー（音波探知機）　イワシ　結合　かさぶた　探偵
イングランド　太った人　プルーン　ポーカー　肉汁
おがくず　詩　裸体　裁判　旅行客　分数　ソーセージ
ヘッドハンター　マッチ棒　脂肪　ウサギ　アヒル　言葉
薬包　小人　マット　定期往復便　DC-10　公示　西洋スモモ
検査　格子模様　連邦航空局　鬼火　ヒヤシンス　ビニール
ブレーキ　空洞　ポルノ　埋立地　賃金　休暇　ダイヤル
CIA　蚊　サクランボ　ガラガラヘビ　サキソフォン　観客席
ストップウォッチ　ひめういきょう（香辛料）　コルク
コンドーム　電子レンジ　サイ（犀）　マシュマロ　かかし
光線　帆立貝　かぼちゃ　配管工　トカゲ　ラウンジ　役人
卵の殻　平和部隊　亡命者　小峡谷　ハワイ
ランタン（カンテラ）　硫黄　ワニ　コブラ　ガマ（蒲）
キリン　大牧場　吸血鬼　エメラルド　同盟国　揺りかご
アルファベット　レタス　トナカイ　絵筆　ダイナマイト
アストロドーム（ヒューストンのドーム球場）　光線
超大型タンカー　チータ　オリンピック　マス（鱒）　ハサミ
砂丘　額　エルサレム　マフラー　レジュメ　道路の凹み
クラゲ　肝臓　盾　燃料　日本　ラクロス　インコ
（動物の）後脚の膝　排泄物　ブドウの木

加藤昌治選　『バイブル』に登場した便利なツール集

「オポチュニティ・サークル」（第18章）

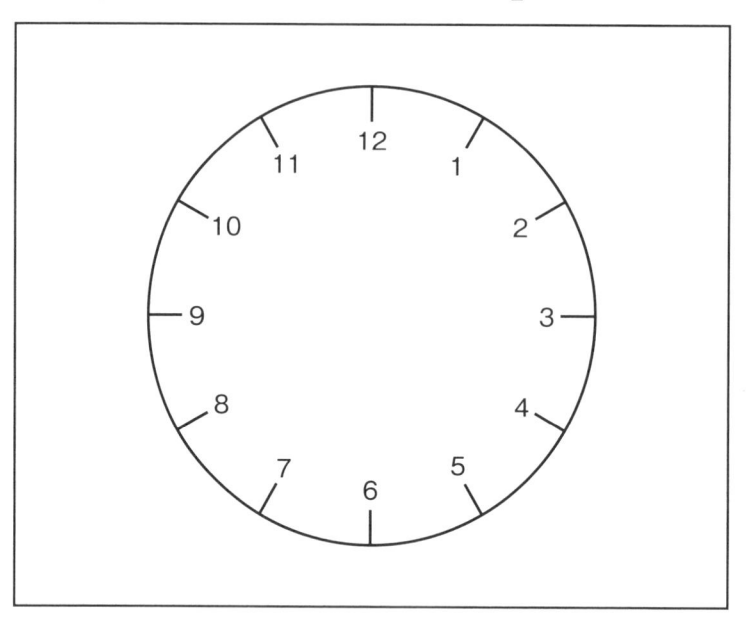

```
        12
    11      1
  10          2

 9              3

  8            4
    7       5
        6
```

「ダイレクト・アナロジー」発想法
「パラレルワールド」（第24章）

会計学　鍼療法　動物界　建築学　芸術　占星術　天文学
バレエ　野球　バスケットボール　伝記　生物学　鳥　癌
ボーリング　計算法　風刺画　心臓学　カリブ海
カイロプラクター　化学　中国　作曲家　市民権運動
マンガ　歯科学　ダンス　経済学　南北戦争　砂漠
エンタテインメント　コンピュータ　イングランド
ファストフード産業　デパート　農業　釣り　教育
おいしい料理　葬儀場　進化　サッカー　地質学　財政学
地理学　政府　飛行すること　ゴルフ　食料雑貨店
ゴミ収集　大恐慌　狩猟　ドイツ　歴史　国税庁　名著
インド　発明品　ハワイ　室内装飾（インテリア）
ジャングル　催眠術　ジャーナリズム　昆虫　日本　韓国
法律　文学　マフィア　法の執行　数学　医学　製造業
軍隊　鉱山業　気象学　記念碑　月　修道院　音楽　神話
映画　栄養　大海原　原子物理学　オリンピック　薬物学
旧西部　写真　フィットネス　哲学　物理学　惑星
理学療法　政治学　政治　配管工事　印刷　精神医学
ポルノグラフィ　出版　宗教　心理学　レストラン　独立
戦争　リゾート　彫刻　セミナー　セーリング　スキー
ソープオペラ　シェイクスピアの演劇　南アメリカ　空間
社会学　星　居酒屋　特別教育　テレビニュース　鉄鋼業
テレビ　ラジオのトークショー　テニス　太陽　輸送
テロリズム　劇場　ソビエト社会主義共和国連邦（ソ連）
旅行業　労働組合　ウォールストリート　ヴァチカン宮殿
ベトナム戦争　第一次世界大戦　卸売業者　ワイン
第二次世界大戦　ユーコン川

ツール集

「死者の書」発想法 (第32章)

ツール集

監訳者あとがき

　今、日本に問われているのは創造力の開発です。21世紀のビジネスは創造力が勝負といわれているからです。
　本書はビジネスマンが創造力を開発するためのトレーニング・マニュアルといえます。創造性を生み出すためのさまざまな技法、スキル、テクニックが次から次へと紹介されています。その数に驚かされ、これだけあれば、とやる気にさせられます。さらに、それらのテクニックの一つひとつに基本手順（【やってみよう！】）が示されており、読者がスムーズに自分で実施できるようになっています。読者は是非、この手順に従って具体的課題についてやってみてください。創造性がいかに触発され、アイデアが生まれてくるか、楽しみになると思います。
　創造性というと、日本人は創造力がないと思い、引きこもりがちです。しかし、そんなことはないのです。日本独特の文化を見れば、いかに古来、日本人が創造的であったかがわかります。ただ近代化の過程で西欧モデルがあったため、創造性を発揮しなかっただけなのです。日本人は自分たちは創造性が劣っていると思っているかもしれませんが、それは日本人だけのことで、外国からみると、この独特な文化をつくりあげた日本および日本人はむしろ創造的とみられ、驚嘆されているのです。外国からの友人に日本を案内するたびに、私たちは自分たちの創造性にもっと自信をもったほうがいいと考えさせられます。
　そんなとき、本書に出会い、意を強くしたのです。本書は、アメリカのビジネスマンの創造性開発のために書かれたものですが、日本人の例もたくさん入っています。日本人の創造力を対等に評価しているので、うれしくなってきます。創造力に多少ひけ目を感じている読者も、自信がもててくると思います。創造性にはこの自信が一番大切です。本書を読めばきっと創造力に自信をもってもらえるのではないかと思い、本書を翻訳することにしたのです。

もうひとつ、翻訳に私を駆り立てたのは、本書中いたるところに入っている錯視図形です。私の専門は心理学ですから、創造的思考にはもちろん関心はありましたが、本書を開いたとたん、心理学の知覚の錯視図形が多用されているのにはびっくりしました。錯視図形を応用して創造性を開発するという手法の新鮮さに、是非、日本の読者に紹介したいという思いを駆り立てられたのです。というのも、アメリカではビジネスと心理学は深く関係していますが、日本ではその重要性は指摘されながらも、心理学が文学部にあるためか、これまであまり結びつきが深くありませんでした。微力ながら本書を通して、両者の橋渡しができたらと思ったのです。

　旧版『アイデアのおもちゃ箱』を出してから15年、このたび「ナビゲーター」として加藤昌治氏に解説（取扱説明書）を書いていただき、原書の第2版（Thinkertoys second edition）を新たなタイトルで出版することとなり、うれしく思います。
　新鮮なアイデアで新しいビジネスを創造する人のための一助になれば幸いです。

　2012年1月

齊藤　勇

［著者］
マイケル・マハルコ（Michael Michalko）
世界的に有名な創造性開発の専門家。米軍在籍時にNATOの情報専門家チームを率い、ドイツの研究所で独創的思考法を国際的に収集・研究、これらの思考法をNATOのさまざまな問題解決に用い、解決策をもたらした。退役後はCIAと契約し、創造的思考法の使い方をファシリテートした。現在は個人からフォーチュン500の大企業まで、創造性開発のためのワークショップやセミナーを提供している。

［監訳者］
齊藤 勇（さいとう・いさむ）
立正大学名誉教授、大阪経済大学客員教授、日本あいづち協会理事長。文学博士。専門は対人心理学。現在、自ら開発した「あいづち対話法」の普及に努めている。著書に『超・相槌』（文響社）など。

［訳者］
小澤 奈美恵（おざわ・なみえ）
立正大学経済学部教授。東京都立大学博士課程修了。1993～94年、ブラウン大学客員研究員。専門はアメリカ文学・文化。
著書に『アメリカ・ルネッサンスと先住民』（鳳書房）、共著『9.11とアメリカ』（鳳書房）他がある。

塩谷 幸子（しおや・さちこ）
法政大学講師。専門はアメリカ文化、英語教育。東京都立大学大学院博士課程修了。
著書に『9.11とアメリカ』、論文に「インターネット時代の英語教育」他がある。

［ナビゲーター］
加藤 昌治（かとう・まさはる）
1994年大手広告会社に入社。情報環境の改善を通じてクライアントのブランド価値を高めることをミッションとし、マーケティングとマネジメントの両面から課題解決を実現する情報戦略・企画の立案、実施を担当。
主な著書に『考具』（CCCメディアハウス）、『発想法の使い方』（日経文庫）などがある。

孫子引用注：基本は『孫子』浅野裕一・講談社学術文庫に拠った。
第6章は『孫子』金谷治訳注・岩波文庫から。

アイデア・バイブル
──創造性を解き放つ38の発想法

2012年2月16日　第1刷発行
2021年3月25日　第8刷発行

著　者──マイケル・マハルコ
監訳者──齊藤　勇
訳　者──小澤奈美恵
　　　　　塩谷幸子
ナビゲーター──加藤昌治（エージェント：アップルシード・エージェンシー http://www.appleseed.co.jp/）
発行所──ダイヤモンド社
　　　　　〒150-8409　東京都渋谷区神宮前6-12-17
　　　　　https://www.diamond.co.jp/
　　　　　電話／03・5778・7233（編集）03・5778・7240（販売）
装丁───鈴木大輔（ソウルデザイン）
製作進行──ダイヤモンド・グラフィック社
印刷───堀内印刷所（本文）・新藤慶昌堂（カバー）
製本───本間製本
編集担当──佐藤和子

©2012 Isamu Saito, Namie Ozawa, Sachiko Shioya, Masaharu Kato
ISBN 978-4-478-00820-1
落丁・乱丁本はお手数ですが小社営業局宛にお送りください。送料小社担にてお取替えいたします。但し、古書店で購入されたものについてはお取替えできません。
無断転載・複製を禁ず
Printed in Japan